Gerhard Döring

Die englischen Verben

ademo

Die englischen Verben

ISBN 978-3-86715-312-6

Genehmigte Ausgabe für ademo GmbH.

Vorwort

Die englischen Verben ist ein lehrbuchunabhängiges Lern- und Nachschlagewerk zur Konjugation, das sich an alle Schüler und Studenten, Volkshochschüler und Selbstlerner richtet.

Das Buch ist in 3 Teile gegliedert, einem Grammatikteil, einem Verbenteil, dem Index.

Im Grammatikteil werden die für die Konjugation relevanten grammatischen Themen behandelt. Er vermittelt durch seinen übersichtlichen Aufbau auf leicht verständliche Art und Weise das für das Gesamtverständnis wichtige Hintergrundwissen.

Der Verbenteil stellt die Bildung der englischen Verben anhand von 78 ausgewählten Beispielverben dar.
Die einzelnen Beispielverben sind in jeweils *einer* übersichtlichen Tabelle und nicht in vielen, in die einzelnen Zeiten unterteilten Tabellen, dargestellt. So sind Veränderungen in den einzelnen Verbformen zu erkennen und damit leichter zu lernen.
Alle dargestellten Beispielverben wurden nach ähnlichen Konjugationsmustern und nicht nach Alphabet geordnet. Dies macht die Unterschiede bzw. Parallelen bei der Bildung der einzelnen Verbformen deutlich und man vermeidet doppelte Lernarbeit.
Zu jeder Verbgruppe sind ihre charakteristischen Besonderheiten erläutert und am oberen rechten Rand jeder Tabelle dargestellt.
Die Hervorhebung aller Besonderheiten, Kursivdruck der Verbendungen und nicht zuletzt die Merkhinweise und Übersichten lassen das Wesentliche auf den ersten Blick erkennen und stellen eine unentbehrliche Lernhilfe dar.
Übersichten über die Verbgruppen mit deren charakteristischen Besonderheiten sorgen für den notwendigen Gesamtüberblick.

Der Index enthält über 12000 Verbeinträge. Jedes einzelne Verb ist mit einer Ziffer versehen, die auf die Seite verweist, auf der das entsprechende Beispielverb dargestellt ist. Zusätzlich sind Informationen wie wichtige Präpositionen, Transitivität, Intransitivität, Reflexivität, und nicht zuletzt die deutschen Bedeutungen zu jedem einzelnen Verb gegeben.

Verfasser und Verlag

Inhaltsverzeichnis

Abkürzungen

AE	American English
BE	British English
Con.	conditional
Con. P.	conditional perfect
d. h.	das heißt
etc.	etcetera
etw.	etwas
Fut. P.	future perfect
Fut. T.	future tense
Ger.	gerund
i.	intransitiv
im.	impersonal verb
Imp.	imperative, Imperativ
Ind.	indicative, Indikativ
Inf.	infinitive, Infinitiv
jd.	jemand
jdm.	jemandem
jdn.	jemanden
jds.	jemandes
Kurzf.	Kurzform
m.aux.	modal auxiliary verb
Mod.	Modus
Part.	participle
Past P.	past perfect
Past T.	past tense
Perf.	perfect
Pers.	Person
Plur.	Plural
Pres.	present
Pres. P.	present perfect
Pres. T.	present tense
Sing.	Singular
s.o.	someone
s.th.	something
St.form	Stammform
Sub.	subjunctive
t.	transitiv
vern.	verneint
wd.	wieder
z.B.	zum Beispiel
zs.	zusammen
zur.	zurück

Verbformen und Verbarten (Verbs and Verb Forms)

Das Verb ist ein unentbehrlicher Teil eines Satzes. Es drückt einen Zustand oder Vorgang, eine Tätigkeit oder Handlung aus (Zeitwort, Tätigkeitswort, Tunwort).

Finite Verbformen (Finite Verbs)

Finite Verbformen sind konjugierte Formen. Person (1., 2. Person etc.), Zahl (Singular, Plural) und Zeit (Präsens, Futur etc.) sind durch die Endung gekennzeichnet.

- He **reads** a book.
  (indicative, present tense, 3. Person Singular)
- We **worked** from 9 to 5 o'clock.

Infinite Verbformen (Infinite Verbs)

Infinite Verbformen sind nicht konjugierte Formen. Sie sind nicht durch Person und Zahl gekennzeichnet. Hierzu zählen der Infinitiv, die Partizipien und das gerund.

- **to buy**
- **buying**
- **bought**
- **buying**

Transitive Verben (Transitive Verbs)

Transitive Verben stehen mit einem direkten oder indirekten Objekt.

- I **read** *a book.*
- I can **see** *your brot*her.

Intransitive Verben (Intransitive Verbs)

Intransitive Verben sind Verben, die ohne Objekt stehen.

- I **am** ill.
- He will **arrive** this afternoon.

Hilfsverben (Auxiliary Verbs)

Die Hilfsverben **have** und **be** werden zur Bildung der zusammengesetzten Zeiten und des Passivs benötigt, das Hilfsverb **do** dient zur Bildung von Fragen und verneinten Sätzen.

- I **have** *read* a book.
- I **am** *going* home.
- The door **is** *opened* by the caretaker.
- I **do** *not* like him.
- **Did** you read this book?

Vollverben (Full Verbs)

Vollverben bilden das Prädikat alleine. Sie sind dann also nicht mit einem Hilfsverb verbunden.

- I **read** a book.
- He **wrote** a letter.
- I **go** home.

Verbformen und Verbarten

Modalverben (Modal Auxiliary Verbs)

Modalverben sind Verben, die mit dem Infinitiv (ohne Präposition) eines anderen Verbs das Prädikat bilden.

- You **can** *go* to the cinema tonight.
- **May** I *lead* the way ?
- He **must** *go* to school every day.

■ **can**	(können)	■ **must**	(müssen)	■ **ought to**	(sollte)
■ **could**	(konnte, könnte)	■ **need**	(brauchen)	■ **will**	(werden, wollen)
■ **may**	(dürfen)	■ **shall**	(sollen)	■ **would**	(wollte)
■ **might**	(durfte, dürfte)	■ **should**	(sollte)	■ **used to**	(pflegen zu)

Reflexive Verben (Reflexive Verbs)

Reflexive Verben (rückbezügliche Verben) bezeichnen dieselbe Person oder Sache wie das Subjekt und werden von einem Reflexivpronomen **(myself** etc,) begleitet.

- *I* **wash *myself*.**
  (**I** und **myself** bezeichnen dieselbe Person.)
- This morning *he* **cut *himself*** while shaving.

Reziproke Verben (Reciprocal Verbs)

Reziproke Verben drücken die Gegenseitigkeit, Wechselbeziehung aus (einander, gegenseitig) und werden mit **one another** bzw. **each other** verbunden.

- They **love *one another*.**
- They **think of *each other*.**

Die Hilfsverben (Auxiliary Verbs)

Die Hilfsverben sind **to have, to be,** die bei der Bildung der zusammengesetzten Zeiten und des Passivs benötigt werden und **to do,** das bei der Bildung verneinter und fragender Sätze benötigt wird.

To be

To be dient zur Bildung der continuous form und des Passivs.

- He **is** *reading* a book.
- The door **is** *opened by Peter.*

To have

To have dient zur Bildung der zusammengesetzten Zeiten in der simple und continuous form.

- I **have** *read* a book.
- I **have** *been reading.*

To do

To do dient zur Bildung verneinter Sätze.
Ist das Prädikat des bejahten Satzes jedoch **to be,** ein Hilfsverb oder Modalverb, wird der verneinte Satz nicht mit **to do** gebildet.

- I **do not** *like* reading books.
  (Bejahter Satz: I *like* reading books.)
- I *have not* made this mistake.
- I *cannot* solve this problem.

To do dient zur Bildung von Fragesätzen.
Fragesätze ohne Fragewort werden nicht mit **to do** gebildet, wenn das Prädikat des bejahten Satzes **to be,** ein Hilfsverb oder Modalverb ist.

- **Do** you *like* reading books?
  (Bejahter Satz: I *like* reading books.)
- *Has* Peter *gone* to school by bus?
- *Can* you solve this problem?

Fragesätze mit Fragewort werden mit **to do** gebildet, wenn das Fragewort nicht selbst Subjekt ist, d. h. der Satz enthält schon ein anderes Subjekt.
Ist das Fragewort selbst Subjekt oder enthält der Fragesatz ein Hilfs- oder Modalverb wird die Frage nicht mit **to do** gebildet.

- Wohm **did** *you* meet at the station?
- Where **does** *he* go?
- *Who* solved this problem?
- Who *has* solved this problem?

Die Modalverben

Die Modalverben (Modal Auxiliary Verbs)

Die Modalverben wandeln den Inhalt eines anderen Verbs ab. Sie können keine zusammengesetzten Zeiten bilden und müssen daher durch sinnverwandte Ersatzverben vertreten werden. Die Modalverben erhalten in der 3. Person Singular im present tense kein **-s** und werden an den Infinitiv (bis auf **ought to** und **used to)** ohne **to** angeschlossen.

Modalverb	Verneinung (Kurzform)	Ersatzverben	Bedeutung (des Modalverbs)
I can	**I cannot (I can't)**	**to be able to to be allowed to to be permitted to**	ich kann
I could	**I could not (I couldn't)**		ich konnte, ich könnte
I may	**I must not (I mustn't) (I may not)**	**to be allowed to to be permitted to**	ich darf
I might	**I might not (I mightn't)**		ich durfte, ich dürfte
I must	**I must not (I mustn't)** (ich darf nicht)	**to have (got) to**	ich muss
I need	**I need not (I needn't)**		ich brauche
I shall	**I shall not (I shan't)**	**to be supposed to to be to to want s.o. to do s.th.**	ich soll
I should	**I shoud not (I shouldn't)**		ich sollte
I ought to	**I ought not to (I oughtn't)**		ich sollte
I will	**I will not (I won't)**	**to be going to to intend to to want to to wish to**	ich will, ich werde
I would	**I woud not (I wouldn't)**		ich wollte
I used to	**I used not to (I usedn't to)**		Ich pflegte zu

Die Modalverben

Can

Can dient zum Ausdruck der Fähigkeit, der Möglichkeit, der Erlaubnis, der höflichen Bitte in Fragen.

- I **can** speak English.
  (Ich **kann** Englisch.)
- This **cannot** be true.
- You **can** leave it on the table.
- **Can** you help me?
  (**Können** Sie mir helfen?)

Could

Could dient zum Ausdruck der vergangenen Fähigkeit, der vergangenen Möglichkeit, der vergangenen Erlaubnis und der sehr höflichen Bitte in Fragen.

- I **could** speak English.
  (Ich **konnte** Englisch.)
- I had no key, so I **couldn't** lock the door.
- He said we **could** park our car in front of his garage.
- **Could** you help me?
  (**Könnten** Sie mir helfen?)

May

May dient zum Ausdruck der Erlaubnis, der Möglichkeit oder Wahrscheinlichkeit oder der relativ förmlichen Bitte, vor allem in Fragen.

- You **may** take this book with you.
- He **may** be late.
- **May** I use your phone?
  (**Darf** ich Ihr Telefon benutzen?)

Might

Might dient zum Ausdruck der vergangenen Erlaubnis, der Möglichkeit oder Wahrscheinlichkeit oder der relativ förmlichen Bitte, vor allem in Fragen.

- You **might** take his book with you.
- He **might** be late.
- **Might** I use your phone?
  (**Dürfte** ich Ihr Telefon benutzen?)

Must

Must dient zum Ausdruck der Notwendigkeit, Verpflichtung.
Es ist zu beachten, dass **must not** ein Verbot ausdrückt, also *nicht dürfen* und nicht *nicht müssen* bedeutet.

- Every child **must** go to school.
- You **must not** go out in this rain.
  (Du **darfst** bei diesem Regen **nicht** rausgehen.)

Need

Need dient zum Ausdruck der Notwendigkeit, Verpflichtung vor allem im verneinten Satz und im Fragesatz.

- You **needn't** clean your room.
- **Need** I clean the car?

Die Modalverben

Shall

Shall dient zum Ausdruck der Vermutung, Annahme, der logischen Folge.

- If you start now you **shall** arrive in time.

Should

Should dient zum Ausdruck der moralischen Verpflichtung, der Aufforderung, des Befehls, der Annahme, der logischen Folge.

- You **should** clean your room at once.
- You **should** not talk in such a loud voice.
- If you start now, you **should** arrive in time.

Ought to

Ought to dient zum Ausdruck der Annahme, Vermutung, der sehr hohen Wahrscheinlichkeit. Zum Ausdruck der moralischen Verpflichtung ist **ought to** stärker als **should.**

- If you start now, you **ought to** arrive in time.
- You **ought not to** smoke so much.

Will

Will dient zum Ausdruck der Entschlossenheit, der entschiedenen Bitte.

- No matter what he says, I **will** not give in.
  (Egal was er sagt, ich **werde** nicht nachgeben.)
- **Will** you please give the money to your mother?
  (**Gibst** du das Geld bitte deiner Mutter?)

Would

Would dient zum Ausdruck der vergangenen Entschlossenheit, der höflichen Bitte.

- He was very confused but he **would** never show his feelings.
- **Would** you please give the money to your mother?
  (**Würdest** du das Geld bitte deiner Mutter geben?)

Used to

Used to dient zum Ausdruck gewohnheitsmäßiger Handlungen der Vergangenheit.

- Every evening, he **used to** go for a walk.
  (Er **pflegte** jeden Abend spazieren zu gehen.)

Reflexive und reziproke Verben

Reflexive Verben (Reflexive Verbs)

Reflexive Verben werden von einem Reflexivpronomen (rückbezügliches Fürwort) **(myself, yourself** etc.) begleitet. Reflexivpronomen und Subjekt bezeichnen dieselbe Person.

- **I wash *myself*.**
  (Ich **wasche *mich***. - **I** und **myself** bezeichnen dieselbe Person.)
- **Behave *yourself*.**

Die Reflexivpronomen sind im Einzelnen:

1. Pers. Sing.	I	wash	**myself**
2. Pers. Sing.	you	wash	**yourself**
3. Pers. Sing.	he	washes	**himself**
	she	washes	**herself**
	it	washes	**itself**
	one	washes	**oneself**
1. Pers. Plur.	we	wash	**ourselves**
2. Pers. Plur.	you	wash	**yourselves**
3. Pers. Plur.	they	wash	**themselves**

Einige Verben werden nur reflexiv verwendet, einige können sowohl reflexiv als auch nicht reflexiv verwendet werden und einige Verben sind nicht reflexiv.
Es ist daher zu beachten, dass nicht jedes Verb, das im Deutschen reflexiv ist auch im Englischen reflexiv ist und umgekehrt. Häufig liegt zwischen reflexiv verwendeten und nicht reflexiv verwendeten Verben ein Bedeutungsunterschied vor.

- John **exerted *himself*** to pass the exam.
  (John **strengte sich an,** die Prüfung zu bestehen.)
- Sarah **enjoyed** the party.
  (Sarah **genoss** die Party.)
- Sarah **enjoyed herself** at the party.
  (Sarah **amüsierte sich** auf der Party.)
- His father is a man who can be **relied** upon.
  (Sein Vater ist ein Mann, auf den man **sich verlassen** kann.)

Reziproke Verben (Reciprocal Verbs)

Reziproke Verben drücken die Gegenseitigkeit, Wechselbeziehung aus (einander, gegenseitig). Diese Verben werden von den Pronomen **each other** bzw. **one another** begleitet, wobei **each other** vorzugsweise bei zwei Personen und **one another** bei mehreren Personen steht.

- Peter and Mary help **each other.**
- They shook hands with **each other.**
- The neighbours help **one another.**

Transitive und intransitive Verben

Transitive Verben (Transitive Verbs)

Transitive Verben werden mit den folgenden Ergänzungen, d. h. Objekten verbunden.
Es ist zu beachten, dass das englische Verb nicht dieselben Ergänzungen bzw. Objekte bei sich haben muss wie das deutsche Verb, d. h. ein Verb, das im Deutschen mit direktem Objekt steht, kann im Englischen mit indirektem Objekt stehen und umgekehrt.

Verben mit direktem Objekt (Verbs with a Direct Object)

Das direkte Objekt wird im Englischen ohne die Präposition **to** an das Verb angeschlossen. Verben mit Objekt heißen transitive Verben und sind im Index mit *t* gekennzeichnet.

- He **allowed** *me* to stay until midnight.
- He **answered** *the question* in a complicated way.
- He slowly **approached** *the unknown man.*

Verben mit indirektem Objekt (Verbs with an Indirect Object)

Das indirekte Objekt ist meist ein persönliches Objekt, also eine Person.
Das indirekte Objekt kann ohne und mit Präposition, meist **to,** an das Verb angeschlossen werden. Es steht mit **to,** wenn es besonders hervorgehoben werden soll, wenn es viel länger ist als das direkte Objekt oder wenn das direkte Objekt **it** oder **them** ist.

- Mary **taught** *John* English.
- Mary **explained** the case *to John.*
- **Write** a letter *to your cousin Jill who is ill.*
- I **explained** *it to him.*
- I **gave** *them to John.*

Verben mit präpositionalem Objekt (Verbs with a Prepositional Object)

Präpositionale Objekte werden mit einer Präposition an das Verb angeschlossen. Welche Präposition das ist, hängt davon ab, welche Präposition das Verb verlangt. Im Index sind diese Präpositionen in wichtigen, insbesondere vom Deutschen abweichenden Fällen, angegeben.

- He **congratulated** her *on her great success.*
  (to congratulate s.o. on s.th.)

Intransitive Verben (Intransitive Verbs)

Verben ohne Objektergänzung heißen intransitive Verben. Im Index sind diese Verben mit *i* gekennzeichnet.

- He will **arrive** that afternoon.
- He **is** ill.

Infinite Verbformen (Infinite Verbs)

Die infiniten Verbformen sind, im Gegensatz zu den finiten Verbformen, Formen, die nicht konjugiert sind.

Der Infinitiv (The Infinitive)

Das Englische kennt den present infinitive, den perfect infinitive und den present continuous infinitive und perfect continuous infinitive. Present und perfect continuous infinitive werden sehr selten verwendet, der present infinitive steht bezüglich von Vorgängen der Gegenwart und Zukunft, der perfect infinitive steht bezüglich von Vorgängen der Vergangenheit. Im Folgenden wird die Verwendung des infinitive im Allgemeinen dargestellt.

Der Infinitiv steht mit **to** vor allem nach den Verben des Lassens, den Verben der Sinneswahrnehmung, den Verben des Sagens und Denkens, des Wünschens und Nichtwünschens und nach den Modalverben **ought** und **used.**

- She *allowed* the boys **to play** in the garden.
- He was *heard* **to come.**
- We *believe* him **to be** an expert.
- Peter *wants* you **to go** home.
- He *used to* **go** to school by bus.

Der Infinitiv steht ohne **to** vor allem nach den Modalverben außer **ought to** und **used to.**

- I *can* **speak** English very well.
- As a young man, he *could* **dance** all night.

Der Infinitiv steht mit **to** häufig anstelle von indirekten Fragesätzen und von Relativsätzen besonders nach **the first, the last** und Superlativen.

- Peter *asked* me what **to do.** (Peter asked me what he should do.)
- Peter was *the last* **to reach** the station. (Peter was the last who reached the station.)
- He was *the best* reader **to represent** our group.

Das Gerund

Das **gerund** ist eine Besonderheit der englischen Sprache. Es wird durch Anhängen der Endung **-ing** an den Verbstamm gebildet und ist nicht zu verwechseln mit der continuous form. Man unterscheidet das present gerund, das vor allem bezüglich gegenwärtiger und zukünftiger Vorgänge steht und das perfect gerund, das bezüglich vergangener Vorgänge steht. Im Folgenden ist die Verwendung des gerund im Allgemeinen dargestellt.

Das **gerund** steht nach bestimmten Substantiven, die eng mit einer Präposition verbunden sind.

- Mary takes great interest in **learning** languages.

Infinite Verbformen

Das **gerund** steht nach bestimmten Verben, besonders wenn sie mit einer Präposition verbunden sind.

- I don't *allow* **smoking** in my room.
- I *like* **reading** books.
- He was *accustomed to* **getting** up before 6 o'clock.

Das **gerund** steht nach bestimmten Adjektiven, besonders wenn sie mit einer Präposition verbunden sind.

- She is *capable of* **solving** the problem all by herself.

Das **gerund** steht besonders anstelle von Nebensätzen.

- He got a headache from **lying** too long in bed.
  (He got a headache *because* he lay too long in bed.)

Die Partizipien (The Participles)

Das **present participle** dient zur Bildung der continuous form.

- I *am* ***writing.***
- I *have been* **living** in London for 10 years.

Das **present participle** steht nach bestimmten Verben, besonders nach den Verben der Bewegung, der Sinneswahrnehmung, des Scheinens und Veranlassens. Es steht in der Funktion eines Adjektivs und anstelle von Nebensätzen.

- He *came* **running** down the street.
- I *saw* them **whispering** to each other.
- This *looks* very **discouraging.**
- He *kept* me **waiting** for more than an hour.
- His behaviour was even more **surprising** than his remarks.
- While **doing** his homework, he heard the telephone ring.

Das **past participle** dient zur Bildung der zusammengesetzten Zeiten und des Passivs.

- I *have* **read** a book.
- We *were* **invited** to his party.

Das **past participle** steht nach bestimmen Verben, besonders nach den Verben der Ruhe, der Sinneswahrnehmung, des Scheinens und Veranlassens. Es steht in der Funktion eines Adjektivs und anstelle von Nebensätzen.

- He *lay* **discouraged** on his bed and cried.
- He *found* the vase **smashed** to pieces.
- He *looked* **surprised.**
- I *had* my hair **cut.**
  (Ich habe mir die Haare schneiden lassen.)
- He is a highly **respected** citizen.
- If **done** at once, your homework will be finished before you want to go out.

Das **perfect participle** steht anstelle von Nebensätzen.

- **Having prepared** everything, he left the house for school.

Die Modi (The Moods)

Die Modi bringen die Art und Weise einer Aussage zum Ausdruck, d. h. ob in einer Aussage persönliche Emfpindungen und Auffassungen des Sprechers oder ob eine Tatsache oder Wirklichkeit zum Ausdruck kommt.

Der Indikativ (The Indicative)

Der Indikativ (Wirklichkeitsform) stellt einen Vorgang oder Zustand als tatsächlich oder wirklich dar.

Der Konjunktiv (The Subjunctive)

Der Konjunktiv (Möglichkeitsform) stellt einen Vorgang oder Zustand als nicht wirklich, sondern als erwünscht dar. Der englische Konjunktiv wird selten verwendet. Er steht vor allem in einigen festen Wendungen.

Der **present subjunctive** steht vor allem zum Ausdruck des Wunschgedankens, der Hoffnung.
Es ist zu beachten, dass der **present subjunctive** in der 3. Person Singular kein **-s** erhält.

- God **bless** America.
  (Gott **segne** Amerika.)
  im Vergleich zu:
  God **blesses** America.
  (Gott **segnet** Amerika.)
- God **save** the Queen.
  (Gott **schütze** die Königin.)

Der **past subjunctive** steht vor allem zum Ausdruck unerfüllbarer Wünsche, vor allem nach **to wish.**

- I *wish* it **were** true.
  (Ich wünschte, es **wäre** wahr).
- I *wish* I **knew.**
- I *wished* I **were** you.

Der **past perfect subjunctive** steht vor allem zum Ausdruck unerfüllter Wünsche, vor allem nach **to wish.**

- I *wish* it **had been** true.
  (Ich wünschte, es **wäre** wahr **gewesen.)**
- I *wish* I **had known.**
- I *wished* I **had been** you.

Der Imperativ (The Imperative)

Der **imperative** (Befehlsform) drückt einen Befehl, eine Aufforderung aus.
Er kommt nur in der 2. Person Singular und Plural vor. Der verneinte Imperativ muss mit **to do** gebildet werden.

- **Be** quiet.
  (Sei ruhig, **seid** ruhig, **seien Sie** ruhig!)
- **Sit** down.
- **Don't forget** your books.

Der Konditional (The Conditional)

Konditional- oder Bedingungssätze (conditional clauses, if-clauses) sind Nebensätze, die eine Bedingung ausdrücken. Sie werden durch Konjunktionen wie **provided that, on condition that, in case, whether** und am häufigsten durch **if** eingeleitet.

Die Modi

Bei der Formulierung von Bedingungssätzen ist vor allem zu beachten, dass in der Regel im Bedingungssatz kein *future tense* oder *conditional* stehen darf. Das folgende Schaubild stellt die Zeitenfolge in der Übersicht dar.

1. Die Bedingung ist erfüllbar

Future Tense		Present Tense
I **will be** happy	if	you **come.**
Ich bin glücklich,	wenn	ihr kommt.

2. Die Erfüllung der Bedingung ist unwahrscheinlich

Conditional		Past Tense
I **would be** happy	if	you **came.**
Ich wäre glücklich,	wenn	ihr kämt.

3. Die Bedingung bleibt unerfüllt

Conditional Perfect		Past Perfect
I **would have been** happy	if	you **had come.**
Ich wäre glücklich gewesen,	wenn	ihr gekommen wärt.

Die Zeiten (The Tenses)

Mit Hilfe der Zeiten (Tempora) werden bestimmte Vorgänge oder Zustände der Gegenwart, Zukunft oder der Vergangenheit zugeordnet.

Einfache Zeiten (Non-Compound Tenses)

Die einfachen Zeiten werden ohne Hilfsverb gebildet.

- I **go** to school.
- I **went** to school.

Zusammengesetzte Zeiten (Compound Tenses)

Die zusammengesetzten Zeiten werden mit Hilfsverb gebildet.

- I ***have*** **lived** in London.
- I ***will have*** **lived** in London.

Das present tense

Das **present tense** dient zum Ausdruck der Gegenwart und von allgemeingültigen Tatsachen.

- Bob **reads** a book.
- I **go** to school.
- The earth **turns** round the sun.

Das past tense

Das **past tense** dient zum Ausdruck von Vorgängen, die in der Vergangenheit stattfanden und in ihr völlig abgeschlossen sind.

- The train **arrived** yesterday at 10 o'clock.
- Last year, I **spent** my holidays in France.

Das present perfect

Das **present perfect** drückt aus, dass ein Vorgang in der Vergangenheit begonnen hat, bis in die Gegenwart hineinreicht oder in der Gegenwart noch andauert. Hier wird auch häufig das present perfect continuous verwendet.
Dies wird im Deutschen durch das Präsens und häufig durch das Adverb *schon* übersetzt.

- I **have lived/have been living** in London for 10 years.
  (Ich **lebe (schon)** seit 10 Jahren in London *(und ich lebe immer noch da.))*
- We **have been** here for an hour.
  (Wir **sind** seit einer Stunde hier *(und wir sind immer noch hier.))*

Das past perfect

Das **past perfect** dient zum Ausdruck eines Vorgangs, der beendet war, bevor ein anderer einsetzte (Vorvergangenheit).

- I **had waited** for 3 hours before the train finally arrived.
  (Ich **hatte** 3 Stunden **gewartet**, bevor der Zug endlich ankam. *(Das Warten fand vor der Ankunft des Zuges statt.))*

Das future tense

Das **future tense** dient zum Ausdruck eines, von der Gegenwart aus gesehen, zukünftigen Vorgangs.
Zum Ausdruck der nahen Zukunft wird vor allem in der Umgangssprache **going to** verwendet.

- In future, he **will work** much harder.
- I think Manchester United **will win** 2 : 0.
- I **am going to** start tomorrow morning.

Das future perfect

Das **future perfect** dient zum Ausdruck eines Vorgangs, der zu einem bestimmten Zeitpunkt in der Zukunft abgeschlossen sein wird.

- Next May, he **will have lived** in London for 10 years.
(Nächsten Mai **wird** er 10 Jahre in London **gelebt haben.**)

Die Simple und Continuous Form

Die continuous oder progressive form ist eine Besonderheit der englischen Sprache und dient zum Ausdruck des Verlaufs, des momentanen Sprechzeitpunkts. Sie wird aus **to be** + Verb, das die Endung **-ing** erhält, gebildet.

Die Simple Form

Die **simple form** drückt aus, dass ein Vorgang zu einem bestimmten Zeitpunkt nicht mehr andauert, also unterbrochen ist.

- Bob **leaves** the house for school at 7 a.m.

Die **simple form** dient zum Ausdruck von Vorgängen, die von Dauer sind oder die nur einen Augenblick dauern.

- He **is** a really nice boy.
- Peggy **switched off** the light.

Die **simple form** steht zum Ausdruck aufeinanderfolgender Vorgänge oder neu eintretender Vorgänge während ein anderer noch andauert.

- We **came** into the room, **sat** down, and **began** to write.
- While she was washing her hair, the telephone **rang.**

Die **simple form** dient zum Ausdruck gewohnheitsmäßiger, immer wiederkehrender Vorgänge.

- *Every morning*, I **go** to school.
- Christmas **comes** but once a year.

Die Continuous Form

Die **continuous form** drückt den ununterbrochenen Verlauf aus, dass ein Vorgang zu einem bestimmten Zeitpunkt, dem Sprechzeitpunkt noch andauert (gerade).

- He **is washing** his hair.
  (Er **wäscht** sich **gerade** das Haar.)
- It **was getting** dark.

Die **continuous form** beschreibt Vorgänge von vorübergehender Dauer.

- Bob **is doing** his homework.
- Peter **is leaving** the house.

Die **continuous form** steht zum Ausdruck gleichzeitig verlaufender Vorgänge oder noch andauernder Vorgänge während ein anderer neu eintritt.

- While I **was doing** my homework, my brother **was reading.**
- While she **was washing** her hair, the telephone rang.

Das Passiv

Das Passiv (The Passive Voice)

Im Passiv vollzieht sich ein Vorgang am Subjekt, d. h. das Subjekt des Satzes ist nicht selbst der Handelnde, sondern der „Leidende". Daher wird das Passiv gelegentlich auch Leideform genannt.
Im Aktiv (active voice) ist das Subjekt selbst der Handelnde, es führt eine Handlung selbst aus (Tätigkeits-, Tatform).

Das Passiv wird aus **to be** + past participle gebildet, d. h. steht das Prädikat des Aktivsatzes im present tense simple, steht **to be** im Passivsatz ebenfalls im present tense simple und das past participle des Vollverbs wird hinzugefügt.
Der Urheber, die Ursache der Handlung (by-agent) wird mit **by** angeschlossen oder weggelassen, wenn er bzw. sie unbekannt oder irrelevant ist.

	Subjekt	Prädikat	Objekt
Aktiv	**The caretaker**	**opens**	**the door.**
Passiv	**The door**	**is opened**	**by the caretaker.**

Das Zustandspassiv

Das Zustandspassiv bezeichnet einen Zustand und wird im Deutschen mit *sein* gebildet.

- The window **is opened.**
  (Das Fenster **ist geöffnet.**)

Das Vorgangspassiv

Das Vorgangspassiv bezeichnet einen Vorgang und wird im Deutschen mit *werden* gebildet.

- The window **is opened** by the caretaker.
  (Das Fenster **wird** vom Hausmeister **geöffnet.**)

Zustands- und Vorgangspassiv haben im Englischen dieselbe Form. Um welches Passiv es sich handelt, lässt sich meist aus dem Zusammenhang erkennen. Um Verwechslungen zu vermeiden, kann das Vorgangspassiv auch mit **to get** oder der **continuous form,** insbesondere zum Ausdruck des Vorgangs, des momentanen Sprechzeitpunkts, ausgedrückt werden.

- The window **gets opened.**
  (Das Fenster **wird geöffnet.**)
- The houses **are being built.**
  (Die Häuser **werden** (gerade) **gebaut.**)

Die folgende Konjugationstabelle zeigt die Konjugation des Passivs in allen Zeiten und Personen.

Das Passiv

Die Konjugation passiver Formen in der Simple Form

Mod.	Zeit	1. Person Singular	2. Person Singular	3. Person Singular
Ind.	Pres. T.	I *am* loved	you *are* loved	he *is* loved
	Past T.	I *was* loved	you *were* loved	he *was* loved
	Pres. P.	I *have been* loved	you *have been* loved	he ***has*** *been* loved
	Past P.	I *had been* loved	you *had been* loved	he *had been* loved
	Fut. T.	I *will be* loved	you *will be* loved	he *will be* loved
	Fut. P.	I *will have been* loved	you *will have been* loved	he *will have been* loved
Con.	Con.	I *would be* loved	you *would be* loved	he *would be* loved
	Con. P.	I *would have been* loved	you *would have been* loved	he *would have been* loved
Sub.	Pres.	I *be* loved	you *be* loved	he *be* loved
	Past T.	I *were* loved	you *were* loved	he *were* loved
	Past P.	I *had been* loved	you *had been* loved	he *had been* loved
Imp.	Imp.	-	*be* loved	-
Inf.	Pres.	*be* loved		
	Perf.	*have been* loved		
Part.	Pres.	*being* loved		
	Past	-		
	Perf.	*having been* loved		
Ger.	Pres.	*being* loved		
	Perf.	*having been* loved		

Die Konjugation passiver Formen in der Continuous Form

Mod.	Zeit	1. Person Singular	2. Person Singular	3. Person Singular
Ind.	Pres. T.	I *am being* loved	you *are being* loved	he *is being* loved
	Past T.	I *was being* loved	you *were being* loved	he *was being* loved

1. Person Plural	2. Person Plural	3. Person Plural
we *are* loved	you *are* loved	they *are* loved
we *were* loved	you *were* loved	they *were* loved
we *have been* loved	you *have been* loved	they *have been* loved
we *had been* loved	you *had been* loved	they *had been* loved
we *will be* loved	you *will be* loved	they *will be* loved
we *will have been* loved	you *will have been* loved	they *will have been* loved
we *would be* loved	you *would be* loved	they *would be* loved
we *would have been* loved	you *would have been* loved	they *would have been* loved
we *be* loved	you *be* loved	they *be* loved
we *were* loved	you *were* loved	they *were* loved
we *had been* loved	you *had been* loved	they *had been* loved
-	*be* loved	-

1. Person Plural	2. Person Plural	3. Person Plural
we *are being* loved	you *are being* loved	they *are being* loved
we *were being* loved	you *were being* loved	they *were being* loved

Die Konjugation (Conjugation)

Konjugation (Beugung) bedeutet Abwandlung der Grundform (Infinitiv) des Verbs bezüglich Person und Zeit, d. h. der Infinitiv des Verbs, z. B. **help** wird im present tense der 3. Person Singular zu **helps.**

Grundsätzlich werden im Englischen zur Konjugation eines Verbs 3 Stammformen benötigt, mit denen sämtliche Zeiten - wie im Folgenden dargestellt - gebildet werden können.

	speak	**spoke**	**spoken**
	1. Stammform (Infinitiv)	2. Stammform	3. Stammform
Present Tense	he **speaks**		
Past Tense		he **spoke**	
Present Perfect			he has **spoken**
Past Perfect			he had **spoken**
Future Tense	he will **speak**		
Future Perfect			he will have **spoken**
Conditional I	he would **speak**		
Conditional Perfect			he would have **spoken**
Present Subjunctive	he **speak**		
Past Subjunctive		he **spoke**	
Past Perf. Sub.			he **had spoken**
Imperative	**speak**		

Eine Liste mit den Stammformen wichtiger Verben ist auf den Seiten 188 - 192 dargestellt.

Die Verben lassen sich in die Gruppen
- der Verben **have, be** und **do,**
- der regelmäßigen Verben,
- der unregelmäßigen Verben,

einteilen. Die einzelnen Verbgruppen sind im Folgenden in einer Übersicht dargestellt.

Die Konjugation jeder einzelnen Verbgruppe ist anhand eines Beispielverbs dargestellt. Anhand dieser Beispielverben lässt sich jedes andere Verb konjugieren. Beim Verb **spell** zum Beispiel werden die Endkonsonanten **-ll** in der 2. und 3. Stammform durch **-lt** ersetzt **(spell - spelt - spelt).** Das Verb **spill,** das - wie im Index angegeben - der gleichen Verbgruppe angehört, ändert daher die Endkonsonanten **-ll** in der 2. und 3. Stammform ebenfalls in **-lt**

(spill - spilt - spilt).

Ferner unterscheidet man die simple oder ordinary und die continuous oder progressive form. In der continuous form erhält der Verbstamm stets die Endung **-ing.** Jedes Beispielverb ist sowohl in der simple form als auch in der continuous form dargestellt.

Die einzelnen Beispielverben sind in jeweils *einer* übersichtlichen Tabelle und nicht in vielen, in die einzelnen Zeiten unterteilten Tabellen, dargestellt. Veränderungen in den einzelnen Verbformen werden so deutlich.

Die Stammformen der einzelnen Beispielverben sind oben rechts von jeder Tabelle dargestellt. Charakteristische Merkmale in den einzelnen Verbformen sind in einem Hinweiskasten erläutert.

Alle Verbendungen sind in Kursivschrift dargestellt, die charakteristischen Merkmale innerhalb der einzelnen Verbformen sind fett gedruckt und durch ein grau schattiertes Feld hervorgehoben. Bei gänzlich unregelmäßigen Verbformen ist die gesamte Verbform fett gedruckt.

Alle dargestellten Beispielverben sind nach ähnlichen Konjugationsmustern und nicht etwa alphabetisch geordnet. Dies macht die Unterschiede bzw. Parallelen in der Konjugation verschiedener Verbgruppen deutlich.

Bei der Bildung der einzelnen Verbformen sind zusätzlich noch einige Rechtschreibregeln zu beachten, die im Folgenden im Überblick dargestellt sind.

	Infinitiv	2. und 3. Stammform	3. Pers. Sing. pres. tense	-ing-Form
Konsonant am Verbende Konsonant am Verbende verdoppelt sich vor **-ed** und **-ing,** wenn dem Endkonsonanten ein einfacher, betonter Vokal vorausgeht	sto**p**	sto**pp** *ed*	sto**p** *s*	sto**pp** *ing*
Endkonsonant wird nicht verdoppelt, wenn diesem ein unbetonter Vokal, zwei Vokale oder ein Konsonant vorausgehen	conque**r** loo**k** hel**p**	conque**r** *ed* loo**k** *ed* hel**p** *ed*	conque**r** *s* loo**k** *s* hel**p** *s*	conque**r** *ing* loo**k** *ing* hel**p** *ing*
-l und **-r** am Verbende werden vor **-ed** und **-ing** verdoppelt. Im amerikanischen Englisch wird das **-l** meist nicht verdoppelt	quarre**l** quarre**l** prefe**r**	quarre**ll** *ed* quarre**l** *ed* prefe**rr** *ed*	quarre**l** *s* quarre**l** *s* prefe**r** *s*	quarre**ll** *ing* quarre**ll** *ing* prefe**rr** *ing*

Die Konjugation

	Infinitiv	2. und 3. Stammform	3. Pers. Sing. pres. tense	-ing-Form
-l und **-r** werden nicht verdoppelt, wenn kein einfacher, sondern zwei Vokale vorausgehen	sai**l** repai**r**	sai**l** *ed* repai**r** *ed*	sai**l** *s* repai**r** *s*	sai**l** *ing* repai**r** *ing*
Stummes -e am Verbende Stummes (unausgesprochenes) **-e** am Verbende entfällt vor **-ed** oder **-ing**	liv**e**	liv**-** *ed*	liv**e** *s*	liv**-** *ing*
-ee am Verbende **-ee** am Verbende wird zu **-e,** vor Endungen, die mit **-e** beginnen	agr**ee**	agr**e** *ed*	agr**ee** *s*	agr**ee** *ing*
-ch am Verbende auf **-ch** am Verbende folgt **-es** in der 3. Person Singular des present tense	cat**ch**	**caught**	cat**ch** ***es***	cat**ch** *ing*
-o am Verbende auf **-o** am Verbende folgt **-es** in der 3. Person Singular des present tense, wenn dem **-o** ein Konsonant vorausgeht	d**o**	**did**	d**oe** *s*	d**o** *ing*
-ie am Verbende **-ie** am Verbende wird zu **-y,** vor **-ing** und zu **-i** vor **-ed**	d**ie**	d**i** *ed*	d**ie** *s*	d**y** *ing*
-y am Verbende **-y** am Verbende wird bei vorausgehendem Konsonant zu **-i** bzw. **-ie,** wenn die Endung **-ed** bzw. **-s** angehängt wird, vor **-ing** bleibt das **-y** erhalten	cr**y**	cr**i** *ed*	cr**ie** *s*	cr**y** *ing*
-y bleibt erhalten, wenn dem **-y** ein Vokal vorausgeht.	enjo**y**	enjo**y** *ed*	enjo**y** *s*	enjo**y** *ing*

Die Konjugation

Häufig werden die Hilfsverben, vor allem in der gesprochenen Sprache zusammengezogen.

Kurzformen von have

	Kurzform von **have**	Vern.Kurzf. von **have**	Kurzform von **had**	Vern. Kurzf. von **had**
I	've	haven't	'd	hadn't
you	've	haven't		
he	**'s**	ha**s**n't		
we	've	haven't		
you	've	haven't		
they	've	haven't		

Kurzformen von be

	Kurzform von **be**	Vern. Kurzf. von **be**	Vern. Kurzf. von **was**
I	**'m**	**'m not**	wasn't
you	**'re**	**aren't**	wasn't
he	**'s**	**isn't**	**weren't**
we	're	aren't	wasn't
you	're	aren't	wasn't
they	're	aren't	wasn't

Kurzformen von do

	Vern. Kurzf. von **do**	Vern. Kurzf. von **did**
I	don't	didn't
you	don't	
he	do**e**sn't	
we	don't	
you	don't	
they	don't	

Kurzformen von will, shall, would

	Kurzform von **will/shall**	Vern.Kurzf. von **will**	Vern. Kurzf. von **shall**	Kurzform von **would**	Vern. Kurzf. von **would**
I	'll	won't	shan't	'd	wouldn't
you					
he					
we					
you					
they					

Übersicht über die Verbgruppen

Die folgende Übersicht stellt die verwendeten Beispielverben mit den Stammformen, der 3. Person Singular und der -ing-Form dar. Besonderheiten bei der Bildung der einzelnen Verbformen sind fett, die Verbendungen sind kursiv gedruckt. Völlig unregelmäßige Stammformen sind ebenfalls fett gedruckt.

1. Stammform (Infinitiv)	2. Stammform	3. Stammform	3. Pers. Sing.	-ing-Form	Bedeutung
Die Verben have, be, do					
have	**had**	**had**	**has**	**hav***ing*	haben
be	**was**	**been**	**is**	be*ing*	sein
do	**did**	**done**	do***es***	do*ing*	tun
Die regelmäßigen Verben					
help	help*ed*	help*ed*	help*s*	help*ing*	helfen
love	**lov***ed*	**lov***ed*	love*s*	**lov***ing*	lieben
sto**p**	sto**pp***ed*	sto**pp***ed*	stop*s*	sto**pp***ing*	aufhören
cr**y**	cr**i***ed*	cr**i***ed*	cr**ie***s*	cry*ing*	weinen, schreien
die	di*ed*	di*ed*	die*s*	d**y***ing*	sterben
Die unregelmäßigen Verben					
hurt	**hurt**	**hurt**	hurt*s*	hurt*ing*	verletzen, wehtun
hear	hear***d***	hear***d***	hear*s*	hear*ing*	hören
deal	deal***t***	deal***t***	deal*s*	deal*ing*	handeln
len**d**	len**t**	len**t**	lend*s*	lend*ing*	(aus)leihen
spe**ll**	spe**lt**	spe**lt**	spell*s*	spell*ing*	buchstabieren
flee	**fled**	**fled**	flee*s*	flee*ing*	fliehen
meet	**met**	**met**	meet*s*	meet*ing*	treffen, begegnen
lead	**led**	**led**	lead*s*	lead*ing*	führen, leiten
keep	**kept**	**kept**	keep*s*	keep*ing*	(be)halten
leave	**left**	**left**	leave*s*	**leav***ing*	verlassen
get	**got**	**got**	get*s*	ge**tt***ing*	bekommen; werden
sit	**sat**	**sat**	sit*s*	si**tt***ing*	sitzen
say	**said**	**said**	say*s*	say*ing*	sagen

Übersicht über die Verbgruppen

1. Stammform (Infinitiv)	2. Stammform	3. Stammform	3. Pers. Sing.	-ing-Form	Bedeutung
dig	**dug**	**dug**	dig*s*	di**gg***ing*	graben
stick	**stuck**	**stuck**	stick*s*	stick*ing*	stecken; (durch)stechen
strike	**struck**	**struck**	strike*s*	**strik***ing*	schlagen
begin	**began**	**begun**	begin*s*	begi**nn***ing*	beginnen, anfangen
run	**ran**	**run**	run*s*	ru**nn***ing*	rennen, laufen
spin	**spun**	**spun**	spin*s*	spi**nn***ing*	spinnen
win	**won**	**won**	win*s*	wi**nn***ing*	gewinnen
shine	**shone**	**shone**	shine*s*	**shin***ing*	scheinen, glänzen
swing	**swung**	**swung**	swing*s*	swing*ing*	schwingen, schwenken
sing	**sang**	**sung**	sing*s*	sing*ing*	singen
hang	**hung**	**hung**	hang*s*	hang*ing*	(auf)hängen
make	**made**	**made**	make*s*	**mak***ing*	machen
clothe	**clad**	**clad**	clothe*s*	**cloth***ing*	kleiden
come	**came**	**come**	come*s*	**com***ing*	kommen
find	**found**	**found**	find*s*	find*ing*	finden
fight	**fought**	**fought**	fight*s*	fight*ing*	kämpfen
think	**thought**	**thought**	think*s*	think*ing*	denken
buy	**bought**	**bought**	buy*s*	buy*ing*	kaufen
seek	**sought**	**sought**	seek*s*	seek*ing*	suchen
catch	**caught**	**caught**	catch**es**	catch*ing*	fangen
teach	**taught**	**taught**	teach**es**	teach*ing*	lehren
lade	**laded**	**laden, laded**	lade*s*	**lad***ing*	beladen
take	**took**	**taken**	take*s*	**tak***ing*	nehmen
stand	**stood**	**stood**	stand*s*	stand*ing*	stehen
forbid	**forbade**	**forbidden**	forbid*s*	forbi**dd***ing*	verbieten
hide	**hid**	**hid, hidden**	hide*s*	**hid***ing*	verstecken
light	**lit, lighted**	**lit, lighted**	light*s*	light*ing*	anzünden, erleuchten
write	**wrote**	**written**	write*s*	**writ***ing*	schreiben
rise	**rose**	**risen**	rise*s*	**ris***ing*	aufstehen
abide	**abode**	**abode**	abide*s*	**abid***ing*	bleiben, fortdauern
give	**gave**	**given**	give*s*	**giv***ing*	geben
drive	**drove**	**driven**	drive*s*	**driv***ing*	fahren
wake	**woke, waked**	**woken, waked**	wake*s*	**wak***ing*	aufwachen
speak	**spoke**	**spoken**	speak*s*	speak*ing*	sprechen
steal	**stole**	**stolen**	steal*s*	steal*ing*	stehlen
weave	**wove**	**woven**	weave*s*	**weav***ing*	weben

Übersicht über die Verbgruppen

1. Stammform (Infinitiv)	2. Stammform	3. Stammform	3. Pers. Sing.	-ing-Form	Bedeutung
freeze	**froze**	**frozen**	freez*es*	**freez***ing*	(ge)frieren
choose	**chose**	**chosen**	choos*es*	**choos***ing*	(aus)wählen
lose	**lost**	**lost**	los*es*	**los***ing*	verlieren
shoot	**shot**	**shot**	shoot*s*	shoot*ing*	schießen
tread	**trod**	**trod, trodden**	tread*s*	tread*ing*	treten
fall	**fell**	**fallen**	fall*s*	fall*ing*	fallen
swell	**swelled**	**swollen**	swell*s*	swell*ing*	anschwellen
tell	**told**	**told**	tell*s*	tell*ing*	erzählen, sagen
hold	**held**	**held**	hold*s*	hold*ing*	halten
beat	**beat**	**beaten**	beat*s*	beat*ing*	schlagen
eat	**ate**	**eaten**	eat*s*	eat*ing*	essen
bear	**bore**	**borne**	bear*s*	bear*ing*	ertragen
wear	**wore**	**worn**	wear*s*	wear*ing*	tragen (Kleidung)
draw	**drew**	**drawn**	draw*s*	draw*ing*	zeichnen; ziehen
slay	**slew**	**slain**	slay*s*	slay*ing*	erschlagen
lie	**lay**	**lain**	lie*s*	**l**y*ing*	liegen
show	**showed**	**shown**	show*s*	show*ing*	zeigen
know	**knew**	**known**	know*s*	know*ing*	wissen, kennen
fly	**flew**	**flown**	fl**ie***s*	fly*ing*	fliegen
see	**saw**	**seen**	see*s*	see*ing*	sehen
go	**went**	**gone**	go**es**	go*ing*	gehen

Die Verben have, be, do

Have in der Simple Form

Mod.	Zeit	1. Person Singular		2. Person Singular		3. Person Singular	
Ind.	Pres. T.	I	have	you	have	he	**has**
	Past T.	I	**had**	you	**had**	he	**had**
	Pres. P.	I *have*	**had**	you *have*	**had**	he *has*	**had**
	Past P.	I *had*	**had**	you *had*	**had**	he *had*	**had**
	Fut. T.	I *will*	have	you *will*	have	he *will*	have
	Fut. P.	I *will have*	**had**	you *will have*	**had**	he *will have*	**had**
Con.	Con.	I *would*	have	you *would*	have	he *would*	have
	Con. P.	I *would have*	**had**	you *would have*	**had**	he *would have*	**had**
Sub.	Pres.	I	have	you	have	he	have
	Past	I	**had**	you	**had**	he	**had**
	Past P.	I *had*	**had**	you *had*	**had**	he *had*	**had**
Imp.	Imp.		-		have		-
Inf.	Pres.		have (haben)				
	Perf.	*have*	**had**				
Part.	Pres.		**hav***ing*				
	Past		**had**				
	Perf.	*having*	**had**				
Ger.	Pres.		**hav***ing*				
	Perf.	*having*	**had**				

Have in der Continuous Form

Mod.	Zeit	1. Person Singular			2. Person Singular			3. Person Singular		
Ind.	Pres. T.	I	*am*	**hav***ing*	you	*are*	**hav***ing*	he	*is*	**hav***ing*
	Past T.	I	*was*	**hav***ing*	you	*were*	**hav***ing*	he	*was*	**hav***ing*
	Pres. P.	I *have*	*been*	**hav***ing*	you *have*	*been*	**hav***ing*	he *has*	*been*	**hav***ing*
	Past P.	I *had*	*been*	**hav***ing*	you *had*	*been*	**hav***ing*	he *had*	*been*	**hav***ing*
	Fut. T.	I *will*	*be*	**hav***ing*	you *will*	*be*	**hav***ing*	he *will*	*be*	**hav***ing*
	Fut. P.	I *will have*	*been*	**hav***ing*	you *will have*	*been*	**hav***ing*	he *will have*	*been*	**hav***ing*
Con.	Con.	I *would*	*be*	**hav***ing*	you *would*	*be*	**hav***ing*	he *would*	*be*	**hav***ing*
	Con. P.	I *would have*	*been*	**hav***ing*	you *would have*	*been*	**hav***ing*	he *would have*	*been*	**hav***ing*
Inf.	Pres.		*be*	**hav***ing*						
	Perf.	*have*	*been*	**hav***ing*						

Das **-e** der Verbendung entfällt vor der Endung **-ing.**

have - had - had

1. Person Plural		2. Person Plural		3. Person Plural	
we	have	you	have	they	have
we	**had**	you	**had**	they	**had**
we *have*	**had**	you *have*	**had**	they *have*	**had**
we *had*	**had**	you *had*	**had**	they *had*	**had**
we *will*	have	you *will*	have	they *will*	have
we *will have*	**had**	you *will have*	**had**	they *will have*	**had**
we *would*	have	you *would*	have	they *would*	have
we *would have*	**had**	you *would have*	**had**	they *would have*	**had**
we	have	you	have	you	have
we	**had**	you	**had**	they	**had**
we *had*	**had**	you *had*	**had**	they *had*	**had**
	-		have		-

Endung **-e** entfällt

1. Person Plural			2. Person Plural			3. Person Plural		
we	*are*	**hav***ing*	you	*are*	**hav***ing*	they	*are*	**hav***ing*
we	*were*	**hav***ing*	you	*were*	**hav***ing*	they	*were*	**hav***ing*
we *have*	*been*	**hav***ing*	you *have*	*been*	**hav***ing*	they *has*	*been*	**hav***ing*
we *had*	*been*	**hav***ing*	you *had*	*been*	**hav***ing*	they *had*	*been*	**hav***ing*
we *will*	*be*	**hav***ing*	you *will*	*be*	**hav***ing*	they *will*	*be*	**hav***ing*
we *will have*	*been*	**hav***ing*	you *will have*	*been*	**hav***ing*	they *will have*	*been*	**hav***ing*
we *would*	*be*	**hav***ing*	you *would*	*be*	**hav***ing*	they *would*	*be*	**hav***ing*
we *would have*	*been*	**hav***ing*	you *would have*	*been*	**hav***ing*	they *would have*	*been*	**hav***ing*

Die Verben have, be, do

Be in der Simple Form

Mod.	Zeit	1. Person Singular		2. Person Singular		3. Person Singular	
Ind.	Pres. T.	I	**am**	you	**are**	he	**is**
	Past T.	I	**was**	you	**were**	he	**was**
	Pres. P.	I *have*	**been**	you *have*	**been**	he *has*	**been**
	Past P.	I *had*	**been**	you *had*	**been**	he *had*	**been**
	Fut. T.	I *will*	be	you *will*	be	he *will*	be
	Fut. P.	I *will have*	**been**	you *will have*	**been**	he *will have*	**been**
Con.	Con.	I *would*	be	you *would*	be	he *would*	be
	Con. P.	I *would have*	**been**	you *would have*	**been**	he *would have*	**been**
Sub.	Pres.	I	be	you	be	he	be
	Past	I	**were**	you	**were**	he	**were**
	Past P.	I *had*	**been**	you *had*	**been**	he *had*	**been**
Imp.	Imp.		-		be		-
Inf.	Pres.		be (sein)				
	Perf.	*have*	**been**				
Part.	Pres.		be*ing*				
	Past		**been**				
	Perf.	*having*	**been**				
Ger.	Pres.		be*ing*				
	Perf.	*having*	**been**				

Be in der Continuous Form

Mod.	Zeit	1. Person Singular			2. Person Singular			3. Person Singular		
Ind.	Pres. T.	I	*am*	being	you	*are*	being	he	*is*	being
	Past T.	I	*was*	being	you	*were*	being	he	*was*	being
	Pres. P.	I *have*	*been*	being	you *have*	*been*	being	he *has*	*been*	being
	Past P.	I *had*	*been*	being	you *had*	*been*	being	he *had*	*been*	being
	Fut. T.	I *will*	*be*	being	you *will*	*be*	being	he *will*	*be*	being
	Fut. P.	I *will have*	*been*	being	you *will have*	*been*	being	he *will have*	*been*	being
Con.	Con.	I *would*	*be*	being	you *would*	*be*	being	he *would*	*be*	being
	Con. P.	I *would have*	*been*	being	you *would have*	*been*	being	he *would have*	*been*	being
Inf.	Pres.		*be*	being						
	Perf.	*have*	*been*	being						

be - was - been

1. Person Plural		2. Person Plural		3. Person Plural	
we	**are**	you	**are**	they	**are**
we	**were**	you	**were**	they	**were**
we *have*	**been**	you *have*	**been**	they *have*	**been**
we *had*	**been**	you *had*	**been**	they *had*	**been**
we *will*	be	you *will*	be	they *will*	be
we *will have*	**been**	you *will have*	**been**	they *will have*	**been**
we *would*	be	you *would*	be	they *would*	be
we *would have*	**been**	you *would have*	**been**	they *would have*	**been**
we	be	you	be	they	be
we	**were**	you	**were**	they	**were**
we *had*	**been**	you *had*	**been**	they *had*	**been**
	-		be		-

1. Person Plural			2. Person Plural			3. Person Plural		
we	*are*	being	you	*are*	being	they	*are*	being
we	*were*	being	you	*were*	being	they	*were*	being
we *have*	*been*	being	you *have*	*been*	being	they *has*	*been*	being
we *had*	*been*	being	you *had*	*been*	being	they *had*	*been*	being
we *will*	*be*	being	you *will*	*be*	being	they *will*	*be*	being
we *will have*	*been*	being	you *will have*	*been*	being	they *will have*	*been*	being
we *would*	*be*	being	you *would*	*be*	being	they *would*	*be*	being
we *would have*	*been*	being	you *would have*	*been*	being	they *would have*	*been*	being

Die Verben **have, be, do**

Do in der Simple Form

Mod.	Zeit	1. Person Singular		2. Person Singular		3. Person Singular	
Ind.	Pres. T.	I	do	you	do	he	do***es***
	Past T.	I	**did**	you	**did**	he	**did**
	Pres. P.	I *have*	**done**	you *have*	**done**	he *has*	**done**
	Past P.	I *had*	**done**	you *had*	**done**	he *had*	**done**
	Fut. T.	I *will*	do	you *will*	do	he *will*	do
	Fut. P.	I *will have*	**done**	you *will have*	**done**	he *will have*	**done**
Con.	Con.	I *would*	do	you *would*	do	he *would*	do
	Con. P.	I *would have*	**done**	you *would have*	**done**	he *would have*	**done**
Sub.	Pres.	I	do	you	do	he	do
	Past	I	**did**	you	**did**	he	**did**
	Past P.	I *had*	**done**	you *had*	**done**	he *had*	**done**
Imp.	Imp.		-		do		-
Inf.	Pres.		do (tun)				
	Perf.	*have*	**done**				
Part.	Pres.		do*ing*				
	Past		**done**				
	Perf.	*having*	**done**				
Ger.	Pres.		do*ing*				
	Perf.	*having*	**done**				

Do in der Continuous Form

Mod.	Zeit	1. Person Singular			2. Person Singular			3. Person Singular		
Ind.	Pres. T.	I	*am*	do*ing*	you	*are*	do*ing*	he	*is*	do*ing*
	Past T.	I	*was*	do*ing*	you	*were*	do*ing*	he	*was*	do*ing*
	Pres. P.	I *have*	*been*	do*ing*	you *have*	*been*	do*ing*	he *has*	*been*	do*ing*
	Past P.	I *had*	*been*	do*ing*	you *had*	*been*	do*ing*	he *had*	*been*	do*ing*
	Fut. T.	I *will*	*be*	do*ing*	you *will*	*be*	do*ing*	he *will*	*be*	do*ing*
	Fut. P.	I *will have*	*been*	do*ing*	you *will have*	*been*	do*ing*	he *will have*	*been*	do*ing*
Con.	Con.	I *would*	*be*	do*ing*	you *would*	*be*	do*ing*	he *would*	*be*	do*ing*
	Con. P.	I *would have*	*been*	do*ing*	you *would have*	*been*	do*ing*	he *would have*	*been*	do*ing*
Inf.	Pres.		*be*	do*ing*						
	Perf.	*have*	*been*	do*ing*						

Es ist zu beachten, dass **do** in der 3. Person Singular des present tense simple die Endung

do - did - done

1. Person Plural	2. Person Plural	3. Person Plural
we do	you do	they do
we **did**	you **did**	they **did**
we *have* **done**	you *have* **done**	they *have* **done**
we *had* **done**	you *had* **done**	they *had* **done**
we *will* do	you *will* do	they *will* do
we *will have* **done**	you *will have* **done**	they *will have* **done**
we *would* do	you *would* do	they *would* do
we *would have* **done**	you *would have* **done**	they *would have* **done**
we do	you do	they do
we **did**	you **did**	they **did**
we *had* **done**	you *had* **done**	they *had* **done**
-	do	-

1. Person Plural	2. Person Plural	3. Person Plural
we *are doing*	you *are doing*	they *are doing*
we *were doing*	you *were doing*	they *were doing*
we *have been doing*	you *have been doing*	they *has been doing*
we *had been doing*	you *had been doing*	they *had been doing*
we *will be doing*	you *will be doing*	they *will be doing*
we *will have been doing*	you *will have been doing*	they *will have been doing*
we *would be doing*	you *would be doing*	they *would be doing*
we *would have been doing*	you *would have been doing*	they *would have been doing*

-es anhängt.

Die regelmäßigen Verben

Die regelmäßigen Verben in der Simple Form

Mod.	Zeit	1. Person Singular		2. Person Singular		3. Person Singular	
Ind.	Pres. T.	I	help	you	help	he	help*s*
	Past T.	I	help*ed*	you	help*ed*	he	help*ed*
	Pres. P.	I *have*	help*ed*	you *have*	help*ed*	he *has*	help*ed*
	Past P.	I *had*	help*ed*	you *had*	help*ed*	he *had*	help*ed*
	Fut. T.	I *will*	help	you *will*	help	he *will*	help
	Fut. P.	I *will have*	help*ed*	you *will have*	help*ed*	he *will have*	help*ed*
Con.	Con.	I *would*	help	you *would*	help	he *would*	help
	Con. P.	I *would have*	help*ed*	you *would have*	help*ed*	he *would have*	help*ed*
Sub.	Pres.	I	help	you	help	he	help
	Past	I	help*ed*	you	help*ed*	he	help*ed*
	Past P.	I *had*	help*ed*	you *had*	help*ed*	he *had*	help*ed*
Imp.	Imp.		-		help		-
Inf.	Pres.		help (helfen)				
	Perf.	*have*	help*ed*				
Part.	Pres.		help*ing*				
	Past		help*ed*				
	Perf.	*having*	help*ed*				
Ger.	Pres.		help*ing*				
	Perf.	*having*	help*ed*				

Die regelmäßigen Verben in der Continuous Form

Mod.	Zeit	1. Person Singular			2. Person Singular			3. Person Singular		
Ind.	Pres. T.	I	*am*	help*ing*	you	*are*	help*ing*	he	*is*	help*ing*
	Past T.	I	*was*	help*ing*	you	*were*	help*ing*	he	*was*	help*ing*
	Pres. P.	I *have*	*been*	help*ing*	you *have*	*been*	help*ing*	he *has*	*been*	help*ing*
	Past P.	I *had*	*been*	help*ing*	you *had*	*been*	help*ing*	he *had*	*been*	help*ing*
	Fut. T.	I *will*	*be*	help*ing*	you *will*	*be*	help*ing*	he *will*	*be*	help*ing*
	Fut. P.	I *will have*	*been*	help*ing*	you *will have*	*been*	help*ing*	he *will have*	*been*	help*ing*
Con.	Con.	I *would*	*be*	help*ing*	you *would*	*be*	help*ing*	he *would*	*be*	help*ing*
	Con. P.	I *would have*	*been*	help*ing*	you *would have*	*been*	help*ing*	he *would have*	*been*	help*ing*
Inf.	Pres.		*be*	help*ing*						
	Perf.	*have*	*been*	help*ing*						

Es ist zu beachten, dass die regelmäßigen Verben, die auf **-ch, -s, -sh, -ss, -x, -z** bzw. **-o** enden

help - help*ed* - help*ed*

1. Person Plural		2. Person Plural		3. Person Plural	
we	help	you	help	they	help
we	help*ed*	you	help*ed*	they	help*ed*
we *have*	help*ed*	you *have*	help*ed*	they *have*	help*ed*
we *had*	help*ed*	you *had*	help*ed*	they *had*	help*ed*
we *will*	help	you *will*	help	they *will*	help
we *will have*	help*ed*	you *will have*	help*ed*	they *will have*	help*ed*
we *would*	help	you *would*	help	they *would*	help
we *would have*	help*ed*	you *would have*	help*ed*	they *would have*	help*ed*
we	help	you	help	they	help
we	help*ed*	you	help*ed*	they	help*ed*
we *had*	help*ed*	you *had*	help*ed*	they *had*	help*ed*
	-		help		-

1. Person Plural			2. Person Plural			3. Person Plural		
we	*are*	help*ing*	you	*are*	help*ing*	they	*are*	help*ing*
we	*were*	help*ing*	you	*were*	help*ing*	they	*were*	help*ing*
we *have*	*been*	helping	you *have*	*been*	helping	they *has*	*been*	helping
we *had*	*been*	helping	you *had*	*been*	helping	they *had*	*been*	helping
we *will*	*be*	helping	you *will*	*be*	helping	they *will*	*be*	helping
we *will have*	*been*	helping	you *will have*	*been*	helping	they *will have*	*been*	helping
we *would*	*be*	helping	you *would*	*be*	helping	they *would*	*be*	helping
we *would have*	*been*	helping	you *would have*	*been*	helping	they *would have*	*been*	helping

in der 3. Person Singular des present tense simple die Endung **-es** erhalten (z. B. **he washes).**

Die regelmäßigen Verben

Die regelmäßigen Verben auf -e in der Simple Form

Mod.	Zeit	1. Person Singular		2. Person Singular		3. Person Singular	
Ind.	Pres. T.	I	love	you	love	he	love**s**
	Past T.	I	**lov***ed*	you	**lov***ed*	he	**lov***ed*
	Pres. P.	I *have*	**lov***ed*	you *have*	**lov***ed*	he *has*	**lov***ed*
	Past P.	I *had*	**lov***ed*	you *had*	**lov***ed*	he *had*	**lov***ed*
	Fut. T.	I *will*	love	you *will*	love	he *will*	love
	Fut. P.	I *will have*	**lov***ed*	you *will have*	**lov***ed*	he *will have*	**lov***ed*
Con.	Con.	I *would*	love	you *would*	love	he *would*	love
	Con. P.	I *would have*	**lov***ed*	you *would have*	**lov***ed*	he *would have*	**lov***ed*
Sub.	Pres.	I	love	you	love	he	love
	Past	I	**lov***ed*	you	**lov***ed*	he	**lov***ed*
	Past P.	I *had*	**lov***ed*	you *had*	**lov***ed*	he *had*	**lov***ed*
Imp.	Imp.		-		love		-
Inf.	Pres.		love (lieben)				
	Perf.	*have*	**lov***ed*				
Part.	Pres.		**lov***ing*				
	Past		**lov***ed*				
	Perf.	*having*	**lov***ed*				
Ger.	Pres.		**lov***ing*				
	Perf.	*having*	**lov***ed*				

Die regelmäßigen Verben auf -e in der Continuous Form

Mod.	Zeit	1. Person Singular			2. Person Singular			3. Person Singular		
Ind.	Pres. T.	I	*am*	**lov***ing*	you	*are*	**lov***ing*	he	*is*	**lov***ing*
	Past T.	I	*was*	**lov***ing*	you	*were*	**lov***ing*	he	*was*	**lov***ing*
	Pres. P.	I *have*	*been*	**lov***ing*	you *have*	*been*	**lov***ing*	he *has*	*been*	**lov***ing*
	Past P.	I *had*	*been*	**lov***ing*	you *had*	*been*	**lov***ing*	he *had*	*been*	**lov***ing*
	Fut. T.	I *will*	*be*	**lov***ing*	you *will*	*be*	**lov***ing*	he *will*	*be*	**lov***ing*
	Fut. P.	I *will have*	*been*	**lov***ing*	you *will have*	*been*	**lov***ing*	he *will have*	*been*	**lov***ing*
Con.	Con.	I *would*	*be*	**lov***ing*	you *would*	*be*	**lov***ing*	he *would*	*be*	**lov***ing*
	Con. P.	I *would have*	*been*	**lov***ing*	you *would have*	*been*	**lov***ing*	he *would have*	*been*	**lov***ing*
Inf.	Pres.		*be*	**lov***ing*						
	Perf.	*have*	*been*	**lov***ing*						

Das **-e** der Verbendung entfällt vor den Endungen **-ed** und **-ing.** Dies gilt für alle Verben, die auf

Endung **-e** entfällt

1. Person Plural		2. Person Plural		3. Person Plural	
we	love	you	love	they	love
we	**lov**_ed_	you	**lov**_ed_	they	**lov**_ed_
we _have_	**lov**_ed_	you _have_	**lov**_ed_	they _have_	**lov**_ed_
we _had_	**lov**_ed_	you _had_	**lov**_ed_	they _had_	**lov**_ed_
we _will_	love	you _will_	love	they _will_	love
we _will have_	**lov**_ed_	you _will have_	**lov**_ed_	they _will have_	**lov**_ed_
we _would_	love	you _would_	love	they _would_	love
we _would have_	**lov**_ed_	you _would have_	**lov**_ed_	they _would have_	**lov**_ed_
we	love	you	love	they	love
we	**lov**_ed_	you	**lov**_ed_	they	**lov**_ed_
we _had_	**lov**_ed_	you _had_	**lov**_ed_	they _had_	**lov**_ed_
	-		love		-

Endung **-e** entfällt

1. Person Plural			2. Person Plural			3. Person Plural		
we	_are_	**lov**_ing_	you	_are_	**lov**_ing_	they	_are_	**lov**_ing_
we	_were_	**lov**_ing_	you	_were_	**lov**_ing_	they	_were_	**lov**_ing_
we _have_	_been_	**lov**_ing_	you _have_	_been_	**lov**_ing_	they _has_	_been_	**lov**_ing_
we _had_	_been_	**lov**_ing_	you _had_	_been_	**lov**_ing_	they _had_	_been_	**lov**_ing_
we _will_	_be_	**lov**_ing_	you _will_	_be_	**lov**_ing_	they _will_	_be_	**lov**_ing_
we _will have_	_been_	**lov**_ing_	you _will have_	_been_	**lov**_ing_	they _will have_	_been_	**lov**_ing_
we _would_	_be_	**lov**_ing_	you _would_	_be_	**lov**_ing_	they _would_	_be_	**lov**_ing_
we _would have_	_been_	**lov**_ing_	you _would have_	_been_	**lov**_ing_	they _would have_	_been_	**lov**_ing_

-e enden. Bei den Verben auf **-ee** entfällt ein **-e** beim Anhängen von **-ed** (z.B. agr**ee** **-** agre*ed*).

Die regelmäßigen Verben

Die regelmäßigen Verben auf Konsonant in der Simple Form

Mod.	Zeit	1. Person Singular		2. Person Singular		3. Person Singular	
Ind.	Pres. T.	I	stop	you	stop	he	stop*s*
	Past T.	I	sto**pp**_ed_	you	sto**pp**_ed_	he	sto**pp**_ed_
	Pres. P.	I *have*	sto**pp**_ed_	you *have*	sto**pp**_ed_	he *has*	sto**pp**_ed_
	Past P.	I *had*	sto**pp**_ed_	you *had*	sto**pp**_ed_	he *had*	sto**pp**_ed_
	Fut. T.	I *will*	stop	you *will*	stop	he *will*	stop
	Fut. P.	I *will have*	sto**pp**_ed_	you *will have*	sto**pp**_ed_	he *will have*	sto**pp**_ed_
Con.	Con.	I *would*	stop	you *would*	stop	he *would*	stop
	Con. P.	I *would have*	sto**pp**_ed_	you *would have*	sto**pp**_ed_	he *would have*	sto**pp**_ed_
Sub.	Pres.	I	stop	you	stop	he	stop
	Past	I	sto**pp**_ed_	you	sto**pp**_ed_	he	sto**pp**_ed_
	Past P.	I *had*	sto**pp**_ed_	you *had*	sto**pp**_ed_	he *had*	sto**pp**_ed_
Imp.	Imp.		-		stop		-
Inf.	Pres.		stop (aufhören)				
	Perf.	*have*	sto**pp**_ed_				
Part.	Pres.		sto**pp**_ing_				
	Past		sto**pp**_ed_				
	Perf.	*having*	sto**pp**_ed_				
Ger.	Pres.		sto**pp**_ing_				
	Perf.	*having*	sto**pp**_ed_				

Die regelmäßigen Verben auf Konsonant in der Continuous Form

Mod.	Zeit	1. Person Singular			2. Person Singular			3. Person Singular		
Ind.	Pres. T.	I	*am*	sto**pp**_ing_	you	*are*	sto**pp**_ing_	he	*is*	sto**pp**_ing_
	Past T.	I	*was*	sto**pp**_ing_	you	*were*	sto**pp**_ing_	he	*was*	sto**pp**_ing_
	Pres. P.	I *have*	*been*	sto**pp**_ing_	you *have*	*been*	sto**pp**_ing_	he *has*	*been*	sto**pp**_ing_
	Past P.	I *had*	*been*	sto**pp**_ing_	you *had*	*been*	sto**pp**_ing_	he *had*	*been*	sto**pp**_ing_
	Fut. T.	I *will*	*be*	sto**pp**_ing_	you *will*	*be*	sto**pp**_ing_	he *will*	*be*	sto**pp**_ing_
	Fut. P.	I *will have*	*been*	sto**pp**_ing_	you *will have*	*been*	sto**pp**_ing_	he *will have*	*been*	sto**pp**_ing_
Con.	Con.	I *would*	*be*	sto**pp**_ing_	you *would*	*be*	sto**pp**_ing_	he *would*	*be*	sto**pp**_ing_
	Con. P.	I *would have*	*been*	sto**pp**_ing_	you *would have*	*been*	sto**pp**_ing_	he *would have*	*been*	sto**pp**_ing_
Inf.	Pres.		*be*	sto**pp**_ing_						
	Perf.	*have*	*been*	sto**pp**_ing_						

Der Endkonsonant der Verbendung wird vor den Endungen **-ed** und **-ing** verdoppelt, wenn dem betonter Vokal, zwei Vokale oder ein Konsonant voraus, wird der Endkonsonant nicht verdoppelt

Die regelmäßigen Verben auf Konsonant

Endkonsonant verdoppelt sich

1. Person Plural		2. Person Plural		3. Person Plural	
we	stop	you	stop	they	stop
we	sto**pp***ed*	you	sto**pp***ed*	they	sto**pp***ed*
we *have*	sto**pp***ed*	you *have*	sto**pp***ed*	they *have*	sto**pp***ed*
we *had*	sto**pp***ed*	you *had*	sto**pp***ed*	they *had*	sto**pp***ed*
we *will*	stop	you *will*	stop	they *will*	stop
we *will have*	sto**pp***ed*	you *will have*	sto**pp***ed*	they *will have*	sto**pp***ed*
we *would*	stop	you *would*	stop	they *would*	stop
we *would have*	sto**pp***ed*	you *would have*	sto**pp***ed*	they *would have*	sto**pp***ed*
we	stop	you	stop	they	stop
we	sto**pp***ed*	you	sto**pp***ed*	they	sto**pp***ed*
we *had*	sto**pp***ed*	you *had*	sto**pp***ed*	they *had*	sto**pp***ed*
	-		stop		-

Endkonsonant verdoppelt sich

1. Person Plural			2. Person Plural			3. Person Plural		
we	*are*	sto**pp***ing*	you	*are*	sto**pp***ing*	they	*are*	sto**pp***ing*
we	*were*	sto**pp***ing*	you	*were*	sto**pp***ing*	they	*were*	sto**pp***ing*
we *have*	*been*	sto**pp***ing*	you *have*	*been*	sto**pp***ing*	they *has*	*been*	sto**pp***ing*
we *had*	*been*	sto**pp***ing*	you *had*	*been*	sto**pp***ing*	they *had*	*been*	sto**pp***ing*
we *will*	*be*	sto**pp***ing*	you *will*	*be*	sto**pp***ing*	they *will*	*be*	sto**pp***ing*
we *will have*	*been*	sto**pp***ing*	you *will have*	*been*	sto**pp***ing*	they *will have*	*been*	sto**pp***ing*
we *would*	*be*	sto**pp***ing*	you *would*	*be*	sto**pp***ing*	they *would*	*be*	sto**pp***ing*
we *would have*	*been*	sto**pp***ing*	you *would have*	*been*	sto**pp***ing*	they *would have*	*been*	sto**pp***ing*

Endkonsonanten ein einfacher, betonter Vokal vorausgeht. Gehen dem Endkonsonanten ein un-
(z.B. **he look*ed*, look*ing***).

Die regelmäßigen Verben

Die regelmäßigen Verben auf -y in der Simple Form

Mod.	Zeit	1. Person Singular		2. Person Singular		3. Person Singular	
Ind.	Pres. T.	I	cry	you	cry	he	cri**es**
	Past T.	I	cri*ed*	you	cri*ed*	he	cri*ed*
	Pres. P.	I *have*	cri*ed*	you *have*	cri*ed*	he *has*	cri*ed*
	Past P.	I *had*	cri*ed*	you *had*	cri*ed*	he *had*	cri*ed*
	Fut. T.	I *will*	cry	you *will*	cry	he *will*	cry
	Fut. P.	I *will have*	cri*ed*	you *will have*	cri*ed*	he *will have*	cri*ed*
Con.	Con.	I *would*	cry	you *would*	cry	he *would*	cry
	Con. P.	I *would have*	cri*ed*	you *would have*	cri*ed*	he *would have*	cri*ed*
Sub.	Pres.	I	cry	you	cry	he	cry
	Past	I	cri*ed*	you	cri*ed*	he	cri*ed*
	Past P.	I *had*	cri*ed*	you *had*	cri*ed*	he *had*	cri*ed*
Imp.	Imp.		-		cry		-
Inf.	Pres.		cry (weinen; schreien)				
	Perf.	*have*	cri*ed*				
Part.	Pres.		cry*ing*				
	Past		cri*ed*				
	Perf.	*having*	cri*ed*				
Ger.	Pres.		cry*ing*				
	Perf.	*having*	cri*ed*				

Die regelmäßigen Verben auf -y in der Continuous Form

Mod.	Zeit	1. Person Singular			2. Person Singular			3. Person Singular		
Ind.	Pres. T.	I	*am*	cry*ing*	you	*are*	cry*ing*	he	*is*	cry*ing*
	Past T.	I	*was*	cry*ing*	you	*were*	cry*ing*	he	*was*	cry*ing*
	Pres. P.	I *have*	*been*	cry*ing*	you *have*	*been*	cry*ing*	he *has*	*been*	cry*ing*
	Past P.	I *had*	*been*	cry*ing*	you *had*	*been*	cry*ing*	he *had*	*been*	cry*ing*
	Fut. T.	I *will*	*be*	cry*ing*	you *will*	*be*	cry*ing*	he *will*	*be*	cry*ing*
	Fut. P.	I *will have*	*been*	cry*ing*	you *will have*	*been*	cry*ing*	he *will have*	*been*	cry*ing*
Con.	Con.	I *would*	*be*	cry*ing*	you *would*	*be*	cry*ing*	he *would*	*be*	cry*ing*
	Con. P.	I *would have*	*been*	cry*ing*	you *would have*	*been*	cry*ing*	he *would have*	*been*	cry*ing*
Inf.	Pres.		*be*	cry*ing*						
	Perf.	*have*	*been*	cry*ing*						

Das **-y** der Verbendung wird vor der Endung **-s** in **-ie** und vor **-ed** in **-i** umgewandelt, wenn dem
men werden dann regelmäßig gebildet (z.B. **he enjoys, enjoyed).**

Die regelmäßigen Verben auf -y

-y → -ie, -i

1. Person Plural		2. Person Plural		3. Person Plural	
we	cry	you	cry	they	cry
we	cr**i**ed	you	cr**i**ed	they	cr**i**ed
we *have*	cr**i**ed	you *have*	cr**i**ed	they *have*	cr**i**ed
we *had*	cr**i**ed	you *had*	cr**i**ed	they *had*	cr**i**ed
we *will*	cry	you *will*	cry	they *will*	cry
we *will have*	cr**i**ed	you *will have*	cr**i**ed	they *will have*	cr**i**ed
we *would*	cry	you *would*	cry	they *would*	cry
we *would have*	cr**i**ed	you *would have*	cr**i**ed	they *would have*	cr**i**ed
we	cry	you	cry	they	cry
we	cr**i**ed	you	cr**i**ed	they	cr**i**ed
we *had*	cr**i**ed	you *had*	cr**i**ed	they *had*	cr**i**ed
	-		cry		-

1. Person Plural		2. Person Plural		3. Person Plural	
we	*are* crying	you	*are* crying	they	*are* crying
we	*were* crying	you	*were* crying	they	*were* crying
we *have*	*been* crying	you *have*	*been* crying	they *has*	*been* crying
we *had*	*been* crying	you *had*	*been* crying	they *had*	*been* crying
we *will*	*be* crying	you *will*	*be* crying	they *will*	*be* crying
we *will have*	*been* crying	you *will have*	*been* crying	they *will have*	*been* crying
we *would*	*be* crying	you *would*	*be* crying	they *would*	*be* crying
we *would have*	*been* crying	you *would have*	*been* crying	they *would have*	*been* crying

-y ein Konsonant vorausgeht. Geht dem **-y** ein Vokal voraus, bleibt das **-y** erhalten, alle Verbfor-

Die regelmäßigen Verben

Die regelmäßigen Verben auf -ie in der Simple Form

Mod.	Zeit	1. Person Singular		2. Person Singular		3. Person Singular	
Ind.	Pres. T.	I	die	you	die	he	dies
	Past T.	I	died	you	died	he	died
	Pres. P.	I *have*	died	you *have*	died	he *has*	died
	Past P.	I *had*	died	you *had*	died	he *had*	died
	Fut. T.	I *will*	die	you *will*	die	he *will*	die
	Fut. P.	I *will have*	died	you *will have*	died	he *will have*	died
Con.	Con.	I *would*	die	you *would*	die	he *would*	die
	Con. P.	I *would have*	died	you *would have*	died	he *would have*	died
Sub.	Pres.	I	die	you	die	he	die
	Past	I	died	you	died	he	died
	Past P.	I *had*	died	you *had*	died	he *had*	died
Imp.	Imp.		-		die		-
Inf.	Pres.		die (sterben)				
	Perf.	*have*	died				
Part.	Pres.		dying				
	Past		died				
	Perf.	*having*	died				
Ger.	Pres.		dying				
	Perf.	*having*	died				

Die regelmäßigen Verben auf -ie in der Continuous Form

Mod.	Zeit	1. Person Singular			2. Person Singular			3. Person Singular		
Ind.	Pres. T.	I	*am*	dying	you	*are*	dying	he	*is*	dying
	Past T.	I	*was*	dying	you	*were*	dying	he	*was*	dying
	Pres. P.	I *have*	*been*	dying	you *have*	*been*	dying	he *has*	*been*	dying
	Past P.	I *had*	*been*	dying	you *had*	*been*	dying	he *had*	*been*	dying
	Fut. T.	I *will*	*be*	dying	you *will*	*be*	dying	he *will*	*be*	dying
	Fut. P.	I *will have*	*been*	dying	you *will have*	*been*	dying	he *will have*	*been*	dying
Con.	Con.	I *would*	*be*	dying	you *would*	*be*	dying	he *would*	*be*	dying
	Con. P.	I *would have*	*been*	dying	you *would have*	*been*	dying	he *would have*	*been*	dying
Inf.	Pres.		*be*	dying						
	Perf.	*have*	*been*	dying						

Das **-ie** der Verbendung wird vor der Endung **-ed** in **-i** und vor der Endung **-ing** in **-y** umgewandelt.

Die regelmäßigen Verben auf -ie

-ie → -i

1. Person Plural		2. Person Plural		3. Person Plural	
we	die	you	die	they	die
we	di**ed**	you	di**ed**	they	di**ed**
we *have*	di**ed**	you *have*	di**ed**	they *have*	di**ed**
we *had*	di**ed**	you *had*	di**ed**	they *had*	di**ed**
we *will*	die	you *will*	die	they *will*	die
we *will have*	di**ed**	you *will have*	di**ed**	they *will have*	di**ed**
we *would*	die	you *would*	die	they *would*	die
we *would have*	di**ed**	you *would have*	di**ed**	they *would have*	di**ed**
we	die	you	die	they	die
we	di**ed**	you	di**ed**	they	di**ed**
we *had*	di**ed**	you *had*	di**ed**	they *had*	di**ed**
	-		die		-

-ie → -y

1. Person Plural			2. Person Plural			3. Person Plural		
we	*are*	d**y**ing	you	*are*	d**y**ing	they	*are*	d**y**ing
we	*were*	d**y**ing	you	*were*	d**y**ing	they	*were*	d**y**ing
we *have*	*been*	d**y**ing	you *have*	*been*	d**y**ing	they *has*	*been*	d**y**ing
we *had*	*been*	d**y**ing	you *had*	*been*	d**y**ing	they *had*	*been*	d**y**ing
we *will*	*be*	d**y**ing	you *will*	*be*	d**y**ing	they *will*	*be*	d**y**ing
we *will have*	*been*	d**y**ing	you *will have*	*been*	d**y**ing	they *will have*	*been*	d**y**ing
we *would*	*be*	d**y**ing	you *would*	*be*	d**y**ing	they *would*	*be*	d**y**ing
we *would have*	*been*	d**y**ing	you *would have*	*been*	d**y**ing	they *would have*	*been*	d**y**ing

Die unregelmäßigen Verben

Die Verbgruppe von hurt in der Simple Form

Mod.	Zeit	1. Person Singular		2. Person Singular		3. Person Singular	
Ind.	Pres. T.	I	hurt	you	hurt	he	hurt**s**
	Past T.	I	**hurt**	you	**hurt**	he	**hurt**
	Pres. P.	I *have*	**hurt**	you *have*	**hurt**	he *has*	**hurt**
	Past P.	I *had*	**hurt**	you *had*	**hurt**	he *had*	**hurt**
	Fut. T.	I *will*	hurt	you *will*	hurt	he *will*	hurt
	Fut. P.	I *will have*	**hurt**	you *will have*	**hurt**	he *will have*	**hurt**
Con.	Con.	I *would*	hurt	you *would*	hurt	he *would*	hurt
	Con. P.	I *would have*	**hurt**	you *would have*	**hurt**	he *would have*	**hurt**
Sub.	Pres.	I	hurt	you	hurt	he	hurt
	Past	I	**hurt**	you	**hurt**	he	**hurt**
	Past P.	I *had*	**hurt**	you *had*	**hurt**	he *had*	**hurt**
Imp.	Imp.		-		hurt		-
Inf.	Pres.		hurt (verletzen, wehtun)				
	Perf.	*have*	**hurt**				
Part.	Pres.		hurt*ing*				
	Past		**hurt**				
	Perf.	*having*	**hurt**				
Ger.	Pres.		hurt*ing*				
	Perf.	*having*	**hurt**				

Die Verbgruppe von hurt in der Continuous Form

Mod.	Zeit	1. Person Singular			2. Person Singular			3. Person Singular		
Ind.	Pres. T.	I	*am*	hurt*ing*	you	*are*	hurt*ing*	he	*is*	hurt*ing*
	Past T.	I	*was*	hurt*ing*	you	*were*	hurt*ing*	he	*was*	hurt*ing*
	Pres. P.	I *have*	*been*	hurt*ing*	you *have*	*been*	hurt*ing*	he *has*	*been*	hurt*ing*
	Past P.	I *had*	*been*	hurt*ing*	you *had*	*been*	hurt*ing*	he *had*	*been*	hurt*ing*
	Fut. T.	I *will*	*be*	hurt*ing*	you *will*	*be*	hurt*ing*	he *will*	*be*	hurt*ing*
	Fut. P.	I *will have*	*been*	hurt*ing*	you *will have*	*been*	hurt*ing*	he *will have*	*been*	hurt*ing*
Con.	Con.	I *would*	*be*	hurt*ing*	you *would*	*be*	hurt*ing*	he *would*	*be*	hurt*ing*
	Con. P.	I *would have*	*been*	hurt*ing*	you *would have*	*been*	hurt*ing*	he *would have*	*been*	hurt*ing*
Inf.	Pres.		*be*	hurt*ing*						
	Perf.	*have*	*been*	hurt*ing*						

Die Verben dieser Verbgruppe haben 3 gleiche Stammformen. Bei einigen Verben dieser Verb (z. B **cut - cutting).**

Die Verbgruppe von hurt

hurt - hurt - hurt

1. Person Plural		2. Person Plural		3. Person Plural	
we	hurt	you	hurt	they	hurt
we	**hurt**	you	**hurt**	they	**hurt**
we *have*	**hurt**	you *have*	**hurt**	they *have*	**hurt**
we *had*	**hurt**	you *had*	**hurt**	they *had*	**hurt**
we *will*	hurt	you *will*	hurt	they *will*	hurt
we *will have*	**hurt**	you *will have*	**hurt**	they *will have*	**hurt**
we *would*	hurt	you *would*	hurt	they *would*	hurt
we *would have*	**hurt**	you *would have*	**hurt**	they *would have*	**hurt**
we	hurt	you	hurt	they	hurt
we	**hurt**	you	**hurt**	they	**hurt**
we *had*	**hurt**	you *had*	**hurt**	they *had*	**hurt**
	-		hurt		-

1. Person Plural			2. Person Plural			3. Person Plural		
we	*are*	hurt*ing*	you	*are*	hurt*ing*	they	*are*	hurt*ing*
we	*were*	hurt*ing*	you	*were*	hurt*ing*	they	*were*	hurt*ing*
we *have*	*been*	hurting	you *have*	*been*	hurting	they *has*	*been*	hurting
we *had*	*been*	hurting	you *had*	*been*	hurting	they *had*	*been*	hurting
we *will*	*be*	hurting	you *will*	*be*	hurting	they *will*	*be*	hurting
we *will have*	*been*	hurting	you *will have*	*been*	hurting	they *will have*	*been*	hurting
we *would*	*be*	hurting	you *would*	*be*	hurting	they *would*	*be*	hurting
we *would have*	*been*	hurting	you *would have*	*been*	hurting	they *would have*	*been*	hurting

gruppe sind in der continuous form die oben aufgeführten Rechtschreibregeln zu beachten

Die unregelmäßigen Verben

Die Verbgruppe von **hear** in der Simple Form

Mod.	Zeit	1. Person Singular		2. Person Singular		3. Person Singular	
Ind.	Pres. T.	I	hear	you	hear	he	hear**s**
	Past T.	I	hear***d***	you	hear***d***	he	hear***d***
	Pres. P.	I *have*	hear***d***	you *have*	hear***d***	he *has*	hear***d***
	Past P.	I *had*	hear***d***	you *had*	hear***d***	he *had*	hear***d***
	Fut. T.	I *will*	hear	you *will*	hear	he *will*	hear
	Fut. P.	I *will have*	hear***d***	you *will have*	hear***d***	he *will have*	hear***d***
Con.	Con.	I *would*	hear	you *would*	hear	he *would*	hear
	Con. P.	I *would have*	hear***d***	you *would have*	hear***d***	he *would have*	hear***d***
Sub.	Pres.	I	hear	you	hear	he	hear
	Past	I	hear***d***	you	hear***d***	he	hear***d***
	Past P.	I *had*	hear***d***	you *had*	hear***d***	he *had*	hear***d***
Imp.	Imp.		-		hear		-
Inf.	Pres.		hear (hören)				
	Perf.	*have*	hear***d***				
Part.	Pres.		hear*ing*				
	Past		hear***d***				
	Perf.	*having*	hear***d***				
Ger.	Pres.		hear*ing*				
	Perf.	*having*	hear***d***				

Die Verbgruppe von **hear** in der Continuous Form

Mod.	Zeit	1. Person Singular			2. Person Singular			3. Person Singular		
Ind.	Pres. T.	I	*am*	hear*ing*	you	*are*	hear*ing*	he	*is*	hear*ing*
	Past T.	I	*was*	hear*ing*	you	*were*	hear*ing*	he	*was*	hear*ing*
	Pres. P.	I *have*	*been*	hear*ing*	you *have*	*been*	hear*ing*	he *has*	*been*	hear*ing*
	Past P.	I *had*	*been*	hear*ing*	you *had*	*been*	hear*ing*	he *had*	*been*	hear*ing*
	Fut. T.	I *will*	*be*	hear*ing*	you *will*	*be*	hear*ing*	he *will*	*be*	hear*ing*
	Fut. P.	I *will have*	*been*	hear*ing*	you *will have*	*been*	hear*ing*	he *will have*	*been*	hear*ing*
Con.	Con.	I *would*	*be*	hear*ing*	you *would*	*be*	hear*ing*	he *would*	*be*	hear*ing*
	Con. P.	I *would have*	*been*	hear*ing*	you *would have*	*been*	hear*ing*	he *would have*	*been*	hear*ing*
Inf.	Pres.		*be*	hear*ing*						
	Perf.	*have*	*been*	hear*ing*						

Die Verben dieser Verbgruppe erhalten in der 2. und 3. Stammform die Endung **-d**.

Die Verbgruppe von hear

hear - hear**d** - hear**d**

1. Person Plural		2. Person Plural		3. Person Plural	
we	hear	you	hear	they	hear
we	hear***d***	you	hear***d***	they	hear***d***
we *have*	hear***d***	you *have*	hear***d***	they *have*	hear***d***
we *had*	hear***d***	you *had*	hear***d***	they *had*	hear***d***
we *will*	hear	you *will*	hear	they *will*	hear
we *will have*	hear***d***	you *will have*	hear***d***	they *will have*	hear***d***
we *would*	hear	you *would*	hear	they *would*	hear
we *would have*	hear***d***	you *would have*	hear***d***	they *would have*	hear***d***
we	hear	you	hear	they	hear
we	hear***d***	you	hear***d***	they	hear***d***
we *had*	hear***d***	you *had*	hear***d***	they *had*	hear***d***
	-		hear		-

1. Person Plural			2. Person Plural			3. Person Plural		
we	*are*	hear*ing*	you	*are*	hear*ing*	they	*are*	hear*ing*
we	*were*	hear*ing*	you	*were*	hear*ing*	they	*were*	hear*ing*
we *have*	*been*	hear*ing*	you *have*	*been*	hear*ing*	they *has*	*been*	hear*ing*
we *had*	*been*	hear*ing*	you *had*	*been*	hear*ing*	they *had*	*been*	hear*ing*
we *will*	*be*	hear*ing*	you *will*	*be*	hear*ing*	they *will*	*be*	hear*ing*
we *will have*	*been*	hear*ing*	you *will have*	*been*	hear*ing*	they *will have*	*been*	hear*ing*
we *would*	*be*	hear*ing*	you *would*	*be*	hear*ing*	they *would*	*be*	hear*ing*
we *would have*	*been*	hear*ing*	you *would have*	*been*	hear*ing*	they *would have*	*been*	hear*ing*

Die unregelmäßigen Verben

Die Verbgruppe von deal in der Simple Form

Mod.	Zeit	1. Person Singular		2. Person Singular		3. Person Singular	
Ind.	Pres. T.	I	deal	you	deal	he	deals
	Past T.	I	dealt	you	dealt	he	dealt
	Pres. P.	I *have*	dealt	you *have*	dealt	he *has*	dealt
	Past P.	I *had*	dealt	you *had*	dealt	he *had*	dealt
	Fut. T.	I *will*	deal	you *will*	deal	he *will*	deal
	Fut. P.	I *will have*	dealt	you *will have*	dealt	he *will have*	dealt
Con.	Con.	I *would*	deal	you *would*	deal	he *would*	deal
	Con. P.	I *would have*	dealt	you *would have*	dealt	he *would have*	dealt
Sub.	Pres.	I	deal	you	deal	he	deal
	Past	I	dealt	you	dealt	he	dealt
	Past P.	I *had*	dealt	you *had*	dealt	he *had*	dealt
Imp.	Imp.		-		deal		-
Inf.	Pres.		deal (handeln, sich befassen (mit))				
	Perf.	*have*	dealt				
Part.	Pres.		deal*ing*				
	Past		dealt				
	Perf.	*having*	dealt				
Ger.	Pres.		deal*ing*				
	Perf.	*having*	dealt				

Die Verbgruppe von deal in der Continuous Form

Mod.	Zeit	1. Person Singular			2. Person Singular			3. Person Singular		
Ind.	Pres. T.	I	*am*	deal*ing*	you	*are*	deal*ing*	he	*is*	deal*ing*
	Past T.	I	*was*	deal*ing*	you	*were*	deal*ing*	he	*was*	deal*ing*
	Pres. P.	I *have*	*been*	deal*ing*	you *have*	*been*	deal*ing*	he *has*	*been*	deal*ing*
	Past P.	I *had*	*been*	deal*ing*	you *had*	*been*	deal*ing*	he *had*	*been*	deal*ing*
	Fut. T.	I *will*	*be*	deal*ing*	you *will*	*be*	deal*ing*	he *will*	*be*	deal*ing*
	Fut. P.	I *will have*	*been*	deal*ing*	you *will have*	*been*	deal*ing*	he *will have*	*been*	deal*ing*
Con.	Con.	I *would*	*be*	deal*ing*	you *would*	*be*	deal*ing*	he *would*	*be*	deal*ing*
	Con. P.	I *would have*	*been*	deal*ing*	you *would have*	*been*	deal*ing*	he *would have*	*been*	deal*ing*
Inf.	Pres.		*be*	deal*ing*						
	Perf.	*have*	*been*	deal*ing*						

Die Verben dieser Verbgruppe erhalten in der 2. und 3. Stammform die Endung **-t.**

deal - deal**t** - deal**t**

1. Person Plural		2. Person Plural		3. Person Plural	
we	deal	you	deal	they	deal
we	deal***t***	you	deal***t***	they	deal***t***
we *have*	deal***t***	you *have*	deal***t***	they *have*	deal***t***
we *had*	deal***t***	you *had*	deal***t***	they *had*	deal***t***
we *will*	deal	you *will*	deal	they *will*	deal
we *will have*	deal***t***	you *will have*	deal***t***	they *will have*	deal***t***
we *would*	deal	you *would*	deal	they *would*	deal
we *would have*	deal***t***	you *would have*	deal***t***	they *would have*	deal***t***
we	deal	you	deal	they	deal
we	deal***t***	you	deal***t***	they	deal***t***
we *had*	deal***t***	you *had*	deal***t***	they *had*	deal***t***
	-		deal		-

1. Person Plural			2. Person Plural			3. Person Plural		
we	*are*	deal*ing*	you	*are*	deal*ing*	they	*are*	deal*ing*
we	*were*	deal*ing*	you	*were*	deal*ing*	they	*were*	deal*ing*
we *have*	*been*	deal*ing*	you *have*	*been*	deal*ing*	they *has*	*been*	deal*ing*
we *had*	*been*	deal*ing*	you *had*	*been*	deal*ing*	they *had*	*been*	deal*ing*
we *will*	*be*	deal*ing*	you *will*	*be*	deal*ing*	they *will*	*be*	deal*ing*
we *will have*	*been*	deal*ing*	you *will have*	*been*	deal*ing*	they *will have*	*been*	deal*ing*
we *would*	*be*	deal*ing*	you *would*	*be*	deal*ing*	they *would*	*be*	deal*ing*
we *would have*	*been*	deal*ing*	you *would have*	*been*	deal*ing*	they *would have*	*been*	deal*ing*

Die unregelmäßigen Verben

Die Verbgruppe von lend in der Simple Form

Mod.	Zeit	1. Person Singular		2. Person Singular		3. Person Singular	
Ind.	Pres. T.	I	lend	you	lend	he	lend**s**
	Past T.	I	len**t**	you	len**t**	he	len**t**
	Pres. P.	I *have*	len**t**	you *have*	len**t**	he *has*	len**t**
	Past P.	I *had*	len**t**	you *had*	len**t**	he *had*	len**t**
	Fut. T.	I *will*	lend	you *will*	lend	he *will*	lend
	Fut. P.	I *will have*	len**t**	you *will have*	len**t**	he *will have*	len**t**
Con.	Con.	I *would*	lend	you *would*	lend	he *would*	lend
	Con. P.	I *would have*	len**t**	you *would have*	len**t**	he *would have*	len**t**
Sub.	Pres.	I	lend	you	lend	he	lend
	Past	I	len**t**	you	len**t**	he	len**t**
	Past P.	I *had*	len**t**	you *had*	len**t**	he *had*	len**t**
Imp.	Imp.		-		lend		-
Inf.	Pres.		lend ((aus)leihen)				
	Perf.	*have*	len**t**				
Part.	Pres.		lend*ing*				
	Past		len**t**				
	Perf.	*having*	len**t**				
Ger.	Pres.		lend*ing*				
	Perf.	*having*	len**t**				

Die Verbgruppe von lend in der Continuous Form

Mod.	Zeit	1. Person Singular			2. Person Singular			3. Person Singular		
Ind.	Pres. T.	I	*am*	lend*ing*	you	*are*	lend*ing*	he	*is*	lend*ing*
	Past T.	I	*was*	lend*ing*	you	*were*	lend*ing*	he	*was*	lend*ing*
	Pres. P.	I *have*	*been*	lend*ing*	you *have*	*been*	lend*ing*	he *has*	*been*	lend*ing*
	Past P.	I *had*	*been*	lend*ing*	you *had*	*been*	lend*ing*	he *had*	*been*	lend*ing*
	Fut. T.	I *will*	*be*	lend*ing*	you *will*	*be*	lend*ing*	he *will*	*be*	lend*ing*
	Fut. P.	I *will have*	*been*	lend*ing*	you *will have*	*been*	lend*ing*	he *will have*	*been*	lend*ing*
Con.	Con.	I *would*	*be*	lend*ing*	you *would*	*be*	lend*ing*	he *would*	*be*	lend*ing*
	Con. P.	I *would have*	*been*	lend*ing*	you *would have*	*been*	lend*ing*	he *would have*	*been*	lend*ing*
Inf.	Pres.		*be*	lend*ing*						
	Perf.	*have*	*been*	lend*ing*						

Die Verben dieser Verbgruppe ersetzen die Endung **-d** in der 2. und 3. Stammform durch **-t.**

lend - lent - lent

1. Person Plural		2. Person Plural		3. Person Plural	
we	lend	you	lend	they	lend
we	len***t***	you	len***t***	they	len***t***
we *have*	len***t***	you *have*	len***t***	they *have*	len***t***
we *had*	len***t***	you *had*	len***t***	they *had*	len***t***
we *will*	lend	you *will*	lend	they *will*	lend
we *will have*	len***t***	you *will have*	len***t***	they *will have*	len***t***
we *would*	lend	you *would*	lend	they *would*	lend
we *would have*	len***t***	you *would have*	len***t***	they *would have*	len***t***
we	lend	you	lend	they	lend
we	len***t***	you	len***t***	they	len***t***
we *had*	len***t***	you *had*	len***t***	they *had*	len***t***
	-		lend		-

1. Person Plural			2. Person Plural			3. Person Plural		
we	*are*	lend*ing*	you	*are*	lend*ing*	they	*are*	lend*ing*
we	*were*	lend*ing*	you	*were*	lend*ing*	they	*were*	lend*ing*
we *have*	*been*	lend*ing*	you *have*	*been*	lend*ing*	they *has*	*been*	lend*ing*
we *had*	*been*	lend*ing*	you *had*	*been*	lend*ing*	they *had*	*been*	lend*ing*
we *will*	*be*	lend*ing*	you *will*	*be*	lend*ing*	they *will*	*be*	lend*ing*
we *will have*	*been*	lend*ing*	you *will have*	*been*	lend*ing*	they *will have*	*been*	lend*ing*
we *would*	*be*	lend*ing*	you *would*	*be*	lend*ing*	they *would*	*be*	lend*ing*
we *would have*	*been*	lend*ing*	you *would have*	*been*	lend*ing*	they *would have*	*been*	lend*ing*

Die unregelmäßigen Verben

Die Verbgruppe von spell in der Simple Form

Mod.	Zeit	1. Person Singular		2. Person Singular		3. Person Singular	
Ind.	Pres. T.	I	spell	you	spell	he	spell**s**
	Past T.	I	spe**lt**	you	spe**lt**	he	spe**lt**
	Pres. P.	I *have*	spe**lt**	you *have*	spe**lt**	he *has*	spe**lt**
	Past P.	I *had*	spe**lt**	you *had*	spe**lt**	he *had*	spe**lt**
	Fut. T.	I *will*	spell	you *will*	spell	he *will*	spell
	Fut. P.	I *will have*	spe**lt**	you *will have*	spe**lt**	he *will have*	spe**lt**
Con.	Con.	I *would*	spell	you *would*	spell	he *would*	spell
	Con. P.	I *would have*	spe**lt**	you *would have*	spe**lt**	he *would have*	spe**lt**
Sub.	Pres.	I	spell	you	spell	he	spell
	Past	I	spe**lt**	you	spe**lt**	he	spe**lt**
	Past P.	I *had*	spe**lt**	you *had*	spe**lt**	he *had*	spe**lt**
Imp.	Imp.		-		spell		-
Inf.	Pres.		spell (buchstabieren)				
	Perf.	*have*	spe**lt**				
Part.	Pres.		spell*ing*				
	Past		spe**lt**				
	Perf.	*having*	spe**lt**				
Ger.	Pres.		spell*ing*				
	Perf.	*having*	spe**lt**				

Die Verbgruppe von spell in der Continuous Form

Mod.	Zeit	1. Person Singular			2. Person Singular			3. Person Singular		
Ind.	Pres. T.	I	*am*	spell*ing*	you	*are*	spell*ing*	he	*is*	spell*ing*
	Past T.	I	*was*	spell*ing*	you	*were*	spell*ing*	he	*was*	spell*ing*
	Pres. P.	I *have*	*been*	spell*ing*	you *have*	*been*	spell*ing*	he *has*	*been*	spell*ing*
	Past P.	I *had*	*been*	spell*ing*	you *had*	*been*	spell*ing*	he *had*	*been*	spell*ing*
	Fut. T.	I *will*	*be*	spell*ing*	you *will*	*be*	spell*ing*	he *will*	*be*	spell*ing*
	Fut. P.	I *will have*	*been*	spell*ing*	you *will have*	*been*	spell*ing*	he *will have*	*been*	spell*ing*
Con.	Con.	I *would*	*be*	spell*ing*	you *would*	*be*	spell*ing*	he *would*	*be*	spell*ing*
	Con. P.	I *would have*	*been*	spell*ing*	you *would have*	*been*	spell*ing*	he *would have*	*been*	spell*ing*
Inf.	Pres.		*be*	spell*ing*						
	Perf.	*have*	*been*	spell*ing*						

Die Verben dieser Verbgruppe ersetzen die Endung **-ll** in der 2. und 3. Stammform durch **-lt.**

spell - spelt - spelt

1. Person Plural		2. Person Plural		3. Person Plural	
we	spell	you	spell	they	spell
we	spe**lt**	you	spe**lt**	they	spe**lt**
we *have*	spe**lt**	you *have*	spe**lt**	they *have*	spe**lt**
we *had*	spe**lt**	you *had*	spe**lt**	they *had*	spe**lt**
we *will*	spell	you *will*	spell	they *will*	spell
we *will have*	spe**lt**	you *will have*	spe**lt**	they *will have*	spe**lt**
we *would*	spell	you *would*	spell	they *would*	spell
we *would have*	spe**lt**	you *would have*	spe**lt**	they *would have*	spe**lt**
we	spell	you	spell	they	spell
we	spe**lt**	you	spe**lt**	they	spe**lt**
we *had*	spe**lt**	you *had*	spe**lt**	they *had*	spe**lt**
	-		spell		-

1. Person Plural			2. Person Plural			3. Person Plural		
we	*are*	spell*ing*	you	*are*	spell*ing*	they	*are*	spell*ing*
we	*were*	spell*ing*	you	*were*	spell*ing*	they	*were*	spell*ing*
we *have*	*been*	spell*ing*	you *have*	*been*	spell*ing*	they *has*	*been*	spell*ing*
we *had*	*been*	spell*ing*	you *had*	*been*	spell*ing*	they *had*	*been*	spell*ing*
we *will*	*be*	spell*ing*	you *will*	*be*	spell*ing*	they *will*	*be*	spell*ing*
we *will have*	*been*	spell*ing*	you *will have*	*been*	spell*ing*	they *will have*	*been*	spell*ing*
we *would*	*be*	spell*ing*	you *would*	*be*	spell*ing*	they *would*	*be*	spell*ing*
we *would have*	*been*	spell*ing*	you *would have*	*been*	spell*ing*	they *would have*	*been*	spell*ing*

Die unregelmäßigen Verben

Die Verbgruppe von flee in der Simple Form

Mod.	Zeit	1. Person Singular		2. Person Singular		3. Person Singular	
Ind.	Pres. T.	I	flee	you	flee	he	flee**s**
	Past T.	I	**fled**	you	**fled**	he	**fled**
	Pres. P.	I *have*	**fled**	you *have*	**fled**	he *has*	**fled**
	Past P.	I *had*	**fled**	you *had*	**fled**	he *had*	**fled**
	Fut. T.	I *will*	flee	you *will*	flee	he *will*	flee
	Fut. P.	I *will have*	**fled**	you *will have*	**fled**	he *will have*	**fled**
Con.	Con.	I *would*	flee	you *would*	flee	he *would*	flee
	Con. P.	I *would have*	**fled**	you *would have*	**fled**	he *would have*	**fled**
Sub.	Pres.	I	flee	you	flee	he	flee
	Past	I	**fled**	you	**fled**	he	**fled**
	Past P.	I *had*	**fled**	you *had*	**fled**	he *had*	**fled**
Imp.	Imp.		-		flee		-
Inf.	Pres.		flee (fliehen)				
	Perf.	*have*	**fled**				
Part.	Pres.		flee*ing*				
	Past		**fled**				
	Perf.	*having*	**fled**				
Ger.	Pres.		flee*ing*				
	Perf.	*having*	**fled**				

Die Verbgruppe von flee in der Continuous Form

Mod.	Zeit	1. Person Singular			2. Person Singular			3. Person Singular		
Ind.	Pres. T.	I	*am*	*fleeing*	you	*are*	*fleeing*	he	*is*	*fleeing*
	Past T.	I	*was*	*fleeing*	you	*were*	*fleeing*	he	*was*	*fleeing*
	Pres. P.	I *have*	*been*	*fleeing*	you *have*	*been*	*fleeing*	he *has*	*been*	*fleeing*
	Past P.	I *had*	*been*	*fleeing*	you *had*	*been*	*fleeing*	he *had*	*been*	*fleeing*
	Fut. T.	I *will*	*be*	*fleeing*	you *will*	*be*	*fleeing*	he *will*	*be*	*fleeing*
	Fut. P.	I *will have*	*been*	*fleeing*	you *will have*	*been*	*fleeing*	he *will have*	*been*	*fleeing*
Con.	Con.	I *would*	*be*	*fleeing*	you *would*	*be*	*fleeing*	he *would*	*be*	*fleeing*
	Con. P.	I *would have*	*been*	*fleeing*	you *would have*	*been*	*fleeing*	he *would have*	*been*	*fleeing*
Inf.	Pres.		*be*	*fleeing*						
	Perf.	*have*	*been*	*fleeing*						

Die Verbgruppe von flee

flee - fled - fled

1. Person Plural		2. Person Plural		3. Person Plural	
we	flee	you	flee	they	flee
we	**fled**	you	**fled**	they	**fled**
we *have*	**fled**	you *have*	**fled**	they *have*	**fled**
we *had*	**fled**	you *had*	**fled**	they *had*	**fled**
we *will*	flee	you *will*	flee	they *will*	flee
we *will have*	**fled**	you *will have*	**fled**	they *will have*	**fled**
we *would*	flee	you *would*	flee	they *would*	flee
we *would have*	**fled**	you *would have*	**fled**	they *would have*	**fled**
we	flee	you	flee	they	flee
we	**fled**	you	**fled**	they	**fled**
we *had*	**fled**	you *had*	**fled**	they *had*	**fled**
	-		flee		-

1. Person Plural			2. Person Plural			3. Person Plural		
we	*are*	flee*ing*	you	*are*	flee*ing*	they	*are*	flee*ing*
we	*were*	flee*ing*	you	*were*	flee*ing*	they	*were*	flee*ing*
we *have*	*been*	flee*ing*	you *have*	*been*	flee*ing*	they *has*	*been*	flee*ing*
we *had*	*been*	flee*ing*	you *had*	*been*	flee*ing*	they *had*	*been*	flee*ing*
we *will*	*be*	flee*ing*	you *will*	*be*	flee*ing*	they *will*	*be*	flee*ing*
we *will have*	*been*	flee*ing*	you *will have*	*been*	flee*ing*	they *will have*	*been*	flee*ing*
we *would*	*be*	flee*ing*	you *would*	*be*	flee*ing*	they *would*	*be*	flee*ing*
we *would have*	*been*	flee*ing*	you *would have*	*been*	flee*ing*	they *would have*	*been*	flee*ing*

Die unregelmäßigen Verben

Die Verbgruppe von meet in der Simple Form

Mod.	Zeit	1. Person Singular		2. Person Singular		3. Person Singular	
Ind.	Pres. T.	I	meet	you	meet	he	meet*s*
	Past T.	I	**met**	you	**met**	he	**met**
	Pres. P.	I *have*	**met**	you *have*	**met**	he *has*	**met**
	Past P.	I *had*	**met**	you *had*	**met**	he *had*	**met**
	Fut. T.	I *will*	meet	you *will*	meet	he *will*	meet
	Fut. P.	I *will have*	**met**	you *will have*	**met**	he *will have*	**met**
Con.	Con.	I *would*	meet	you *would*	meet	he *would*	meet
	Con. P.	I *would have*	**met**	you *would have*	**met**	he *would have*	**met**
Sub.	Pres.	I	meet	you	meet	he	meet
	Past	I	**met**	you	**met**	he	**met**
	Past P.	I *had*	**met**	you *had*	**met**	he *had*	**met**
Imp.	Imp.		-		meet		-
Inf.	Pres.		meet (treffen, begegnen)				
	Perf.	*have*	**met**				
Part.	Pres.		meet*ing*				
	Past		**met**				
	Perf.	*having*	**met**				
Ger.	Pres.		meet*ing*				
	Perf.	*having*	**met**				

Die Verbgruppe von meet in der Continuous Form

Mod.	Zeit	1. Person Singular			2. Person Singular			3. Person Singular		
Ind.	Pres. T.	I	*am*	meet*ing*	you	*are*	meet*ing*	he	*is*	meet*ing*
	Past T.	I	*was*	meet*ing*	you	*were*	meet*ing*	he	*was*	meet*ing*
	Pres. P.	I *have*	*been*	meet*ing*	you *have*	*been*	meet*ing*	he *has*	*been*	meet*ing*
	Past P.	I *had*	*been*	meet*ing*	you *had*	*been*	meet*ing*	he *had*	*been*	meet*ing*
	Fut. T.	I *will*	*be*	meet*ing*	you *will*	*be*	meet*ing*	he *will*	*be*	meet*ing*
	Fut. P.	I *will have*	*been*	meet*ing*	you *will have*	*been*	meet*ing*	he *will have*	*been*	meet*ing*
Con.	Con.	I *would*	*be*	meet*ing*	you *would*	*be*	meet*ing*	he *would*	*be*	meet*ing*
	Con. P.	I *would have*	*been*	meet*ing*	you *would have*	*been*	meet*ing*	he *would have*	*been*	meet*ing*
Inf.	Pres.		*be*	meet*ing*						
	Perf.	*have*	*been*	meet*ing*						

Zu dieser Verbgruppe gehören auch einige Verben auf **-eed** (z. B. **feed - fed - fed).**

meet - met - met

1. Person Plural		2. Person Plural		3. Person Plural	
we	meet	you	meet	they	meet
we	**met**	you	**met**	they	**met**
we *have*	**met**	you *have*	**met**	they *have*	**met**
we *had*	**met**	you *had*	**met**	they *had*	**met**
we *will*	meet	you *will*	meet	they *will*	meet
we *will have*	**met**	you *will have*	**met**	they *will have*	**met**
we *would*	meet	you *would*	meet	they *would*	meet
we *would have*	**met**	you *would have*	**met**	they *would have*	**met**
we	meet	you	meet	they	meet
we	**met**	you	**met**	they	**met**
we *had*	**met**	you *had*	**met**	they *had*	**met**
	-		meet		-

1. Person Plural			2. Person Plural			3. Person Plural		
we	*are*	meet*ing*	you	*are*	meet*ing*	they	*are*	meet*ing*
we	*were*	meet*ing*	you	*were*	meet*ing*	they	*were*	meet*ing*
we *have*	*been*	meet*ing*	you *have*	*been*	meet*ing*	they *has*	*been*	meet*ing*
we *had*	*been*	meet*ing*	you *had*	*been*	meet*ing*	they *had*	*been*	meet*ing*
we *will*	*be*	meet*ing*	you *will*	*be*	meet*ing*	they *will*	*be*	meet*ing*
we *will have*	*been*	meet*ing*	you *will have*	*been*	meet*ing*	they *will have*	*been*	meet*ing*
we *would*	*be*	meet*ing*	you *would*	*be*	meet*ing*	they *would*	*be*	meet*ing*
we *would have*	*been*	meet*ing*	you *would have*	*been*	meet*ing*	they *would have*	*been*	meet*ing*

Die unregelmäßigen Verben

Die Verbgruppe von lead in der Simple Form

Mod.	Zeit	1. Person Singular		2. Person Singular		3. Person Singular	
Ind.	Pres. T.	I	lead	you	lead	he	lead**s**
	Past T.	I	**led**	you	**led**	he	**led**
	Pres. P.	I *have*	**led**	you *have*	**led**	he *has*	**led**
	Past P.	I *had*	**led**	you *had*	**led**	he *had*	**led**
	Fut. T.	I *will*	lead	you *will*	lead	he *will*	lead
	Fut. P.	I *will have*	**led**	you *will have*	**led**	he *will have*	**led**
Con.	Con.	I *would*	lead	you *would*	lead	he *would*	lead
	Con. P.	I *would have*	**led**	you *would have*	**led**	he *would have*	**led**
Sub.	Pres.	I	lead	you	lead	he	lead
	Past	I	**led**	you	**led**	he	**led**
	Past P.	I *had*	**led**	you *had*	**led**	he *had*	**led**
Imp.	Imp.		-		lead		-
Inf.	Pres.		lead (führen, leiten)				
	Perf.	*have*	**led**				
Part.	Pres.		lead*ing*				
	Past		**led**				
	Perf.	*having*	**led**				
Ger.	Pres.		lead*ing*				
	Perf.	*having*	**led**				

Die Verbgruppe von lead in der Continuous Form

Mod.	Zeit	1. Person Singular			2. Person Singular			3. Person Singular		
Ind.	Pres. T.	I	*am*	lead*ing*	you	*are*	lead*ing*	he	*is*	lead*ing*
	Past T.	I	*was*	lead*ing*	you	*were*	lead*ing*	he	*was*	lead*ing*
	Pres. P.	I *have*	*been*	lead*ing*	you *have*	*been*	lead*ing*	he *has*	*been*	lead*ing*
	Past P.	I *had*	*been*	lead*ing*	you *had*	*been*	lead*ing*	he *had*	*been*	lead*ing*
	Fut. T.	I *will*	*be*	lead*ing*	you *will*	*be*	lead*ing*	he *will*	*be*	lead*ing*
	Fut. P.	I *will have*	*been*	lead*ing*	you *will have*	*been*	lead*ing*	he *will have*	*been*	lead*ing*
Con.	Con.	I *would*	*be*	lead*ing*	you *would*	*be*	lead*ing*	he *would*	*be*	lead*ing*
	Con. P.	I *would have*	*been*	lead*ing*	you *would have*	*been*	lead*ing*	he *would have*	*been*	lead*ing*
Inf.	Pres.		*be*	lead*ing*						
	Perf.	*have*	*been*	lead*ing*						

lead - led - led

1. Person Plural		2. Person Plural		3. Person Plural	
we	lead	you	lead	they	lead
we	**led**	you	**led**	they	**led**
we *have*	**led**	you *have*	**led**	they *have*	**led**
we *had*	**led**	you *had*	**led**	they *had*	**led**
we *will*	lead	you *will*	lead	they *will*	lead
we *will have*	**led**	you *will have*	**led**	they *will have*	**led**
we *would*	lead	you *would*	lead	they *would*	lead
we *would have*	**led**	you *would have*	**led**	they *would have*	**led**
we	lead	you	lead	they	lead
we	**led**	you	**led**	they	**led**
we *had*	**led**	you *had*	**led**	they *had*	**led**
	-		lead		-

1. Person Plural			2. Person Plural			3. Person Plural		
we	*are*	lead*ing*	you	*are*	lead*ing*	they	*are*	lead*ing*
we	*were*	lead*ing*	you	*were*	lead*ing*	they	*were*	lead*ing*
we *have*	*been*	lead*ing*	you *have*	*been*	lead*ing*	they *has*	*been*	lead*ing*
we *had*	*been*	lead*ing*	you *had*	*been*	lead*ing*	they *had*	*been*	lead*ing*
we *will*	*be*	lead*ing*	you *will*	*be*	lead*ing*	they *will*	*be*	lead*ing*
we *will have*	*been*	lead*ing*	you *will have*	*been*	lead*ing*	they *will have*	*been*	lead*ing*
we *would*	*be*	lead*ing*	you *would*	*be*	lead*ing*	they *would*	*be*	lead*ing*
we *would have*	*been*	lead*ing*	you *would have*	*been*	lead*ing*	they *would have*	*been*	lead*ing*

Die unregelmäßigen Verben

Die Verbgruppe von keep in der Simple Form

Mod.	Zeit	1. Person Singular		2. Person Singular		3. Person Singular	
Ind.	Pres. T.	I	keep	you	keep	he	keep*s*
	Past T.	I	**kept**	you	**kept**	he	**kept**
	Pres. P.	I *have*	**kept**	you *have*	**kept**	he *has*	**kept**
	Past P.	I *had*	**kept**	you *had*	**kept**	he *had*	**kept**
	Fut. T.	I *will*	keep	you *will*	keep	he *will*	keep
	Fut. P.	I *will have*	**kept**	you *will have*	**kept**	he *will have*	**kept**
Con.	Con.	I *would*	keep	you *would*	keep	he *would*	keep
	Con. P.	I *would have*	**kept**	you *would have*	**kept**	he *would have*	**kept**
Sub.	Pres.	I	keep	you	keep	he	keep
	Past	I	**kept**	you	**kept**	he	**kept**
	Past P.	I *had*	**kept**	you *had*	**kept**	he *had*	**kept**
Imp.	Imp.		-		keep		-
Inf.	Pres.		keep ((be)halten)				
	Perf.	*have*	**kept**				
Part.	Pres.		keep*ing*				
	Past		**kept**				
	Perf.	*having*	**kept**				
Ger.	Pres.		keep*ing*				
	Perf.	*having*	**kept**				

Die Verbgruppe von keep in der Continuous Form

Mod.	Zeit	1. Person Singular			2. Person Singular			3. Person Singular		
Ind.	Pres. T.	I	*am*	keep*ing*	you	*are*	keep*ing*	he	*is*	keep*ing*
	Past T.	I	*was*	keep*ing*	you	*were*	keep*ing*	he	*was*	keep*ing*
	Pres. P.	I *have*	*been*	keep*ing*	you *have*	*been*	keep*ing*	he *has*	*been*	keep*ing*
	Past P.	I *had*	*been*	keep*ing*	you *had*	*been*	keep*ing*	he *had*	*been*	keep*ing*
	Fut. T.	I *will*	*be*	keep*ing*	you *will*	*be*	keep*ing*	he *will*	*be*	keep*ing*
	Fut. P.	I *will have*	*been*	keep*ing*	you *will have*	*been*	keep*ing*	he *will have*	*been*	keep*ing*
Con.	Con.	I *would*	*be*	keep*ing*	you *would*	*be*	keep*ing*	he *would*	*be*	keep*ing*
	Con. P.	I *would have*	*been*	keep*ing*	you *would have*	*been*	keep*ing*	he *would have*	*been*	keep*ing*
Inf.	Pres.		*be*	keep*ing*						
	Perf.	*have*	*been*	keep*ing*						

Zu dieser Verbgruppe gehören auch einige Verben auf **-eel** (z. B. **feel - felt - felt).**

Die Verbgruppe von keep

keep - kept - kept

1. Person Plural		2. Person Plural		3. Person Plural	
we	keep	you	keep	they	keep
we	**kept**	you	**kept**	they	**kept**
we *have*	**kept**	you *have*	**kept**	they *have*	**kept**
we *had*	**kept**	you *had*	**kept**	they *had*	**kept**
we *will*	keep	you *will*	keep	they *will*	keep
we *will have*	**kept**	you *will have*	**kept**	they *will have*	**kept**
we *would*	keep	you *would*	keep	they *would*	keep
we *would have*	**kept**	you *would have*	**kept**	they *would have*	**kept**
we	keep	you	keep	they	keep
we	**kept**	you	**kept**	they	**kept**
we *had*	**kept**	you *had*	**kept**	they *had*	**kept**
	-		keep		-

1. Person Plural			2. Person Plural			3. Person Plural		
we	*are*	keep*ing*	you	*are*	keep*ing*	they	*are*	keep*ing*
we	*were*	keep*ing*	you	*were*	keep*ing*	they	*were*	keep*ing*
we *have*	*been*	keep*ing*	you *have*	*been*	keep*ing*	they *has*	*been*	keep*ing*
we *had*	*been*	keep*ing*	you *had*	*been*	keep*ing*	they *had*	*been*	keep*ing*
we *will*	*be*	keep*ing*	you *will*	*be*	keep*ing*	they *will*	*be*	keep*ing*
we *will have*	*been*	keep*ing*	you *will have*	*been*	keep*ing*	they *will have*	*been*	keep*ing*
we *would*	*be*	keep*ing*	you *would*	*be*	keep*ing*	they *would*	*be*	keep*ing*
we *would have*	*been*	keep*ing*	you *would have*	*been*	keep*ing*	they *would have*	*been*	keep*ing*

Die unregelmäßigen Verben

Die Verbgruppe von leave in der Simple Form

Mod.	Zeit	1. Person Singular		2. Person Singular		3. Person Singular	
Ind.	Pres. T.	I	leave	you	leave	he	leave***s***
	Past T.	I	**left**	you	**left**	he	**left**
	Pres. P.	I *have*	**left**	you *have*	**left**	he *has*	**left**
	Past P.	I *had*	**left**	you *had*	**left**	he *had*	**left**
	Fut. T.	I *will*	leave	you *will*	leave	he *will*	leave
	Fut. P.	I *will have*	**left**	you *will have*	**left**	he *will have*	**left**
Con.	Con.	I *would*	leave	you *would*	leave	he *would*	leave
	Con. P.	I *would have*	**left**	you *would have*	**left**	he *would have*	**left**
Sub.	Pres.	I	leave	you	leave	he	leave
	Past	I	**left**	you	**left**	he	**left**
	Past P.	I *had*	**left**	you *had*	**left**	he *had*	**left**
Imp.	Imp.		-		leave		-
Inf.	Pres.		leave ((ver)lassen)				
	Perf.	*have*	**left**				
Part.	Pres.		**leav***ing*				
	Past		**left**				
	Perf.	*having*	**left**				
Ger.	Pres.		**leav***ing*				
	Perf.	*having*	**left**				

Die Verbgruppe von leave in der Continuous Form

Mod.	Zeit	1. Person Singular			2. Person Singular			3. Person Singular		
Ind.	Pres. T.	I	*am*	**leav***ing*	you	*are*	**leav***ing*	he	*is*	**leav***ing*
	Past T.	I	*was*	**leav***ing*	you	*were*	**leav***ing*	he	*was*	**leav***ing*
	Pres. P.	I *have*	*been*	**leav***ing*	you *have*	*been*	**leav***ing*	he *has*	*been*	**leav***ing*
	Past P.	I *had*	*been*	**leav***ing*	you *had*	*been*	**leav***ing*	he *had*	*been*	**leav***ing*
	Fut. T.	I *will*	*be*	**leav***ing*	you *will*	*be*	**leav***ing*	he *will*	*be*	**leav***ing*
	Fut. P.	I *will have*	*been*	**leav***ing*	you *will have*	*been*	**leav***ing*	he *will have*	*been*	**leav***ing*
Con.	Con.	I *would*	*be*	**leav***ing*	you *would*	*be*	**leav***ing*	he *would*	*be*	**leav***ing*
	Con. P.	I *would have*	*been*	**leav***ing*	you *would have*	*been*	**leav***ing*	he *would have*	*been*	**leav***ing*
Inf.	Pres.		*be*	**leav***ing*						
	Perf.	*have*	*been*	**leav***ing*						

Das **-e** der Verbendung entfällt vor der Endung **-ing.**

Die Verbgruppe von leave

leave - left - left

1. Person Plural		2. Person Plural		3. Person Plural	
we	leave	you	leave	they	leave
we	**left**	you	**left**	they	**left**
we *have*	**left**	you *have*	**left**	they *have*	**left**
we *had*	**left**	you *had*	**left**	they *had*	**left**
we *will*	leave	you *will*	leave	they *will*	leave
we *will have*	**left**	you *will have*	**left**	they *will have*	**left**
we *would*	leave	you *would*	leave	they *would*	leave
we *would have*	**left**	you *would have*	**left**	they *would have*	**left**
we	leave	you	leave	they	leave
we	**left**	you	**left**	they	**left**
we *had*	**left**	you *had*	**left**	they *had*	**left**
	-		leave		-

Endung **-e** entfällt

1. Person Plural			2. Person Plural			3. Person Plural		
we	*are*	**leav***ing*	you	*are*	**leav***ing*	they	*are*	**leav***ing*
we	*were*	**leav***ing*	you	*were*	**leav***ing*	they	*were*	**leav***ing*
we *have*	*been*	**leav***ing*	you *have*	*been*	**leav***ing*	they *has*	*been*	**leav***ing*
we *had*	*been*	**leav***ing*	you *had*	*been*	**leav***ing*	they *had*	*been*	**leav***ing*
we *will*	*be*	**leav***ing*	you *will*	*be*	**leav***ing*	they *will*	*be*	**leav***ing*
we *will have*	*been*	**leav***ing*	you *will have*	*been*	**leav***ing*	they *will have*	*been*	**leav***ing*
we *would*	*be*	**leav***ing*	you *would*	*be*	**leav***ing*	they *would*	*be*	**leav***ing*
we *would have*	*been*	**leav***ing*	you *would have*	*been*	**leav***ing*	they *would have*	*been*	**leav***ing*

Die Verbgruppe von get in der Simple Form

Mod.	Zeit	1. Person Singular		2. Person Singular		3. Person Singular	
Ind.	Pres. T.	I	get	you	get	he	gets
	Past T.	I	**got**	you	**got**	he	**got**
	Pres. P.	I *have*	**got**	you *have*	**got**	he *has*	**got**
	Past P.	I *had*	**got**	you *had*	**got**	he *had*	**got**
	Fut. T.	I *will*	get	you *will*	get	he *will*	get
	Fut. P.	I *will have*	**got**	you *will have*	**got**	he *will have*	**got**
Con.	Con.	I *would*	get	you *would*	get	he *would*	get
	Con. P.	I *would have*	**got**	you *would have*	**got**	he *would have*	**got**
Sub.	Pres.	I	get	you	get	he	get
	Past	I	**got**	you	**got**	he	**got**
	Past P.	I *had*	**got**	you *had*	**got**	he *had*	**got**
Imp.	Imp.		-		get		-
Inf.	Pres.		get (bekommen; werden)				
	Perf.	*have*	**got**				
Part.	Pres.		getting				
	Past		**got, gotten** (AE)				
	Perf.	*having*	**got**				
Ger.	Pres.		getting				
	Perf.	*having*	**got**				

Die Verbgruppe von get in der Continuous Form

Mod.	Zeit	1. Person Singular			2. Person Singular			3. Person Singular		
Ind.	Pres. T.	I	*am*	getting	you	*are*	getting	he	*is*	getting
	Past T.	I	*was*	getting	you	*were*	getting	he	*was*	getting
	Pres. P.	I *have*	*been*	getting	you *have*	*been*	getting	he *has*	*been*	getting
	Past P.	I *had*	*been*	getting	you *had*	*been*	getting	he *had*	*been*	getting
	Fut. T.	I *will*	*be*	getting	you *will*	*be*	getting	he *will*	*be*	getting
	Fut. P.	I *will have*	*been*	getting	you *will have*	*been*	getting	he *will have*	*been*	getting
Con.	Con.	I *would*	*be*	getting	you *would*	*be*	getting	he *would*	*be*	getting
	Con. P.	I *would have*	*been*	getting	you *would have*	*been*	getting	he *would have*	*been*	getting
Inf.	Pres.		*be*	getting						
	Perf.	*have*	*been*	getting						

Der Endkonsonant **-t** wird vor der Endung **-ing** verdoppelt, da diesem ein einfacher, betonter Vo
forgotten lautet.

get - got - got

1. Person Plural		2. Person Plural		3. Person Plural	
we	get	you	get	they	get
we	**got**	you	**got**	they	**got**
we *have*	**got**	you *have*	**got**	they *have*	**got**
we *had*	**got**	you *had*	**got**	they *had*	**got**
we *will*	get	you *will*	get	they *will*	get
we *will have*	**got**	you *will have*	**got**	they *will have*	**got**
we *would*	get	you *would*	get	they *would*	get
we *would have*	**got**	you *would have*	**got**	they *would have*	**got**
we	get	you	get	they	get
we	**got**	you	**got**	they	**got**
we *had*	**got**	you *had*	**got**	they *had*	**got**
	-		get		-

Endkonsonant verdoppelt sich

1. Person Plural			2. Person Plural			3. Person Plural		
we	*are*	get**tt**_ing_	you	*are*	get**tt**_ing_	they	*are*	get**tt**_ing_
we	*were*	get**tt**_ing_	you	*were*	get**tt**_ing_	they	*were*	get**tt**_ing_
we *have*	*been*	get**tt**_ing_	you *have*	*been*	get**tt**_ing_	they *has*	*been*	get**tt**_ing_
we *had*	*been*	get**tt**_ing_	you *had*	*been*	get**tt**_ing_	they *had*	*been*	get**tt**_ing_
we *will*	*be*	get**tt**_ing_	you *will*	*be*	get**tt**_ing_	they *will*	*be*	get**tt**_ing_
we *will have*	*been*	get**tt**_ing_	you *will have*	*been*	get**tt**_ing_	they *will have*	*been*	get**tt**_ing_
we *would*	*be*	get**tt**_ing_	you *would*	*be*	get**tt**_ing_	they *would*	*be*	get**tt**_ing_
we *would have*	*been*	get**tt**_ing_	you *would have*	*been*	get**tt**_ing_	they *would have*	*been*	get**tt**_ing_

kal vorausgeht. Ebenso konjugiert wird das Verb **forget** (vergessen), dessen 3. Stammform jedoch

Die unregelmäßigen Verben

Die Verbgruppe von sit in der Simple Form

Mod.	Zeit	1. Person Singular		2. Person Singular		3. Person Singular	
Ind.	Pres. T.	I	sit	you	sit	he	sit**s**
	Past T.	I	**sat**	you	**sat**	he	**sat**
	Pres. P.	I *have*	**sat**	you *have*	**sat**	he *has*	**sat**
	Past P.	I *had*	**sat**	you *had*	**sat**	he *had*	**sat**
	Fut. T.	I *will*	sit	you *will*	sit	he *will*	sit
	Fut. P.	I *will have*	**sat**	you *will have*	**sat**	he *will have*	**sat**
Con.	Con.	I *would*	sit	you *would*	sit	he *would*	sit
	Con. P.	I *would have*	**sat**	you *would have*	**sat**	he *would have*	**sat**
Sub.	Pres.	I	sit	you	sit	he	sit
	Past	I	**sat**	you	**sat**	he	**sat**
	Past P.	I *had*	**sat**	you *had*	**sat**	he *had*	**sat**
Imp.	Imp.		-		sit		-
Inf.	Pres.		sit (sitzen)				
	Perf.	*have*	**sat**				
Part.	Pres.		si**tt***ing*				
	Past		**sat**				
	Perf.	*having*	**sat**				
Ger.	Pres.		si**tt***ing*				
	Perf.	*having*	**sat**				

Die Verbgruppe von sit in der Continuous Form

Mod.	Zeit	1. Person Singular			2. Person Singular			3. Person Singular		
Ind.	Pres. T.	I	*am*	si**tt***ing*	you	*are*	si**tt***ing*	he	*is*	si**tt***ing*
	Past T.	I	*was*	si**tt***ing*	you	*were*	si**tt***ing*	he	*was*	si**tt***ing*
	Pres. P.	I *have*	*been*	si**tt***ing*	you *have*	*been*	si**tt***ing*	he *has*	*been*	si**tt***ing*
	Past P.	I *had*	*been*	si**tt***ing*	you *had*	*been*	si**tt***ing*	he *had*	*been*	si**tt***ing*
	Fut. T.	I *will*	*be*	si**tt***ing*	you *will*	*be*	si**tt***ing*	he *will*	*be*	si**tt***ing*
	Fut. P.	I *will have*	*been*	si**tt***ing*	you *will have*	*been*	si**tt***ing*	he *will have*	*been*	si**tt***ing*
Con.	Con.	I *would*	*be*	si**tt***ing*	you *would*	*be*	si**tt***ing*	he *would*	*be*	si**tt***ing*
	Con. P.	I *would have*	*been*	si**tt***ing*	you *would have*	*been*	si**tt***ing*	he *would have*	*been*	si**tt***ing*
Inf.	Pres.		*be*	si**tt***ing*						
	Perf.	*have*	*been*	si**tt***ing*						

Der Endkonsonant **-t** wird vor der Endung **-ing** verdoppelt, da diesem ein einfacher, betonter Vokal

Die Verbgruppe von sit

sit - sat - sat

1. Person Plural		2. Person Plural		3. Person Plural	
we	sit	you	sit	they	sit
we	**sat**	you	**sat**	they	**sat**
we *have*	**sat**	you *have*	**sat**	they *have*	**sat**
we *had*	**sat**	you *had*	**sat**	they *had*	**sat**
we *will*	sit	you *will*	sit	they *will*	sit
we *will have*	**sat**	you *will have*	**sat**	they *will have*	**sat**
we *would*	sit	you *would*	sit	they *would*	sit
we *would have*	**sat**	you *would have*	**sat**	they *would have*	**sat**
we	sit	you	sit	they	sit
we	**sat**	you	**sat**	they	**sat**
we *had*	**sat**	you *had*	**sat**	they *had*	**sat**
	-		sit		-

Endkonsonant verdoppelt sich

1. Person Plural			2. Person Plural			3. Person Plural		
we	*are*	**sitt***ing*	you	*are*	**sitt***ing*	they	*are*	**sitt***ing*
we	*were*	**sitt***ing*	you	*were*	**sitt***ing*	they	*were*	**sitt***ing*
we *have*	*been*	**sitt***ing*	you *have*	*been*	**sitt***ing*	they *has*	*been*	**sitt***ing*
we *had*	*been*	**sitt***ing*	you *had*	*been*	**sitt***ing*	they *had*	*been*	**sitt***ing*
we *will*	*be*	**sitt***ing*	you *will*	*be*	**sitt***ing*	they *will*	*be*	**sitt***ing*
we *will have*	*been*	**sitt***ing*	you *will have*	*been*	**sitt***ing*	they *will have*	*been*	**sitt***ing*
we *would*	*be*	**sitt***ing*	you *would*	*be*	**sitt***ing*	they *would*	*be*	**sitt***ing*
we *would have*	*been*	**sitt***ing*	you *would have*	*been*	**sitt***ing*	they *would have*	*been*	**sitt***ing*

vorausgeht.

Die unregelmäßigen Verben

Die Verbgruppe von **say** in der Simple Form

Mod.	Zeit	1. Person Singular		2. Person Singular		3. Person Singular	
Ind.	Pres. T.	I	say	you	say	he	say**s**
	Past T.	I	**said**	you	**said**	he	**said**
	Pres. P.	I *have*	**said**	you *have*	**said**	he *has*	**said**
	Past P.	I *had*	**said**	you *had*	**said**	he *had*	**said**
	Fut. T.	I *will*	say	you *will*	say	he *will*	say
	Fut. P.	I *will have*	**said**	you *will have*	**said**	he *will have*	**said**
Con.	Con.	I *would*	say	you *would*	say	he *would*	say
	Con. P.	I *would have*	**said**	you *would have*	**said**	he *would have*	**said**
Sub.	Pres.	I	say	you	say	he	say
	Past	I	**said**	you	**said**	he	**said**
	Past P.	I *had*	**said**	you *had*	**said**	he *had*	**said**
Imp.	Imp.		-		say		-
Inf.	Pres.		say (sagen)				
	Perf.	*have*	**said**				
Part.	Pres.		say*ing*				
	Past		**said**				
	Perf.	*having*	**said**				
Ger.	Pres.		say*ing*				
	Perf.	*having*	**said**				

Die Verbgruppe von **say** in der Continuous Form

Mod.	Zeit	1. Person Singular			2. Person Singular			3. Person Singular		
Ind.	Pres. T.	I	*am*	say*ing*	you	*are*	say*ing*	he	*is*	say*ing*
	Past T.	I	*was*	say*ing*	you	*were*	say*ing*	he	*was*	say*ing*
	Pres. P.	I *have*	*been*	say*ing*	you *have*	*been*	say*ing*	he *has*	*been*	say*ing*
	Past P.	I *had*	*been*	say*ing*	you *had*	*been*	say*ing*	he *had*	*been*	say*ing*
	Fut. T.	I *will*	*be*	say*ing*	you *will*	*be*	say*ing*	he *will*	*be*	say*ing*
	Fut. P.	I *will have*	*been*	say*ing*	you *will have*	*been*	say*ing*	he *will have*	*been*	say*ing*
Con.	Con.	I *would*	*be*	say*ing*	you *would*	*be*	say*ing*	he *would*	*be*	say*ing*
	Con. P.	I *would have*	*been*	say*ing*	you *would have*	*been*	say*ing*	he *would have*	*been*	say*ing*
Inf.	Pres.		*be*	say*ing*						
	Perf.	*have*	*been*	say*ing*						

Die Verbgruppe von say

say - said - said

1. Person Plural		2. Person Plural		3. Person Plural	
we	say	you	say	they	say
we	**said**	you	**said**	they	**said**
we *have*	**said**	you *have*	**said**	they *have*	**said**
we *had*	**said**	you *had*	**said**	they *had*	**said**
we *will*	say	you *will*	say	they *will*	say
we *will have*	**said**	you *will have*	**said**	they *will have*	**said**
we *would*	say	you *would*	say	they *would*	say
we *would have*	**said**	you *would have*	**said**	they *would have*	**said**
we	say	you	say	they	say
we	**said**	you	**said**	they	**said**
we *had*	**said**	you *had*	**said**	they *had*	**said**
	-		say		-

1. Person Plural			2. Person Plural			3. Person Plural		
we	*are*	*saying*	you	*are*	*saying*	they	*are*	*saying*
we	*were*	*saying*	you	*were*	*saying*	they	*were*	*saying*
we *have*	*been*	*saying*	you *have*	*been*	*saying*	they *has*	*been*	*saying*
we *had*	*been*	*saying*	you *had*	*been*	*saying*	they *had*	*been*	*saying*
we *will*	*be*	*saying*	you *will*	*be*	*saying*	they *will*	*be*	*saying*
we *will have*	*been*	*saying*	you *will have*	*been*	*saying*	they *will have*	*been*	*saying*
we *would*	*be*	*saying*	you *would*	*be*	*saying*	they *would*	*be*	*saying*
we *would have*	*been*	*saying*	you *would have*	*been*	*saying*	they *would have*	*been*	*saying*

Die unregelmäßigen Verben

Die Verbgruppe von dig in der Simple Form

Mod.	Zeit	1. Person Singular		2. Person Singular		3. Person Singular	
Ind.	Pres. T.	I	dig	you	dig	he	dig**s**
	Past T.	I	**dug**	you	**dug**	he	**dug**
	Pres. P.	I *have*	**dug**	you *have*	**dug**	he *has*	**dug**
	Past P.	I *had*	**dug**	you *had*	**dug**	he *had*	**dug**
	Fut. T.	I *will*	dig	you *will*	dig	he *will*	dig
	Fut. P.	I *will have*	**dug**	you *will have*	**dug**	he *will have*	**dug**
Con.	Con.	I *would*	dig	you *would*	dig	he *would*	dig
	Con. P.	I *would have*	**dug**	you *would have*	**dug**	he *would have*	**dug**
Sub.	Pres.	I	dig	you	dig	he	dig
	Past	I	**dug**	you	**dug**	he	**dug**
	Past P.	I *had*	**dug**	you *had*	**dug**	he *had*	**dug**
Imp.	Imp.		-		dig		-
Inf.	Pres.		dig (graben)				
	Perf.	*have*	**dug**				
Part.	Pres.		di**gg***ing*				
	Past		**dug**				
	Perf.	*having*	**dug**				
Ger.	Pres.		di**gg***ing*				
	Perf.	*having*	**dug**				

Die Verbgruppe von dig in der Continuous Form

Mod.	Zeit	1. Person Singular			2. Person Singular			3. Person Singular		
Ind.	Pres. T.	I	*am*	di**gg***ing*	you	*are*	di**gg***ing*	he	*is*	di**gg***ing*
	Past T.	I	*was*	di**gg***ing*	you	*were*	di**gg***ing*	he	*was*	di**gg***ing*
	Pres. P.	I *have*	*been*	di**gg***ing*	you *have*	*been*	di**gg***ing*	he *has*	*been*	di**gg***ing*
	Past P.	I *had*	*been*	di**gg***ing*	you *had*	*been*	di**gg***ing*	he *had*	*been*	di**gg***ing*
	Fut. T.	I *will*	*be*	di**gg***ing*	you *will*	*be*	di**gg***ing*	he *will*	*be*	di**gg***ing*
	Fut. P.	I *will have*	*been*	di**gg***ing*	you *will have*	*been*	di**gg***ing*	he *will have*	*been*	di**gg***ing*
Con.	Con.	I *would*	*be*	di**gg***ing*	you *would*	*be*	di**gg***ing*	he *would*	*be*	di**gg***ing*
	Con. P.	I *would have*	*been*	di**gg***ing*	you *would have*	*been*	di**gg***ing*	he *would have*	*been*	di**gg***ing*
Inf.	Pres.		*be*	di**gg***ing*						
	Perf.	*have*	*been*	di**gg***ing*						

Der Endkonsonant **-g** wird vor der Endung **-ing** verdoppelt, da diesem ein einfacher, betonter Vokal

dig - dug - dug

1. Person Plural		2. Person Plural		3. Person Plural	
we	dig	you	dig	they	dig
we	**dug**	you	**dug**	they	**dug**
we *have*	**dug**	you *have*	**dug**	they *have*	**dug**
we *had*	**dug**	you *had*	**dug**	they *had*	**dug**
we *will*	dig	you *will*	dig	they *will*	dig
we *will have*	**dug**	you *will have*	**dug**	they *will have*	**dug**
we *would*	dig	you *would*	dig	they *would*	dig
we *would have*	**dug**	you *would have*	**dug**	they *would have*	**dug**
we	dig	you	dig	they	dig
we	**dug**	you	**dug**	they	**dug**
we *had*	**dug**	you *had*	**dug**	they *had*	**dug**
	-		dig		-

Endkonsonant verdoppelt sich

1. Person Plural			2. Person Plural			3. Person Plural		
we	*are*	di**gg***ing*	you	*are*	di**gg***ing*	they	*are*	di**gg***ing*
we	*were*	di**gg***ing*	you	*were*	di**gg***ing*	they	*were*	di**gg***ing*
we *have*	*been*	di**gg***ing*	you *have*	*been*	di**gg***ing*	they *has*	*been*	di**gg***ing*
we *had*	*been*	di**gg***ing*	you *had*	*been*	di**gg***ing*	they *had*	*been*	di**gg***ing*
we *will*	*be*	di**gg***ing*	you *will*	*be*	di**gg***ing*	they *will*	*be*	di**gg***ing*
we *will have*	*been*	di**gg***ing*	you *will have*	*been*	di**gg***ing*	they *will have*	*been*	di**gg***ing*
we *would*	*be*	di**gg***ing*	you *would*	*be*	di**gg***ing*	they *would*	*be*	di**gg***ing*
we *would have*	*been*	di**gg***ing*	you *would have*	*been*	di**gg***ing*	they *would have*	*been*	di**gg***ing*

vorausgeht.

Die unregelmäßigen Verben

Die Verbgruppe von stick in der Simple Form

Mod.	Zeit	1. Person Singular		2. Person Singular		3. Person Singular	
Ind.	Pres. T.	I	stick	you	stick	he	stick**s**
	Past T.	I	**stuck**	you	**stuck**	he	**stuck**
	Pres. P.	I *have*	**stuck**	you *have*	**stuck**	he *has*	**stuck**
	Past P.	I *had*	**stuck**	you *had*	**stuck**	he *had*	**stuck**
	Fut. T.	I *will*	stick	you *will*	stick	he *will*	stick
	Fut. P.	I *will have*	**stuck**	you *will have*	**stuck**	he *will have*	**stuck**
Con.	Con.	I *would*	stick	you *would*	stick	he *would*	stick
	Con. P.	I *would have*	**stuck**	you *would have*	**stuck**	he *would have*	**stuck**
Sub.	Pres.	I	stick	you	stick	he	stick
	Past	I	**stuck**	you	**stuck**	he	**stuck**
	Past P.	I *had*	**stuck**	you *had*	**stuck**	he *had*	**stuck**
Imp.	Imp.		-		stick		-
Inf.	Pres.		stick ((an)stecken), (durch)stechen				
	Perf.	*have*	**stuck**				
Part.	Pres.		stick*ing*				
	Past		**stuck**				
	Perf.	*having*	**stuck**				
Ger.	Pres.		stick*ing*				
	Perf.	*having*	**stuck**				

Die Verbgruppe von stick in der Continuous Form

Mod.	Zeit	1. Person Singular			2. Person Singular			3. Person Singular		
Ind.	Pres. T.	I	*am*	stick*ing*	you	*are*	stick*ing*	he	*is*	stick*ing*
	Past T.	I	*was*	stick*ing*	you	*were*	stick*ing*	he	*was*	stick*ing*
	Pres. P.	I *have*	*been*	stick*ing*	you *have*	*been*	stick*ing*	he *has*	*been*	stick*ing*
	Past P.	I *had*	*been*	stick*ing*	you *had*	*been*	stick*ing*	he *had*	*been*	stick*ing*
	Fut. T.	I *will*	*be*	stick*ing*	you *will*	*be*	stick*ing*	he *will*	*be*	stick*ing*
	Fut. P.	I *will have*	*been*	stick*ing*	you *will have*	*been*	stick*ing*	he *will have*	*been*	stick*ing*
Con.	Con.	I *would*	*be*	stick*ing*	you *would*	*be*	stick*ing*	he *would*	*be*	stick*ing*
	Con. P.	I *would have*	*been*	stick*ing*	you *would have*	*been*	stick*ing*	he *would have*	*been*	stick*ing*
Inf.	Pres.		*be*	stick*ing*						
	Perf.	*have*	*been*	stick*ing*						

Die Verbgruppe von stick

stick - stuck - stuck

1. Person Plural		2. Person Plural		3. Person Plural	
we	stick	you	stick	they	stick
we	**stuck**	you	**stuck**	they	**stuck**
we *have*	**stuck**	you *have*	**stuck**	they *have*	**stuck**
we *had*	**stuck**	you *had*	**stuck**	they *had*	**stuck**
we *will*	stick	you *will*	stick	they *will*	stick
we *will have*	**stuck**	you *will have*	**stuck**	they *will have*	**stuck**
we *would*	stick	you *would*	stick	they *would*	stick
we *would have*	**stuck**	you *would have*	**stuck**	they *would have*	**stuck**
we	stick	you	stick	they	stick
we	**stuck**	you	**stuck**	they	**stuck**
we *had*	**stuck**	you *had*	**stuck**	they *had*	**stuck**
	-		stick		-

1. Person Plural			2. Person Plural			3. Person Plural		
we	*are*	stick*ing*	you	*are*	stick*ing*	they	*are*	stick*ing*
we	*were*	stick*ing*	you	*were*	stick*ing*	they	*were*	stick*ing*
we *have*	*been*	stick*ing*	you *have*	*been*	stick*ing*	they *has*	*been*	stick*ing*
we *had*	*been*	stick*ing*	you *had*	*been*	stick*ing*	they *had*	*been*	stick*ing*
we *will*	*be*	stick*ing*	you *will*	*be*	stick*ing*	they *will*	*be*	stick*ing*
we *will have*	*been*	stick*ing*	you *will have*	*been*	stick*ing*	they *will have*	*been*	stick*ing*
we *would*	*be*	stick*ing*	you *would*	*be*	stick*ing*	they *would*	*be*	stick*ing*
we *would have*	*been*	stick*ing*	you *would have*	*been*	stick*ing*	they *would have*	*been*	stick*ing*

Die unregelmäßigen Verben

Die Verbgruppe von strike in der Simple Form

Mod.	Zeit	1. Person Singular		2. Person Singular		3. Person Singular	
Ind.	Pres. T.	I	strike	you	strike	he	strike*s*
	Past T.	I	**struck**	you	**struck**	he	**struck**
	Pres. P.	I *have*	**struck**	you *have*	**struck**	he *has*	**struck**
	Past P.	I *had*	**struck**	you *had*	**struck**	he *had*	**struck**
	Fut. T.	I *will*	strike	you *will*	strike	he *will*	strike
	Fut. P.	I *will have*	**struck**	you *will have*	**struck**	he *will have*	**struck**
Con.	Con.	I *would*	strike	you *would*	strike	he *would*	strike
	Con. P.	I *would have*	**struck**	you *would have*	**struck**	he *would have*	**struck**
Sub.	Pres.	I	strike	you	strike	he	strike
	Past	I	**struck**	you	**struck**	he	**struck**
	Past P.	I *had*	**struck**	you *had*	**struck**	he *had*	**struck**
Imp.	Imp.		-		strike		-
Inf.	Pres.		strike (schlagen)				
	Perf.	*have*	**struck**				
Part.	Pres.		**strik***ing*				
	Past		**struck**				
	Perf.	*having*	**struck**				
Ger.	Pres.		**strik***ing*				
	Perf.	*having*	**struck**				

Die Verbgruppe von strike in der Continuous Form

Mod.	Zeit	1. Person Singular			2. Person Singular			3. Person Singular		
Ind.	Pres. T.	I	*am*	**strik***ing*	you	*are*	**strik***ing*	he	*is*	**strik***ing*
	Past T.	I	*was*	**strik***ing*	you	*were*	**strik***ing*	he	*was*	**strik***ing*
	Pres. P.	I *have*	*been*	**strik***ing*	you *have*	*been*	**strik***ing*	he *has*	*been*	**strik***ing*
	Past P.	I *had*	*been*	**strik***ing*	you *had*	*been*	**strik***ing*	he *had*	*been*	**strik***ing*
	Fut. T.	I *will*	*be*	**strik***ing*	you *will*	*be*	**strik***ing*	he *will*	*be*	**strik***ing*
	Fut. P.	I *will have*	*been*	**strik***ing*	you *will have*	*been*	**strik***ing*	he *will have*	*been*	**strik***ing*
Con.	Con.	I *would*	*be*	**strik***ing*	you *would*	*be*	**strik***ing*	he *would*	*be*	**strik***ing*
	Con. P.	I *would have*	*been*	**strik***ing*	you *would have*	*been*	**strik***ing*	he *would have*	*been*	**strik***ing*
Inf.	Pres.		*be*	**strik***ing*						
	Perf.	*have*	*been*	**strik***ing*						

Das **-e** der Verbendung entfällt vor der Endung **-ing.**

strike - struck - struck

1. Person Plural		2. Person Plural		3. Person Plural	
we	strike	you	strike	they	strike
we	**struck**	you	**struck**	they	**struck**
we *have*	**struck**	you *have*	**struck**	they *have*	**struck**
we *had*	**struck**	you *had*	**struck**	they *had*	**struck**
we *will*	strike	you *will*	strike	they *will*	strike
we *will have*	**struck**	you *will have*	**struck**	they *will have*	**struck**
we *would*	strike	you *would*	strike	they *would*	strike
we *would have*	**struck**	you *would have*	**struck**	they *would have*	**struck**
we	strike	you	strike	they	strike
we	**struck**	you	**struck**	they	**struck**
we *had*	**struck**	you *had*	**struck**	they *had*	**struck**
	-		strike		-

Endung **-e** entfällt

1. Person Plural			2. Person Plural			3. Person Plural		
we	*are*	**strik***ing*	you	*are*	**strik***ing*	they	*are*	**strik***ing*
we	*were*	**strik***ing*	you	*were*	**strik***ing*	they	*were*	**strik***ing*
we *have*	*been*	**strik***ing*	you *have*	*been*	**strik***ing*	they *has*	*been*	**strik***ing*
we *had*	*been*	**strik***ing*	you *had*	*been*	**strik***ing*	they *had*	*been*	**strik***ing*
we *will*	*be*	**strik***ing*	you *will*	*be*	**strik***ing*	they *will*	*be*	**strik***ing*
we *will have*	*been*	**strik***ing*	you *will have*	*been*	**strik***ing*	they *will have*	*been*	**strik***ing*
we *would*	*be*	**strik***ing*	you *would*	*be*	**strik***ing*	they *would*	*be*	**strik***ing*
we *would have*	*been*	**strik***ing*	you *would have*	*been*	**strik***ing*	they *would have*	*been*	**strik***ing*

Die unregelmäßigen Verben

Die Verbgruppe von begin in der Simple Form

Mod.	Zeit	1. Person Singular		2. Person Singular		3. Person Singular	
Ind.	Pres. T.	I	begin	you	begin	he	begin***s***
	Past T.	I	**began**	you	**began**	he	**began**
	Pres. P.	I *have*	**begun**	you *have*	**begun**	he *has*	**begun**
	Past P.	I *had*	**begun**	you *had*	**begun**	he *had*	**begun**
	Fut. T.	I *will*	begin	you *will*	begin	he *will*	begin
	Fut. P.	I *will have*	**begun**	you *will have*	**begun**	he *will have*	**begun**
Con.	Con.	I *would*	begin	you *would*	begin	he *would*	begin
	Con. P.	I *would have*	**begun**	you *would have*	**begun**	he *would have*	**begun**
Sub.	Pres.	I	begin	you	begin	he	begin
	Past	I	**began**	you	**began**	he	**began**
	Past P.	I *had*	**begun**	you *had*	**begun**	he *had*	**begun**
Imp.	Imp.		-		begin		-
Inf.	Pres.		begin (beginnen, anfangen)				
	Perf.	*have*	**begun**				
Part.	Pres.		begi**nn***ing*				
	Past		**begun**				
	Perf.	*having*	**begun**				
Ger.	Pres.		begi**nn***ing*				
	Perf.	*having*	**begun**				

Die Verbgruppe von begin in der Continuous Form

Mod.	Zeit	1. Person Singular			2. Person Singular			3. Person Singular		
Ind.	Pres. T.	I	*am*	begi**nn***ing*	you	*are*	begi**nn***ing*	he	*is*	begi**nn***ing*
	Past T.	I	*was*	begi**nn***ing*	you	*were*	begi**nn***ing*	he	*was*	begi**nn***ing*
	Pres. P.	I *have*	*been*	begi**nn***ing*	you *have*	*been*	begi**nn***ing*	he *has*	*been*	begi**nn***ing*
	Past P.	I *had*	*been*	begi**nn***ing*	you *had*	*been*	begi**nn***ing*	he *had*	*been*	begi**nn***ing*
	Fut. T.	I *will*	*be*	begi**nn***ing*	you *will*	*be*	begi**nn***ing*	he *will*	*be*	begi**nn***ing*
	Fut. P.	I *will have*	*been*	begi**nn***ing*	you *will have*	*been*	begi**nn***ing*	he *will have*	*been*	begi**nn***ing*
Con.	Con.	I *would*	*be*	begi**nn***ing*	you *would*	*be*	begi**nn***ing*	he *would*	*be*	begi**nn***ing*
	Con. P.	I *would have*	*been*	begi**nn***ing*	you *would have*	*been*	begi**nn***ing*	he *would have*	*been*	begi**nn***ing*
Inf.	Pres.		*be*	begi**nn***ing*						
	Perf.	*have*	*been*	begi**nn***ing*						

Der Endkonsonant **-n** wird vor der Endung **-ing** verdoppelt, da diesem ein einfacher, betonter Vo
swum).

Die Verbgruppe von begin

begin - began - begun

1. Person Plural		2. Person Plural		3. Person Plural	
we	begin	you	begin	they	begin
we	**began**	you	**began**	they	**began**
we *have*	**begun**	you *have*	**begun**	they *have*	**begun**
we *had*	**begun**	you *had*	**begun**	they *had*	**begun**
we *will*	begin	you *will*	begin	they *will*	begin
we *will have*	**begun**	you *will have*	**begun**	they *will have*	**begun**
we *would*	begin	you *would*	begin	they *would*	begin
we *would have*	**begun**	you *would have*	**begun**	they *would have*	**begun**
we	begin	you	begin	they	begin
we	**began**	you	**began**	they	**began**
we *had*	**begun**	you *had*	**begun**	they *had*	**begun**
	-		begin		-

Endkonsonant verdoppelt sich

1. Person Plural			2. Person Plural			3. Person Plural		
we	*are*	begi**nn***ing*	you	*are*	begi**nn***ing*	they	*are*	begi**nn***ing*
we	*were*	begi**nn***ing*	you	*were*	begi**nn***ing*	they	*were*	begi**nn***ing*
we *have*	*been*	begi**nn***ing*	you *have*	*been*	begi**nn***ing*	they *has*	*been*	begi**nn***ing*
we *had*	*been*	begi**nn***ing*	you *had*	*been*	begi**nn***ing*	they *had*	*been*	begi**nn***ing*
we *will*	*be*	begi**nn***ing*	you *will*	*be*	begi**nn***ing*	they *will*	*be*	begi**nn***ing*
we *will have*	*been*	begi**nn***ing*	you *will have*	*been*	begi**nn***ing*	they *will have*	*been*	begi**nn***ing*
we *would*	*be*	begi**nn***ing*	you *would*	*be*	begi**nn***ing*	they *would*	*be*	begi**nn***ing*
we *would have*	*been*	begi**nn***ing*	you *would have*	*been*	begi**nn***ing*	they *would have*	*been*	begi**nn***ing*

kal vorausgeht. Zu dieser Verbgruppe gehören auch einige Verben auf **-im** (z. B. **swim - swam -**

Die unregelmäßigen Verben

Die Verbgruppe von run in der Simple Form

Mod.	Zeit	1. Person Singular		2. Person Singular		3. Person Singular	
Ind.	Pres. T.	I	run	you	run	he	run**s**
	Past T.	I	**ran**	you	**ran**	he	**ran**
	Pres. P.	I *have*	**run**	you *have*	**run**	he *has*	**run**
	Past P.	I *had*	**run**	you *had*	**run**	he *had*	**run**
	Fut. T.	I *will*	run	you *will*	run	he *will*	run
	Fut. P.	I *will have*	**run**	you *will have*	**run**	he *will have*	**run**
Con.	Con.	I *would*	run	you *would*	run	he *would*	run
	Con. P.	I *would have*	**run**	you *would have*	**run**	he *would have*	**run**
Sub.	Pres.	I	run	you	run	he	run
	Past	I	**ran**	you	**ran**	he	**ran**
	Past P.	I *had*	**run**	you *had*	**run**	he *had*	**run**
Imp.	Imp.		-		run		-
Inf.	Pres.		run (rennen, laufen)				
	Perf.	*have*	**run**				
Part.	Pres.		run**n***ing*				
	Past		**run**				
	Perf.	*having*	**run**				
Ger.	Pres.		run**n***ing*				
	Perf.	*having*	**run**				

Die Verbgruppe von run in der Continuous Form

Mod.	Zeit	1. Person Singular			2. Person Singular			3. Person Singular		
Ind.	Pres. T.	I	*am*	run**n***ing*	you	*are*	run**n***ing*	he	*is*	run**n***ing*
	Past T.	I	*was*	run**n***ing*	you	*were*	run**n***ing*	he	*was*	run**n***ing*
	Pres. P.	I *have*	*been*	run**n***ing*	you *have*	*been*	run**n***ing*	he *has*	*been*	run**n***ing*
	Past P.	I *had*	*been*	run**n***ing*	you *had*	*been*	run**n***ing*	he *had*	*been*	run**n***ing*
	Fut. T.	I *will*	*be*	run**n***ing*	you *will*	*be*	run**n***ing*	he *will*	*be*	run**n***ing*
	Fut. P.	I *will have*	*been*	run**n***ing*	you *will have*	*been*	run**n***ing*	he *will have*	*been*	run**n***ing*
Con.	Con.	I *would*	*be*	run**n***ing*	you *would*	*be*	run**n***ing*	he *would*	*be*	run**n***ing*
	Con. P.	I *would have*	*been*	run**n***ing*	you *would have*	*been*	run**n***ing*	he *would have*	*been*	run**n***ing*
Inf.	Pres.		*be*	run**n***ing*						
	Perf.	*have*	*been*	run**n***ing*						

Der Endkonsonant **-n** verdoppelt sich vor der Endung **-ing,** da diesem ein einfacher, betonter Vokal

run - ran - run

1. Person Plural		2. Person Plural		3. Person Plural	
we	run	you	run	they	run
we	**ran**	you	**ran**	they	**ran**
we *have*	**run**	you *have*	**run**	they *have*	**run**
we *had*	**run**	you *had*	**run**	they *had*	**run**
we *will*	run	you *will*	run	they *will*	run
we *will have*	**run**	you *will have*	**run**	they *will have*	**run**
we *would*	run	you *would*	run	they *would*	run
we *would have*	**run**	you *would have*	**run**	they *would have*	**run**
we	run	you	run	they	run
we	**ran**	you	**ran**	they	**ran**
we *had*	**run**	you *had*	**run**	they *had*	**run**
	-		run		-

Endkonsonant verdoppelt sich

1. Person Plural			2. Person Plural			3. Person Plural		
we	*are*	run**nn***ing*	you	*are*	run**nn***ing*	they	*are*	run**nn***ing*
we	*were*	run**nn***ing*	you	*were*	run**nn***ing*	they	*were*	run**nn***ing*
we *have*	*been*	run**nn***ing*	you *have*	*been*	run**nn***ing*	they *has*	*been*	run**nn***ing*
we *had*	*been*	run**nn***ing*	you *had*	*been*	run**nn***ing*	they *had*	*been*	run**nn***ing*
we *will*	*be*	run**nn***ing*	you *will*	*be*	run**nn***ing*	they *will*	*be*	run**nn***ing*
we *will have*	*been*	run**nn***ing*	you *will have*	*been*	run**nn***ing*	they *will have*	*been*	run**nn***ing*
we *would*	*be*	run**nn***ing*	you *would*	*be*	run**nn***ing*	they *would*	*be*	run**nn***ing*
we *would have*	*been*	run**nn***ing*	you *would have*	*been*	run**nn***ing*	they *would have*	*been*	run**nn***ing*

vorausgeht.

Die Verbgruppe von spin in der Simple Form

Mod.	Zeit	1. Person Singular		2. Person Singular		3. Person Singular	
Ind.	Pres. T.	I	spin	you	spin	he	spin*s*
	Past T.	I	**spun**	you	**spun**	he	**spun**
	Pres. P.	I *have*	**spun**	you *have*	**spun**	he *has*	**spun**
	Past P.	I *had*	**spun**	you *had*	**spun**	he *had*	**spun**
	Fut. T.	I *will*	spin	you *will*	spin	he *will*	spin
	Fut. P.	I *will have*	**spun**	you *will have*	**spun**	he *will have*	**spun**
Con.	Con.	I *would*	spin	you *would*	spin	he *would*	spin
	Con. P.	I *would have*	**spun**	you *would have*	**spun**	he *would have*	**spun**
Sub.	Pres.	I	spin	you	spin	he	spin
	Past	I	**spun**	you	**spun**	he	**spun**
	Past P.	I *had*	**spun**	you *had*	**spun**	he *had*	**spun**
Imp.	Imp.		-		spin		-
Inf.	Pres.		spin (spinnen)				
	Perf.	*have*	**spun**				
Part.	Pres.		spi**nn***ing*				
	Past		**spun**				
	Perf.	*having*	**spun**				
Ger.	Pres.		spi**nn***ing*				
	Perf.	*having*	**spun**				

Die Verbgruppe von spin in der Continuous Form

Mod.	Zeit	1. Person Singular			2. Person Singular			3. Person Singular		
Ind.	Pres. T.	I	*am*	spi**nn***ing*	you	*are*	spi**nn***ing*	he	*is*	spi**nn***ing*
	Past T.	I	*was*	spi**nn***ing*	you	*were*	spi**nn***ing*	he	*was*	spi**nn***ing*
	Pres. P.	I *have*	*been*	spi**nn***ing*	you *have*	*been*	spi**nn***ing*	he *has*	*been*	spi**nn***ing*
	Past P.	I *had*	*been*	spi**nn***ing*	you *had*	*been*	spi**nn***ing*	he *had*	*been*	spi**nn***ing*
	Fut. T.	I *will*	*be*	spi**nn***ing*	you *will*	*be*	spi**nn***ing*	he *will*	*be*	spi**nn***ing*
	Fut. P.	I *will have*	*been*	spi**nn***ing*	you *will have*	*been*	spi**nn***ing*	he *will have*	*been*	spi**nn***ing*
Con.	Con.	I *would*	*be*	spi**nn***ing*	you *would*	*be*	spi**nn***ing*	he *would*	*be*	spi**nn***ing*
	Con. P.	I *would have*	*been*	spi**nn***ing*	you *would have*	*been*	spi**nn***ing*	he *would have*	*been*	spi**nn***ing*
Inf.	Pres.		*be*	spi**nn***ing*						
	Perf.	*have*	*been*	spi**nn***ing*						

Der Endkonsonant **-n** wird vor der Endung **-ing** verdoppelt, da diesem ein einfacher, betonter Vokal

spin - spun - spun

1. Person Plural		2. Person Plural		3. Person Plural	
we	spin	you	spin	they	spin
we	**spun**	you	**spun**	they	**spun**
we *have*	**spun**	you *have*	**spun**	they *have*	**spun**
we *had*	**spun**	you *had*	**spun**	they *had*	**spun**
we *will*	spin	you *will*	spin	they *will*	spin
we *will have*	**spun**	you *will have*	**spun**	they *will have*	**spun**
we *would*	spin	you *would*	spin	they *would*	spin
we *would have*	**spun**	you *would have*	**spun**	they *would have*	**spun**
we	spin	you	spin	they	spin
we	**spun**	you	**spun**	they	**spun**
we *had*	**spun**	you *had*	**spun**	they *had*	**spun**
	-		spin		-

Endkonsonant verdoppelt sich

1. Person Plural			2. Person Plural			3. Person Plural		
we	*are*	spi**nn***ing*	you	*are*	spi**nn***ing*	they	*are*	spi**nn***ing*
we	*were*	spi**nn***ing*	you	*were*	spi**nn***ing*	they	*were*	spi**nn***ing*
we *have*	*been*	spi**nn***ing*	you *have*	*been*	spi**nn***ing*	they *has*	*been*	spi**nn***ing*
we *had*	*been*	spi**nn***ing*	you *had*	*been*	spi**nn***ing*	they *had*	*been*	spi**nn***ing*
we *will*	*be*	spi**nn***ing*	you *will*	*be*	spi**nn***ing*	they *will*	*be*	spi**nn***ing*
we *will have*	*been*	spi**nn***ing*	you *will have*	*been*	spi**nn***ing*	they *will have*	*been*	spi**nn***ing*
we *would*	*be*	spi**nn***ing*	you *would*	*be*	spi**nn***ing*	they *would*	*be*	spi**nn***ing*
we *would have*	*been*	spi**nn***ing*	you *would have*	*been*	spi**nn***ing*	they *would have*	*been*	spi**nn***ing*

vorausgeht.

Die unregelmäßigen Verben

Die Verbgruppe von win in der Simple Form

Mod.	Zeit	1. Person Singular		2. Person Singular		3. Person Singular	
Ind.	Pres. T.	I	win	you	win	he	win***s***
	Past T.	I	**won**	you	**won**	he	**won**
	Pres. P.	I *have*	**won**	you *have*	**won**	he *has*	**won**
	Past P.	I *had*	**won**	you *had*	**won**	he *had*	**won**
	Fut. T.	I *will*	win	you *will*	win	he *will*	win
	Fut. P.	I *will have*	**won**	you *will have*	**won**	he *will have*	**won**
Con.	Con.	I *would*	win	you *would*	win	he *would*	win
	Con. P.	I *would have*	**won**	you *would have*	**won**	he *would have*	**won**
Sub.	Pres.	I	win	you	win	he	win
	Past	I	**won**	you	**won**	he	**won**
	Past P.	I *had*	**won**	you *had*	**won**	he *had*	**won**
Imp.	Imp.		-		win		-
Inf.	Pres.		win (gewinnen)				
	Perf.	*have*	**won**				
Part.	Pres.		wi**nn**_ing_				
	Past		**won**				
	Perf.	*having*	**won**				
Ger.	Pres.		wi**nn**_ing_				
	Perf.	*having*	**won**				

Die Verbgruppe von win in der Continuous Form

Mod.	Zeit	1. Person Singular			2. Person Singular			3. Person Singular		
Ind.	Pres. T.	I	*am*	wi**nn**_ing_	you	*are*	wi**nn**_ing_	he	*is*	wi**nn**_ing_
	Past T.	I	*was*	wi**nn**_ing_	you	*were*	wi**nn**_ing_	he	*was*	wi**nn**_ing_
	Pres. P.	I *have*	*been*	wi**nn**_ing_	you *have*	*been*	wi**nn**_ing_	he *has*	*been*	wi**nn**_ing_
	Past P.	I *had*	*been*	wi**nn**_ing_	you *had*	*been*	wi**nn**_ing_	he *had*	*been*	wi**nn**_ing_
	Fut. T.	I *will*	*be*	wi**nn**_ing_	you *will*	*be*	wi**nn**_ing_	he *will*	*be*	wi**nn**_ing_
	Fut. P.	I *will have*	*been*	wi**nn**_ing_	you *will have*	*been*	wi**nn**_ing_	he *will have*	*been*	wi**nn**_ing_
Con.	Con.	I *would*	*be*	wi**nn**_ing_	you *would*	*be*	wi**nn**_ing_	he *would*	*be*	wi**nn**_ing_
	Con. P.	I *would have*	*been*	wi**nn**_ing_	you *would have*	*been*	wi**nn**_ing_	he *would have*	*been*	wi**nn**_ing_
Inf.	Pres.		*be*	wi**nn**_ing_						
	Perf.	*have*	*been*	wi**nn**_ing_						

Der Endkonsonant **-n** wird vor der Endung **-ing** verdoppelt, da diesem ein einfacher, betonter Vokal

win - won - won

1. Person Plural		2. Person Plural		3. Person Plural	
we	win	you	win	they	win
we	**won**	you	**won**	they	**won**
we *have*	**won**	you *have*	**won**	they *have*	**won**
we *had*	**won**	you *had*	**won**	they *had*	**won**
we *will*	win	you *will*	win	they *will*	win
we *will have*	**won**	you *will have*	**won**	they *will have*	**won**
we *would*	win	you *would*	win	they *would*	win
we *would have*	**won**	you *would have*	**won**	they *would have*	**won**
we	win	you	win	they	win
we	**won**	you	**won**	they	**won**
we *had*	**won**	you *had*	**won**	they *had*	**won**
	-		win		-

Endkonsonant verdoppelt sich

1. Person Plural			2. Person Plural			3. Person Plural		
we	*are*	win**n***ing*	you	*are*	win**n***ing*	they	*are*	win**n***ing*
we	*were*	win**n***ing*	you	*were*	win**n***ing*	they	*were*	win**n***ing*
we *have*	*been*	win**n***ing*	you *have*	*been*	win**n***ing*	they *has*	*been*	win**n***ing*
we *had*	*been*	win**n***ing*	you *had*	*been*	win**n***ing*	they *had*	*been*	win**n***ing*
we *will*	*be*	win**n***ing*	you *will*	*be*	win**n***ing*	they *will*	*be*	win**n***ing*
we *will have*	*been*	win**n***ing*	you *will have*	*been*	win**n***ing*	they *will have*	*been*	win**n***ing*
we *would*	*be*	win**n***ing*	you *would*	*be*	win**n***ing*	they *would*	*be*	win**n***ing*
we *would have*	*been*	win**n***ing*	you *would have*	*been*	win**n***ing*	they *would have*	*been*	win**n***ing*

vorausgeht.

Die unregelmäßigen Verben

Die Verbgruppe von **shine** in der Simple Form

Mod.	Zeit	1. Person Singular		2. Person Singular		3. Person Singular	
Ind.	Pres. T.	I	shine	you	shine	he	shine**s**
	Past T.	I	**shone**	you	**shone**	he	**shone**
	Pres. P.	I *have*	**shone**	you *have*	**shone**	he *has*	**shone**
	Past P.	I *had*	**shone**	you *had*	**shone**	he *had*	**shone**
	Fut. T.	I *will*	shine	you *will*	shine	he *will*	shine
	Fut. P.	I *will have*	**shone**	you *will have*	**shone**	he *will have*	**shone**
Con.	Con.	I *would*	shine	you *would*	shine	he *would*	shine
	Con. P.	I *would have*	**shone**	you *would have*	**shone**	he *would have*	**shone**
Sub.	Pres.	I	shine	you	shine	he	shine
	Past	I	**shone**	you	**shone**	he	**shone**
	Past P.	I *had*	**shone**	you *had*	**shone**	he *had*	**shone**
Imp.	Imp.		-		shine		-
Inf.	Pres.		shine (scheinen, glänzen)				
	Perf.	*have*	**shone**				
Part.	Pres.		**shin***ing*				
	Past		**shone**				
	Perf.	*having*	**shone**				
Ger.	Pres.		**shin***ing*				
	Perf.	*having*	**shone**				

Die Verbgruppe von **shine** in der Continuous Form

Mod.	Zeit	1. Person Singular			2. Person Singular			3. Person Singular		
Ind.	Pres. T.	I	*am*	**shin***ing*	you	*are*	**shin***ing*	he	*is*	**shin***ing*
	Past T.	I	*was*	**shin***ing*	you	*were*	**shin***ing*	he	*was*	**shin***ing*
	Pres. P.	I *have*	*been*	**shin***ing*	you *have*	*been*	**shin***ing*	he *has*	*been*	**shin***ing*
	Past P.	I *had*	*been*	**shin***ing*	you *had*	*been*	**shin***ing*	he *had*	*been*	**shin***ing*
	Fut. T.	I *will*	*be*	**shin***ing*	you *will*	*be*	**shin***ing*	he *will*	*be*	**shin***ing*
	Fut. P.	I *will have*	*been*	**shin***ing*	you *will have*	*been*	**shin***ing*	he *will have*	*been*	**shin***ing*
Con.	Con.	I *would*	*be*	**shin***ing*	you *would*	*be*	**shin***ing*	he *would*	*be*	**shin***ing*
	Con. P.	I *would have*	*been*	**shin***ing*	you *would have*	*been*	**shin***ing*	he *would have*	*been*	**shin***ing*
Inf.	Pres.		*be*	**shin***ing*						
	Perf.	*have*	*been*	**shin***ing*						

Die Endung **-e** der Verbendung entfällt vor der Endung **-ing.**

Die Verbgruppe von shine

shine - shone - shone

1. Person Plural		2. Person Plural		3. Person Plural	
we	shine	you	shine	they	shine
we	**shone**	you	**shone**	they	**shone**
we *have*	**shone**	you *have*	**shone**	they *have*	**shone**
we *had*	**shone**	you *had*	**shone**	they *had*	**shone**
we *will*	shine	you *will*	shine	they *will*	shine
we *will have*	**shone**	you *will have*	**shone**	they *will have*	**shone**
we *would*	shine	you *would*	shine	they *would*	shine
we *would have*	**shone**	you *would have*	**shone**	they *would have*	**shone**
we	shine	you	shine	they	shine
we	**shone**	you	**shone**	they	**shone**
we *had*	**shone**	you *had*	**shone**	they *had*	**shone**
	-		shine		-

Endung **-e** entfällt

1. Person Plural			2. Person Plural			3. Person Plural		
we	*are*	**shin**_ing_	you	*are*	**shin**_ing_	they	*are*	**shin**_ing_
we	*were*	**shin**_ing_	you	*were*	**shin**_ing_	they	*were*	**shin**_ing_
we *have*	*been*	**shin**_ing_	you *have*	*been*	**shin**_ing_	they *has*	*been*	**shin**_ing_
we *had*	*been*	**shin**_ing_	you *had*	*been*	**shin**_ing_	they *had*	*been*	**shin**_ing_
we *will*	*be*	**shin**_ing_	you *will*	*be*	**shin**_ing_	they *will*	*be*	**shin**_ing_
we *will have*	*been*	**shin**_ing_	you *will have*	*been*	**shin**_ing_	they *will have*	*been*	**shin**_ing_
we *would*	*be*	**shin**_ing_	you *would*	*be*	**shin**_ing_	they *would*	*be*	**shin**_ing_
we *would have*	*been*	**shin**_ing_	you *would have*	*been*	**shin**_ing_	they *would have*	*been*	**shin**_ing_

Die Verbgruppe von swing in der Simple Form

Mod.	Zeit	1. Person Singular		2. Person Singular		3. Person Singular	
Ind.	Pres. T.	I	swing	you	swing	he	swing**s**
	Past T.	I	**swung**	you	**swung**	he	**swung**
	Pres. P.	I *have*	**swung**	you *have*	**swung**	he *has*	**swung**
	Past P.	I *had*	**swung**	you *had*	**swung**	he *had*	**swung**
	Fut. T.	I *will*	swing	you *will*	swing	he *will*	swing
	Fut. P.	I *will have*	**swung**	you *will have*	**swung**	he *will have*	**swung**
Con.	Con.	I *would*	swing	you *would*	swing	he *would*	swing
	Con. P.	I *would have*	**swung**	you *would have*	**swung**	he *would have*	**swung**
Sub.	Pres.	I	swing	you	swing	he	swing
	Past	I	**swung**	you	**swung**	he	**swung**
	Past P.	I *had*	**swung**	you *had*	**swung**	he *had*	**swung**
Imp.	Imp.		-		swing		-
Inf.	Pres.		swing (schwingen, schwenken)				
	Perf.	*have*	**swung**				
Part.	Pres.		swing*ing*				
	Past		**swung**				
	Perf.	*having*	**swung**				
Ger.	Pres.		swing*ing*				
	Perf.	*having*	**swung**				

Die Verbgruppe von swing in der Continuous Form

Mod.	Zeit	1. Person Singular		2. Person Singular		3. Person Singular	
Ind.	Pres. T.	I	*am* swing*ing*	you	*are* swing*ing*	he	*is* swing*ing*
	Past T.	I	*was* swing*ing*	you	*were* swing*ing*	he	*was* swing*ing*
	Pres. P.	I *have*	*been* swing*ing*	you *have*	*been* swing*ing*	he *has*	*been* swing*ing*
	Past P.	I *had*	*been* swing*ing*	you *had*	*been* swing*ing*	he *had*	*been* swing*ing*
	Fut. T.	I *will*	*be* swing*ing*	you *will*	*be* swing*ing*	he *will*	*be* swing*ing*
	Fut. P.	I *will have*	*been* swing*ing*	you *will have*	*been* swing*ing*	he *will have*	*been* swing*ing*
Con.	Con.	I *would*	*be* swing*ing*	you *would*	*be* swing*ing*	he *would*	*be* swing*ing*
	Con. P.	I *would have*	*been* swing*ing*	you *would have*	*been* swing*ing*	he *would have*	*been* swing*ing*
Inf.	Pres.		*be* swing*ing*				
	Perf.	*have*	*been* swing*ing*				

Zu dieser Verbgruppe gehören auch einige Verben auf **-ink** (z. B. **stink - stunk - stunk).**

Die Verbgruppe von swing

swing - swung - swung

1. Person Plural		2. Person Plural		3. Person Plural	
we	swing	you	swing	they	swing
we	**swung**	you	**swung**	they	**swung**
we *have*	**swung**	you *have*	**swung**	they *have*	**swung**
we *had*	**swung**	you *had*	**swung**	they *had*	**swung**
we *will*	swing	you *will*	swing	they *will*	swing
we *will have*	**swung**	you *will have*	**swung**	they *will have*	**swung**
we *would*	swing	you *would*	swing	they *would*	swing
we *would have*	**swung**	you *would have*	**swung**	they *would have*	**swung**
we	swing	you	swing	they	swing
we	**swung**	you	**swung**	they	**swung**
we *had*	**swung**	you *had*	**swung**	they *had*	**swung**
	-		swing		-

1. Person Plural			2. Person Plural			3. Person Plural		
we	*are*	swing*ing*	you	*are*	swing*ing*	they	*are*	swing*ing*
we	*were*	swing*ing*	you	*were*	swing*ing*	they	*were*	swing*ing*
we *have*	*been*	swing*ing*	you *have*	*been*	swing*ing*	they *has*	*been*	swing*ing*
we *had*	*been*	swing*ing*	you *had*	*been*	swing*ing*	they *had*	*been*	swing*ing*
we *will*	*be*	swing*ing*	you *will*	*be*	swing*ing*	they *will*	*be*	swing*ing*
we *will have*	*been*	swing*ing*	you *will have*	*been*	swing*ing*	they *will have*	*been*	swing*ing*
we *would*	*be*	swing*ing*	you *would*	*be*	swing*ing*	they *would*	*be*	swing*ing*
we *would have*	*been*	swing*ing*	you *would have*	*been*	swing*ing*	they *would have*	*been*	swing*ing*

Die unregelmäßigen Verben

Die Verbgruppe von sing in der Simple Form

Mod.	Zeit	1. Person Singular	2. Person Singular	3. Person Singular
Ind.	Pres. T.	I sing	you sing	he sing**s**
	Past T.	I **sang**	you **sang**	he **sang**
	Pres. P.	I *have* **sung**	you *have* **sung**	he *has* **sung**
	Past P.	I *had* **sung**	you *had* **sung**	he *had* **sung**
	Fut. T.	I *will* sing	you *will* sing	he *will* sing
	Fut. P.	I *will have* **sung**	you *will have* **sung**	he *will have* **sung**
Con.	Con.	I *would* sing	you *would* sing	he *would* sing
	Con. P.	I *would have* **sung**	you *would have* **sung**	he *would have* **sung**
Sub.	Pres.	I sing	you sing	he sing
	Past	I **sang**	you **sang**	he **sang**
	Past P.	I *had* **sung**	you *had* **sung**	he *had* **sung**
Imp.	Imp.	-	sing	-
Inf.	Pres.	sing (singen)		
	Perf.	*have* **sung**		
Part.	Pres.	sing*ing*		
	Past	**sung**		
	Perf.	*having* **sung**		
Ger.	Pres.	sing*ing*		
	Perf.	*having* **sung**		

Die Verbgruppe von sing in der Continuous Form

Mod.	Zeit	1. Person Singular	2. Person Singular	3. Person Singular
Ind.	Pres. T.	I *am* sing*ing*	you *are* sing*ing*	he *is* sing*ing*
	Past T.	I *was* sing*ing*	you *were* sing*ing*	he *was* sing*ing*
	Pres. P.	I *have been* sing*ing*	you *have been* sing*ing*	he *has been* sing*ing*
	Past P.	I *had been* sing*ing*	you *had been* sing*ing*	he *had been* sing*ing*
	Fut. T.	I *will be* sing*ing*	you *will be* sing*ing*	he *will be* sing*ing*
	Fut. P.	I *will have been* sing*ing*	you *will have been* sing*ing*	he *will have been* sing*ing*
Con.	Con.	I *would be* sing*ing*	you *would be* sing*ing*	he *would be* sing*ing*
	Con. P.	I *would have been* sing*ing*	you *would have been* sing*ing*	he *would have been* sing*ing*
Inf.	Pres.	*be* sing*ing*		
	Perf.	*have been* sing*ing*		

Zu dieser Verbgruppe gehören auch einige Verben auf **-ink** (z. B. **drink - drank - drunk).**

Die Verbgruppe von sing

sing - sang - sung

1. Person Plural		2. Person Plural		3. Person Plural	
we	sing	you	sing	they	sing
we	**sang**	you	**sang**	they	**sang**
we *have*	**sung**	you *have*	**sung**	they *have*	**sung**
we *had*	**sung**	you *had*	**sung**	they *had*	**sung**
we *will*	sing	you *will*	sing	they *will*	sing
we *will have*	**sung**	you *will have*	**sung**	they *will have*	**sung**
we *would*	sing	you *would*	sing	they *would*	sing
we *would have*	**sung**	you *would have*	**sung**	they *would have*	**sung**
we	sing	you	sing	they	sing
we	**sang**	you	**sang**	they	**sang**
we *had*	**sung**	you *had*	**sung**	they *had*	**sung**
	-		sing		-

1. Person Plural			2. Person Plural			3. Person Plural		
we	*are*	sing*ing*	you	*are*	sing*ing*	they	*are*	sing*ing*
we	*were*	sing*ing*	you	*were*	sing*ing*	they	*were*	sing*ing*
we *have*	*been*	sing*ing*	you *have*	*been*	sing*ing*	they *has*	*been*	sing*ing*
we *had*	*been*	sing*ing*	you *had*	*been*	sing*ing*	they *had*	*been*	sing*ing*
we *will*	*be*	sing*ing*	you *will*	*be*	sing*ing*	they *will*	*be*	sing*ing*
we *will have*	*been*	sing*ing*	you *will have*	*been*	sing*ing*	they *will have*	*been*	sing*ing*
we *would*	*be*	sing*ing*	you *would*	*be*	sing*ing*	they *would*	*be*	sing*ing*
we *would have*	*been*	sing*ing*	you *would have*	*been*	sing*ing*	they *would have*	*been*	sing*ing*

Die unregelmäßigen Verben

Die Verbgruppe von **hang** in der Simple Form

Mod.	Zeit	1. Person Singular		2. Person Singular		3. Person Singular	
Ind.	Pres. T.	I	hang	you	hang	he	hang*s*
	Past T.	I	**hung**	you	**hung**	he	**hung**
	Pres. P.	I *have*	**hung**	you *have*	**hung**	he *has*	**hung**
	Past P.	I *had*	**hung**	you *had*	**hung**	he *had*	**hung**
	Fut. T.	I *will*	hang	you *will*	hang	he *will*	hang
	Fut. P.	I *will have*	**hung**	you *will have*	**hung**	he *will have*	**hung**
Con.	Con.	I *would*	hang	you *would*	hang	he *would*	hang
	Con. P.	I *would have*	**hung**	you *would have*	**hung**	he *would have*	**hung**
Sub.	Pres.	I	hang	you	hang	he	hang
	Past	I	**hung**	you	**hung**	he	**hung**
	Past P.	I *had*	**hung**	you *had*	**hung**	he *had*	**hung**
Imp.	Imp.		-		hang		-
Inf.	Pres.		hang ((auf)hängen)				
	Perf.	*have*	**hung**				
Part.	Pres.		hang*ing*				
	Past		**hung**				
	Perf.	*having*	**hung**				
Ger.	Pres.		hang*ing*				
	Perf.	*having*	**hung**				

Die Verbgruppe von **hang** in der Continuous Form

Mod.	Zeit	1. Person Singular			2. Person Singular			3. Person Singular		
Ind.	Pres. T.	I	*am*	hang*ing*	you	*are*	hang*ing*	he	*is*	hang*ing*
	Past T.	I	*was*	hang*ing*	you	*were*	hang*ing*	he	*was*	hang*ing*
	Pres. P.	I *have*	*been*	hang*ing*	you *have*	*been*	hang*ing*	he *has*	*been*	hang*ing*
	Past P.	I *had*	*been*	hang*ing*	you *had*	*been*	hang*ing*	he *had*	*been*	hang*ing*
	Fut. T.	I *will*	*be*	hang*ing*	you *will*	*be*	hang*ing*	he *will*	*be*	hang*ing*
	Fut. P.	I *will have*	*been*	hang*ing*	you *will have*	*been*	hang*ing*	he *will have*	*been*	hang*ing*
Con.	Con.	I *would*	*be*	hang*ing*	you *would*	*be*	hang*ing*	he *would*	*be*	hang*ing*
	Con. P.	I *would have*	*been*	hang*ing*	you *would have*	*been*	hang*ing*	he *would have*	*been*	hang*ing*
Inf.	Pres.		*be*	hang*ing*						
	Perf.	*have*	*been*	hang*ing*						

Es ist zu beachten, dass **hang** in der Bedeutung *erhängen* regelmäßig ist (z. B. **he was hanged by**

hang - hung - hung

1. Person Plural		2. Person Plural		3. Person Plural	
we	hang	you	hang	they	hang
we	**hung**	you	**hung**	they	**hung**
we *have*	**hung**	you *have*	**hung**	they *have*	**hung**
we *had*	**hung**	you *had*	**hung**	they *had*	**hung**
we *will*	hang	you *will*	hang	they *will*	hang
we *will have*	**hung**	you *will have*	**hung**	they *will have*	**hung**
we *would*	hang	you *would*	hang	they *would*	hang
we *would have*	**hung**	you *would have*	**hung**	they *would have*	**hung**
we	hang	you	hang	they	hang
we	**hung**	you	**hung**	they	**hung**
we *had*	**hung**	you *had*	**hung**	they *had*	**hung**
	-		hang		-

1. Person Plural			2. Person Plural			3. Person Plural		
we	*are*	hang*ing*	you	*are*	hang*ing*	they	*are*	hang*ing*
we	*were*	hang*ing*	you	*were*	hang*ing*	they	*were*	hang*ing*
we *have*	*been*	hang*ing*	you *have*	*been*	hang*ing*	they *has*	*been*	hang*ing*
we *had*	*been*	hang*ing*	you *had*	*been*	hang*ing*	they *had*	*been*	hang*ing*
we *will*	*be*	hang*ing*	you *will*	*be*	hang*ing*	they *will*	*be*	hang*ing*
we *will have*	*been*	hang*ing*	you *will have*	*been*	hang*ing*	they *will have*	*been*	hang*ing*
we *would*	*be*	hang*ing*	you *would*	*be*	hang*ing*	they *would*	*be*	hang*ing*
we *would have*	*been*	hang*ing*	you *would have*	*been*	hang*ing*	they *would have*	*been*	hang*ing*

the neck (er wurde erhängt)).

Die unregelmäßigen Verben

Die Verbgruppe von make in der Simple Form

Mod.	Zeit	1. Person Singular		2. Person Singular		3. Person Singular	
Ind.	Pres. T.	I	make	you	make	he	make**s**
	Past T.	I	**made**	you	**made**	he	**made**
	Pres. P.	I *have*	**made**	you *have*	**made**	he *has*	**made**
	Past P.	I *had*	**made**	you *had*	**made**	he *had*	**made**
	Fut. T.	I *will*	make	you *will*	make	he *will*	make
	Fut. P.	I *will have*	**made**	you *will have*	**made**	he *will have*	**made**
Con.	Con.	I *would*	make	you *would*	make	he *would*	make
	Con. P.	I *would have*	**made**	you *would have*	**made**	he *would have*	**made**
Sub.	Pres.	I	make	you	make	he	make
	Past	I	**made**	you	**made**	he	**made**
	Past P.	I *had*	**made**	you *had*	**made**	he *had*	**made**
Imp.	Imp.		-		make		-
Inf.	Pres.		make (machen)				
	Perf.	*have*	**made**				
Part.	Pres.		**mak***ing*				
	Past		**made**				
	Perf.	*having*	**made**				
Ger.	Pres.		**mak***ing*				
	Perf.	*having*	**made**				

Die Verbgruppe von make in der Continuous Form

Mod.	Zeit	1. Person Singular			2. Person Singular			3. Person Singular		
Ind.	Pres. T.	I	*am*	**mak***ing*	you	*are*	**mak***ing*	he	*is*	**mak***ing*
	Past T.	I	*was*	**mak***ing*	you	*were*	**mak***ing*	he	*was*	**mak***ing*
	Pres. P.	I *have*	*been*	**mak***ing*	you *have*	*been*	**mak***ing*	he *has*	*been*	**mak***ing*
	Past P.	I *had*	*been*	**mak***ing*	you *had*	*been*	**mak***ing*	he *had*	*been*	**mak***ing*
	Fut. T.	I *will*	*be*	**mak***ing*	you *will*	*be*	**mak***ing*	he *will*	*be*	**mak***ing*
	Fut. P.	I *will have*	*been*	**mak***ing*	you *will have*	*been*	**mak***ing*	he *will have*	*been*	**mak***ing*
Con.	Con.	I *would*	*be*	**mak***ing*	you *would*	*be*	**mak***ing*	he *would*	*be*	**mak***ing*
	Con. P.	I *would have*	*been*	**mak***ing*	you *would have*	*been*	**mak***ing*	he *would have*	*been*	**mak***ing*
Inf.	Pres.		*be*	**mak***ing*						
	Perf.	*have*	*been*	**mak***ing*						

Das **-e** der Verbendung entfällt vor der Endung **-ing.**

Die Verbgruppe von make

make - made - made

1. Person Plural		2. Person Plural		3. Person Plural	
we	make	you	make	they	make
we	**made**	you	**made**	they	**made**
we *have*	**made**	you *have*	**made**	they *have*	**made**
we *had*	**made**	you *had*	**made**	they *had*	**made**
we *will*	make	you *will*	make	they *will*	make
we *will have*	**made**	you *will have*	**made**	they *will have*	**made**
we *would*	make	you *would*	make	they *would*	make
we *would have*	**made**	you *would have*	**made**	they *would have*	**made**
we	make	you	make	they	make
we	**made**	you	**made**	they	**made**
we *had*	**made**	you *had*	**made**	they *had*	**made**
	-		make		-

Endung **-e** entfällt

1. Person Plural			2. Person Plural			3. Person Plural		
we	*are*	**mak***ing*	you	*are*	**mak***ing*	they	*are*	**mak***ing*
we	*were*	**mak***ing*	you	*were*	**mak***ing*	they	*were*	**mak***ing*
we *have*	*been*	**mak***ing*	you *have*	*been*	**mak***ing*	they *has*	*been*	**mak***ing*
we *had*	*been*	**mak***ing*	you *had*	*been*	**mak***ing*	they *had*	*been*	**mak***ing*
we *will*	*be*	**mak***ing*	you *will*	*be*	**mak***ing*	they *will*	*be*	**mak***ing*
we *will have*	*been*	**mak***ing*	you *will have*	*been*	**mak***ing*	they *will have*	*been*	**mak***ing*
we *would*	*be*	**mak***ing*	you *would*	*be*	**mak***ing*	they *would*	*be*	**mak***ing*
we *would have*	*been*	**mak***ing*	you *would have*	*been*	**mak***ing*	they *would have*	*been*	**mak***ing*

Die unregelmäßigen Verben

Die Verbgruppe von clothe in der Simple Form

Mod.	Zeit	1. Person Singular		2. Person Singular		3. Person Singular	
Ind.	Pres. T.	I	clothe	you	clothe	he	clothe**s**
	Past T.	I	**clad**	you	**clad**	he	**clad**
	Pres. P.	I *have*	**clad**	you *have*	**clad**	he *has*	**clad**
	Past P.	I *had*	**clad**	you *had*	**clad**	he *had*	**clad**
	Fut. T.	I *will*	clothe	you *will*	clothe	he *will*	clothe
	Fut. P.	I *will have*	**clad**	you *will have*	**clad**	he *will have*	**clad**
Con.	Con.	I *would*	clothe	you *would*	clothe	he *would*	clothe
	Con. P.	I *would have*	**clad**	you *would have*	**clad**	he *would have*	**clad**
Sub.	Pres.	I	clothe	you	clothe	he	clothe
	Past	I	**clad**	you	**clad**	he	**clad**
	Past P.	I *had*	**clad**	you *had*	**clad**	he *had*	**clad**
Imp.	Imp.		-		clothe		-
Inf.	Pres.		clothe (kleiden)				
	Perf.	*have*	**clad**				
Part.	Pres.		**cloth***ing*				
	Past		**clad**				
	Perf.	*having*	**clad**				
Ger.	Pres.		**cloth***ing*				
	Perf.	*having*	**clad**				

Die Verbgruppe von clothe in der Continuous Form

Mod.	Zeit	1. Person Singular			2. Person Singular			3. Person Singular		
Ind.	Pres. T.	I	*am*	**cloth***ing*	you	*are*	**cloth***ing*	he	*is*	**cloth***ing*
	Past T.	I	*was*	**cloth***ing*	you	*were*	**cloth***ing*	he	*was*	**cloth***ing*
	Pres. P.	I *have*	*been*	**cloth***ing*	you *have*	*been*	**cloth***ing*	he *has*	*been*	**cloth***ing*
	Past P.	I *had*	*been*	**cloth***ing*	you *had*	*been*	**cloth***ing*	he *had*	*been*	**cloth***ing*
	Fut. T.	I *will*	*be*	**cloth***ing*	you *will*	*be*	**cloth***ing*	he *will*	*be*	**cloth***ing*
	Fut. P.	I *will have*	*been*	**cloth***ing*	you *will have*	*been*	**cloth***ing*	he *will have*	*been*	**cloth***ing*
Con.	Con.	I *would*	*be*	**cloth***ing*	you *would*	*be*	**cloth***ing*	he *would*	*be*	**cloth***ing*
	Con. P.	I *would have*	*been*	**cloth***ing*	you *would have*	*been*	**cloth***ing*	he *would have*	*been*	**cloth***ing*
Inf.	Pres.		*be*	**cloth***ing*						
	Perf.	*have*	*been*	**cloth***ing*						

Das **-e** der Verbendung entfällt vor der Endung **-ing.** Dieses Verb kann auch regelmäßig konjugiert

Die Verbgruppe von clothe

clothe - clad - clad

1. Person Plural		2. Person Plural		3. Person Plural	
we	clothe	you	clothe	they	clothe
we	**clad**	you	**clad**	they	**clad**
we *have*	**clad**	you *have*	**clad**	they *have*	**clad**
we *had*	**clad**	you *had*	**clad**	they *had*	**clad**
we *will*	clothe	you *will*	clothe	they *will*	clothe
we *will have*	**clad**	you *will have*	**clad**	they *will have*	**clad**
we *would*	clothe	you *would*	clothe	they *would*	clothe
we *would have*	**clad**	you *would have*	**clad**	they *would have*	**clad**
we	clothe	you	clothe	they	clothe
we	**clad**	you	**clad**	they	**clad**
we *had*	**clad**	you *had*	**clad**	they *had*	**clad**
	-		clothe		-

Endung **-e** entfällt

1. Person Plural			2. Person Plural			3. Person Plural		
we	*are*	**cloth***ing*	you	*are*	**cloth***ing*	they	*are*	**cloth***ing*
we	*were*	**cloth***ing*	you	*were*	**cloth***ing*	they	*were*	**cloth***ing*
we *have*	*been*	**cloth***ing*	you *have*	*been*	**cloth***ing*	they *has*	*been*	**cloth***ing*
we *had*	*been*	**cloth***ing*	you *had*	*been*	**cloth***ing*	they *had*	*been*	**cloth***ing*
we *will*	*be*	**cloth***ing*	you *will*	*be*	**cloth***ing*	they *will*	*be*	**cloth***ing*
we *will have*	*been*	**cloth***ing*	you *will have*	*been*	**cloth***ing*	they *will have*	*been*	**cloth***ing*
we *would*	*be*	**cloth***ing*	you *would*	*be*	**cloth***ing*	they *would*	*be*	**cloth***ing*
we *would have*	*been*	**cloth***ing*	you *would have*	*been*	**cloth***ing*	they *would have*	*been*	**cloth***ing*

werden **(clothe - clothed - clothed).**

Die unregelmäßigen Verben

Die Verbgruppe von come in der Simple Form

Mod.	Zeit	1. Person Singular		2. Person Singular		3. Person Singular	
Ind.	Pres. T.	I	come	you	come	he	come*s*
	Past T.	I	**came**	you	**came**	he	**came**
	Pres. P.	I *have*	**come**	you *have*	**come**	he *has*	**come**
	Past P.	I *had*	**come**	you *had*	**come**	he *had*	**come**
	Fut. T.	I *will*	come	you *will*	come	he *will*	come
	Fut. P.	I *will have*	**come**	you *will have*	**come**	he *will have*	**come**
Con.	Con.	I *would*	come	you *would*	come	he *would*	come
	Con. P.	I *would have*	**come**	you *would have*	**come**	he *would have*	**come**
Sub.	Pres.	I	come	you	come	he	come
	Past	I	**came**	you	**came**	he	**came**
	Past P.	I *had*	**come**	you *had*	**come**	he *had*	**come**
Imp.	Imp.		-		come		-
Inf.	Pres.		come (kommen)				
	Perf.	*have*	**come**				
Part.	Pres.		**com***ing*				
	Past		**come**				
	Perf.	*having*	**come**				
Ger.	Pres.		**com***ing*				
	Perf.	*having*	**come**				

Die Verbgruppe von come in der Continuous Form

Mod.	Zeit	1. Person Singular			2. Person Singular			3. Person Singular		
Ind.	Pres. T.	I	*am*	**com***ing*	you	*are*	**com***ing*	he	*is*	**com***ing*
	Past T.	I	*was*	**com***ing*	you	*were*	**com***ing*	he	*was*	**com***ing*
	Pres. P.	I *have*	*been*	**com***ing*	you *have*	*been*	**com***ing*	he *has*	*been*	**com***ing*
	Past P.	I *had*	*been*	**com***ing*	you *had*	*been*	**com***ing*	he *had*	*been*	**com***ing*
	Fut. T.	I *will*	*be*	**com***ing*	you *will*	*be*	**com***ing*	he *will*	*be*	**com***ing*
	Fut. P.	I *will have*	*been*	**com***ing*	you *will have*	*been*	**com***ing*	he *will have*	*been*	**com***ing*
Con.	Con.	I *would*	*be*	**com***ing*	you *would*	*be*	**com***ing*	he *would*	*be*	**com***ing*
	Con. P.	I *would have*	*been*	**com***ing*	you *would have*	*been*	**com***ing*	he *would have*	*been*	**com***ing*
Inf.	Pres.		*be*	**com***ing*						
	Perf.	*have*	*been*	**com***ing*						

Das **-e** der Verbendung entfällt vor der Endung **-ing.**

Die Verbgruppe von come

come - came - come

1. Person Plural		2. Person Plural		3. Person Plural	
we	come	you	come	they	come
we	**came**	you	**came**	they	**came**
we *have*	**come**	you *have*	**come**	they *have*	**come**
we *had*	**come**	you *had*	**come**	they *had*	**come**
we *will*	come	you *will*	come	they *will*	come
we *will have*	**come**	you *will have*	**come**	they *will have*	**come**
we *would*	come	you *would*	come	they *would*	come
we *would have*	**come**	you *would have*	**come**	they *would have*	**come**
we	come	you	come	they	come
we	**came**	you	**came**	they	**came**
we *had*	**come**	you *had*	**come**	they *had*	**come**
	-		come		-

Endung **-e** entfällt

1. Person Plural			2. Person Plural			3. Person Plural		
we	*are*	**com***ing*	you	*are*	**com***ing*	they	*are*	**com***ing*
we	*were*	**com***ing*	you	*were*	**com***ing*	they	*were*	**com***ing*
we *have*	*been*	**com***ing*	you *have*	*been*	**com***ing*	they *has*	*been*	**com***ing*
we *had*	*been*	**com***ing*	you *had*	*been*	**com***ing*	they *had*	*been*	**com***ing*
we *will*	*be*	**com***ing*	you *will*	*be*	**com***ing*	they *will*	*be*	**com***ing*
we *will have*	*been*	**com***ing*	you *will have*	*been*	**com***ing*	they *will have*	*been*	**com***ing*
we *would*	*be*	**com***ing*	you *would*	*be*	**com***ing*	they *would*	*be*	**com***ing*
we *would have*	*been*	**com***ing*	you *would have*	*been*	**com***ing*	they *would have*	*been*	**com***ing*

Die unregelmäßigen Verben

Die Verbgruppe von find in der Simple Form

Mod.	Zeit	1. Person Singular		2. Person Singular		3. Person Singular	
Ind.	Pres. T.	I	find	you	find	he	find**s**
	Past T.	I	**found**	you	**found**	he	**found**
	Pres. P.	I *have*	**found**	you *have*	**found**	he *has*	**found**
	Past P.	I *had*	**found**	you *had*	**found**	he *had*	**found**
	Fut. T.	I *will*	find	you *will*	find	he *will*	find
	Fut. P.	I *will have*	**found**	you *will have*	**found**	he *will have*	**found**
Con.	Con.	I *would*	find	you *would*	find	he *would*	find
	Con. P.	I *would have*	**found**	you *would have*	**found**	he *would have*	**found**
Sub.	Pres.	I	find	you	find	he	find
	Past	I	**found**	you	**found**	he	**found**
	Past P.	I *had*	**found**	you *had*	**found**	he *had*	**found**
Imp.	Imp.		-		find		-
Inf.	Pres.		find (finden)				
	Perf.	*have*	**found**				
Part.	Pres.		find*ing*				
	Past		**found**				
	Perf.	*having*	**found**				
Ger.	Pres.		find*ing*				
	Perf.	*having*	**found**				

Die Verbgruppe von find in der Continuous Form

Mod.	Zeit	1. Person Singular			2. Person Singular			3. Person Singular		
Ind.	Pres. T.	I	*am*	find*ing*	you	*are*	find*ing*	he	*is*	find*ing*
	Past T.	I	*was*	find*ing*	you	*were*	find*ing*	he	*was*	find*ing*
	Pres. P.	I *have*	*been*	find*ing*	you *have*	*been*	find*ing*	he *has*	*been*	find*ing*
	Past P.	I *had*	*been*	find*ing*	you *had*	*been*	find*ing*	he *had*	*been*	find*ing*
	Fut. T.	I *will*	*be*	find*ing*	you *will*	*be*	find*ing*	he *will*	*be*	find*ing*
	Fut. P.	I *will have*	*been*	find*ing*	you *will have*	*been*	find*ing*	he *will have*	*been*	find*ing*
Con.	Con.	I *would*	*be*	find*ing*	you *would*	*be*	find*ing*	he *would*	*be*	find*ing*
	Con. P.	I *would have*	*been*	find*ing*	you *would have*	*been*	find*ing*	he *would have*	*been*	find*ing*
Inf.	Pres.		*be*	find*ing*						
	Perf.	*have*	*been*	find*ing*						

Die Verbgruppe von find

find - found - found

1. Person Plural		2. Person Plural		3. Person Plural	
we	find	you	find	they	find
we	**found**	you	**found**	they	**found**
we *have*	**found**	you *have*	**found**	they *have*	**found**
we *had*	**found**	you *had*	**found**	they *had*	**found**
we *will*	find	you *will*	find	they *will*	find
we *will have*	**found**	you *will have*	**found**	they *will have*	**found**
we *would*	find	you *would*	find	they *would*	find
we *would have*	**found**	you *would have*	**found**	they *would have*	**found**
we	find	you	find	they	find
we	**found**	you	**found**	they	**found**
we *had*	**found**	you *had*	**found**	they *had*	**found**
	-		find		-

1. Person Plural		2. Person Plural		3. Person Plural	
we	*are* find*ing*	you	*are* find*ing*	they	*are* find*ing*
we	*were* find*ing*	you	*were* find*ing*	they	*were* find*ing*
we *have*	*been* find*ing*	you *have*	*been* find*ing*	they *has*	*been* find*ing*
we *had*	*been* find*ing*	you *had*	*been* find*ing*	they *had*	*been* find*ing*
we *will*	*be* find*ing*	you *will*	*be* find*ing*	they *will*	*be* find*ing*
we *will have*	*been* find*ing*	you *will have*	*been* find*ing*	they *will have*	*been* find*ing*
we *would*	*be* find*ing*	you *would*	*be* find*ing*	they *would*	*be* find*ing*
we *would have*	*been* find*ing*	you *would have*	*been* find*ing*	they *would have*	*been* find*ing*

Die unregelmäßigen Verben

Die Verbgruppe von fight in der Simple Form

Mod.	Zeit	1. Person Singular		2. Person Singular		3. Person Singular	
Ind.	Pres. T.	I	fight	you	fight	he	fight**s**
	Past T.	I	**fought**	you	**fought**	he	**fought**
	Pres. P.	I *have*	**fought**	you *have*	**fought**	he *has*	**fought**
	Past P.	I *had*	**fought**	you *had*	**fought**	he *had*	**fought**
	Fut. T.	I *will*	fight	you *will*	fight	he *will*	fight
	Fut. P.	I *will have*	**fought**	you *will have*	**fought**	he *will have*	**fought**
Con.	Con.	I *would*	fight	you *would*	fight	he *would*	fight
	Con. P.	I *would have*	**fought**	you *would have*	**fought**	he *would have*	**fought**
Sub.	Pres.	I	fight	you	fight	he	fight
	Past	I	**fought**	you	**fought**	he	**fought**
	Past P.	I *had*	**fought**	you *had*	**fought**	he *had*	**fought**
Imp.	Imp.		-		fight		-
Inf.	Pres.		fight (kämpfen)				
	Perf.	*have*	**fought**				
Part.	Pres.		fight*ing*				
	Past		**fought**				
	Perf.	*having*	**fought**				
Ger.	Pres.		fight*ing*				
	Perf.	*having*	**fought**				

Die Verbgruppe von fight in der Continuous Form

Mod.	Zeit	1. Person Singular		2. Person Singular		3. Person Singular	
Ind.	Pres. T.	I	*am* fight*ing*	you	*are* fight*ing*	he	*is* fight*ing*
	Past T.	I	*was* fight*ing*	you	*were* fight*ing*	he	*was* fight*ing*
	Pres. P.	I *have*	*been* fight*ing*	you *have*	*been* fight*ing*	he *has*	*been* fight*ing*
	Past P.	I *had*	*been* fight*ing*	you *had*	*been* fight*ing*	he *had*	*been* fight*ing*
	Fut. T.	I *will*	*be* fight*ing*	you *will*	*be* fight*ing*	he *will*	*be* fight*ing*
	Fut. P.	I *will have*	*been* fight*ing*	you *will have*	*been* fight*ing*	he *will have*	*been* fight*ing*
Con.	Con.	I *would*	*be* fight*ing*	you *would*	*be* fight*ing*	he *would*	*be* fight*ing*
	Con. P.	I *would have*	*been* fight*ing*	you *would have*	*been* fight*ing*	he *would have*	*been* fight*ing*
Inf.	Pres.		*be* fight*ing*				
	Perf.	*have*	*been* fight*ing*				

Die Verbgruppe von fight

fight - fought - fought

1. Person Plural		2. Person Plural		3. Person Plural	
we	fight	you	fight	they	fight
we	**fought**	you	**fought**	they	**fought**
we *have*	**fought**	you *have*	**fought**	they *have*	**fought**
we *had*	**fought**	you *had*	**fought**	they *had*	**fought**
we *will*	fight	you *will*	fight	they *will*	fight
we *will have*	**fought**	you *will have*	**fought**	they *will have*	**fought**
we *would*	fight	you *would*	fight	they *would*	fight
we *would have*	**fought**	you *would have*	**fought**	they *would have*	**fought**
we	fight	you	fight	they	fight
we	**fought**	you	**fought**	they	**fought**
we *had*	**fought**	you *had*	**fought**	they *had*	**fought**
	-		fight		-

1. Person Plural			2. Person Plural			3. Person Plural		
we	*are*	fight*ing*	you	*are*	fight*ing*	they	*are*	fight*ing*
we	*were*	fight*ing*	you	*were*	fight*ing*	they	*were*	fight*ing*
we *have*	*been*	fight*ing*	you *have*	*been*	fight*ing*	they *has*	*been*	fight*ing*
we *had*	*been*	fight*ing*	you *had*	*been*	fight*ing*	they *had*	*been*	fight*ing*
we *will*	*be*	fight*ing*	you *will*	*be*	fight*ing*	they *will*	*be*	fight*ing*
we *will have*	*been*	fight*ing*	you *will have*	*been*	fight*ing*	they *will have*	*been*	fight*ing*
we *would*	*be*	fight*ing*	you *would*	*be*	fight*ing*	they *would*	*be*	fight*ing*
we *would have*	*been*	fight*ing*	you *would have*	*been*	fight*ing*	they *would have*	*been*	fight*ing*

Die unregelmäßigen Verben

Die Verbgruppe von think in der Simple Form

Mod.	Zeit	1. Person Singular		2. Person Singular		3. Person Singular	
Ind.	Pres. T.	I	think	you	think	he	think*s*
	Past T.	I	**thought**	you	**thought**	he	**thought**
	Pres. P.	I *have*	**thought**	you *have*	**thought**	he *has*	**thought**
	Past P.	I *had*	**thought**	you *had*	**thought**	he *had*	**thought**
	Fut. T.	I *will*	think	you *will*	think	he *will*	think
	Fut. P.	I *will have*	**thought**	you *will have*	**thought**	he *will have*	**thought**
Con.	Con.	I *would*	think	you *would*	think	he *would*	think
	Con. P.	I *would have*	**thought**	you *would have*	**thought**	he *would have*	**thought**
Sub.	Pres.	I	think	you	think	he	think
	Past	I	**thought**	you	**thought**	he	**thought**
	Past P.	I *had*	**thought**	you *had*	**thought**	he *had*	**thought**
Imp.	Imp.		-		think		-
Inf.	Pres.		think (denken)				
	Perf.	*have*	**thought**				
Part.	Pres.		think*ing*				
	Past		**thought**				
	Perf.	*having*	**thought**				
Ger.	Pres.		think*ing*				
	Perf.	*having*	**thought**				

Die Verbgruppe von think in der Continuous Form

Mod.	Zeit	1. Person Singular			2. Person Singular			3. Person Singular		
Ind.	Pres. T.	I	*am*	think*ing*	you	*are*	think*ing*	he	*is*	think*ing*
	Past T.	I	*was*	think*ing*	you	*were*	think*ing*	he	*was*	think*ing*
	Pres. P.	I *have*	*been*	think*ing*	you *have*	*been*	think*ing*	he *has*	*been*	think*ing*
	Past P.	I *had*	*been*	think*ing*	you *had*	*been*	think*ing*	he *had*	*been*	think*ing*
	Fut. T.	I *will*	*be*	think*ing*	you *will*	*be*	think*ing*	he *will*	*be*	think*ing*
	Fut. P.	I *will have*	*been*	think*ing*	you *will have*	*been*	think*ing*	he *will have*	*been*	think*ing*
Con.	Con.	I *would*	*be*	think*ing*	you *would*	*be*	think*ing*	he *would*	*be*	think*ing*
	Con. P.	I *would have*	*been*	think*ing*	you *would have*	*been*	think*ing*	he *would have*	*been*	think*ing*
Inf.	Pres.		*be*	think*ing*						
	Perf.	*have*	*been*	think*ing*						

Zu dieser Verbgruppe gehören auch einige Verben auf **-ing** (z. B. **bring - brought - brought).**

Die Verbgruppe von **think**

think - thought - thought

1. Person Plural		2. Person Plural		3. Person Plural	
we	think	you	think	they	think
we	**thought**	you	**thought**	they	**thought**
we *have*	**thought**	you *have*	**thought**	they *have*	**thought**
we *had*	**thought**	you *had*	**thought**	they *had*	**thought**
we *will*	think	you *will*	think	they *will*	think
we *will have*	**thought**	you *will have*	**thought**	they *will have*	**thought**
we *would*	think	you *would*	think	they *would*	think
we *would have*	**thought**	you *would have*	**thought**	they *would have*	**thought**
we	think	you	think	they	think
we	**thought**	you	**thought**	they	**thought**
we *had*	**thought**	you *had*	**thought**	they *had*	**thought**
	-		think		-

1. Person Plural			2. Person Plural			3. Person Plural		
we	*are*	think*ing*	you	*are*	think*ing*	they	*are*	think*ing*
we	*were*	think*ing*	you	*were*	think*ing*	they	*were*	think*ing*
we *have*	*been*	think*ing*	you *have*	*been*	think*ing*	they *has*	*been*	think*ing*
we *had*	*been*	think*ing*	you *had*	*been*	think*ing*	they *had*	*been*	think*ing*
we *will*	*be*	think*ing*	you *will*	*be*	think*ing*	they *will*	*be*	think*ing*
we *will have*	*been*	think*ing*	you *will have*	*been*	think*ing*	they *will have*	*been*	think*ing*
we *would*	*be*	think*ing*	you *would*	*be*	think*ing*	they *would*	*be*	think*ing*
we *would have*	*been*	think*ing*	you *would have*	*been*	think*ing*	they *would have*	*been*	think*ing*

Die unregelmäßigen Verben

Die Verbgruppe von buy in der Simple Form

Mod.	Zeit	1. Person Singular		2. Person Singular		3. Person Singular	
Ind.	Pres. T.	I	buy	you	buy	he	buy**s**
	Past T.	I	**bought**	you	**bought**	he	**bought**
	Pres. P.	I *have*	**bought**	you *have*	**bought**	he *has*	**bought**
	Past P.	I *had*	**bought**	you *had*	**bought**	he *had*	**bought**
	Fut. T.	I *will*	buy	you *will*	buy	he *will*	buy
	Fut. P.	I *will have*	**bought**	you *will have*	**bought**	he *will have*	**bought**
Con.	Con.	I *would*	buy	you *would*	buy	he *would*	buy
	Con. P.	I *would have*	**bought**	you *would have*	**bought**	he *would have*	**bought**
Sub.	Pres.	I	buy	you	buy	he	buy
	Past	I	**bought**	you	**bought**	he	**bought**
	Past P.	I *had*	**bought**	you *had*	**bought**	he *had*	**bought**
Imp.	Imp.		-		buy		-
Inf.	Pres.		buy (kaufen)				
	Perf.	*have*	**bought**				
Part.	Pres.		buy*ing*				
	Past		**bought**				
	Perf.	*having*	**bought**				
Ger.	Pres.		buy*ing*				
	Perf.	*having*	**bought**				

Die Verbgruppe von buy in der Continuous Form

Mod.	Zeit	1. Person Singular			2. Person Singular			3. Person Singular		
Ind.	Pres. T.	I	*am*	buy*ing*	you	*are*	buy*ing*	he	*is*	buy*ing*
	Past T.	I	*was*	buy*ing*	you	*were*	buy*ing*	he	*was*	buy*ing*
	Pres. P.	I *have*	*been*	buy*ing*	you *have*	*been*	buy*ing*	he *has*	*been*	buy*ing*
	Past P.	I *had*	*been*	buy*ing*	you *had*	*been*	buy*ing*	he *had*	*been*	buy*ing*
	Fut. T.	I *will*	*be*	buy*ing*	you *will*	*be*	buy*ing*	he *will*	*be*	buy*ing*
	Fut. P.	I *will have*	*been*	buy*ing*	you *will have*	*been*	buy*ing*	he *will have*	*been*	buy*ing*
Con.	Con.	I *would*	*be*	buy*ing*	you *would*	*be*	buy*ing*	he *would*	*be*	buy*ing*
	Con. P.	I *would have*	*been*	buy*ing*	you *would have*	*been*	buy*ing*	he *would have*	*been*	buy*ing*
Inf.	Pres.		*be*	buy*ing*						
	Perf.	*have*	*been*	buy*ing*						

Die Verbgruppe von buy

buy - bought - bought

1. Person Plural		2. Person Plural		3. Person Plural	
we	buy	you	buy	they	buy
we	**bought**	you	**bought**	they	**bought**
we *have*	**bought**	you *have*	**bought**	they *have*	**bought**
we *had*	**bought**	you *had*	**bought**	they *had*	**bought**
we *will*	buy	you *will*	buy	they *will*	buy
we *will have*	**bought**	you *will have*	**bought**	they *will have*	**bought**
we *would*	buy	you *would*	buy	they *would*	buy
we *would have*	**bought**	you *would have*	**bought**	they *would have*	**bought**
we	buy	you	buy	they	buy
we	**bought**	you	**bought**	they	**bought**
we *had*	**bought**	you *had*	**bought**	they *had*	**bought**
	-		buy		-

1. Person Plural			2. Person Plural			3. Person Plural		
we	*are*	buy*ing*	you	*are*	buy*ing*	they	*are*	buy*ing*
we	*were*	buy*ing*	you	*were*	buy*ing*	they	*were*	buy*ing*
we *have*	*been*	buy*ing*	you *have*	*been*	buy*ing*	they *has*	*been*	buy*ing*
we *had*	*been*	buy*ing*	you *had*	*been*	buy*ing*	they *had*	*been*	buy*ing*
we *will*	*be*	buy*ing*	you *will*	*be*	buy*ing*	they *will*	*be*	buy*ing*
we *will have*	*been*	buy*ing*	you *will have*	*been*	buy*ing*	they *will have*	*been*	buy*ing*
we *would*	*be*	buy*ing*	you *would*	*be*	buy*ing*	they *would*	*be*	buy*ing*
we *would have*	*been*	buy*ing*	you *would have*	*been*	buy*ing*	they *would have*	*been*	buy*ing*

Die unregelmäßigen Verben

Die Verbgruppe von seek in der Simple Form

Mod.	Zeit	1. Person Singular		2. Person Singular		3. Person Singular	
Ind.	Pres. T.	I	seek	you	seek	he	seek**s**
	Past T.	I	**sought**	you	**sought**	he	**sought**
	Pres. P.	I *have*	**sought**	you *have*	**sought**	he *has*	**sought**
	Past P.	I *had*	**sought**	you *had*	**sought**	he *had*	**sought**
	Fut. T.	I *will*	seek	you *will*	seek	he *will*	seek
	Fut. P.	I *will have*	**sought**	you *will have*	**sought**	he *will have*	**sought**
Con.	Con.	I *would*	seek	you *would*	seek	he *would*	seek
	Con. P.	I *would have*	**sought**	you *would have*	**sought**	he *would have*	**sought**
Sub.	Pres.	I	seek	you	seek	he	seek
	Past	I	**sought**	you	**sought**	he	**sought**
	Past P.	I *had*	**sought**	you *had*	**sought**	he *had*	**sought**
Imp.	Imp.		-		seek		-
Inf.	Pres.		seek (suchen)				
	Perf.	*have*	**sought**				
Part.	Pres.		seek*ing*				
	Past		**sought**				
	Perf.	*having*	**sought**				
Ger.	Pres.		seek*ing*				
	Perf.	*having*	**sought**				

Die Verbgruppe von seek in der Continuous Form

Mod.	Zeit	1. Person Singular			2. Person Singular			3. Person Singular		
Ind.	Pres. T.	I	*am*	seek*ing*	you	*are*	seek*ing*	he	*is*	seek*ing*
	Past T.	I	*was*	seek*ing*	you	*were*	seek*ing*	he	*was*	seek*ing*
	Pres. P.	I *have*	*been*	seek*ing*	you *have*	*been*	seek*ing*	he *has*	*been*	seek*ing*
	Past P.	I *had*	*been*	seek*ing*	you *had*	*been*	seek*ing*	he *had*	*been*	seek*ing*
	Fut. T.	I *will*	*be*	seek*ing*	you *will*	*be*	seek*ing*	he *will*	*be*	seek*ing*
	Fut. P.	I *will have*	*been*	seek*ing*	you *will have*	*been*	seek*ing*	he *will have*	*been*	seek*ing*
Con.	Con.	I *would*	*be*	seek*ing*	you *would*	*be*	seek*ing*	he *would*	*be*	seek*ing*
	Con. P.	I *would have*	*been*	seek*ing*	you *would have*	*been*	seek*ing*	he *would have*	*been*	seek*ing*
Inf.	Pres.		*be*	seek*ing*						
	Perf.	*have*	*been*	seek*ing*						

Zu dieser Verbgruppe gehören auch einige Verben auf **-eech** (z. B. **beseech - besought - besought).**

Die Verbgruppe von seek

seek - sought - sought

1. Person Plural		2. Person Plural		3. Person Plural	
we	seek	you	seek	they	seek
we	**sought**	you	**sought**	they	**sought**
we *have*	**sought**	you *have*	**sought**	they *have*	**sought**
we *had*	**sought**	you *had*	**sought**	they *had*	**sought**
we *will*	seek	you *will*	seek	they *will*	seek
we *will have*	**sought**	you *will have*	**sought**	they *will have*	**sought**
we *would*	seek	you *would*	seek	they *would*	seek
we *would have*	**sought**	you *would have*	**sought**	they *would have*	**sought**
we	seek	you	seek	they	seek
we	**sought**	you	**sought**	they	**sought**
we *had*	**sought**	you *had*	**sought**	they *had*	**sought**
	-		seek		-

1. Person Plural			2. Person Plural			3. Person Plural		
we	*are*	seek*ing*	you	*are*	seek*ing*	they	*are*	seek*ing*
we	*were*	seek*ing*	you	*were*	seek*ing*	they	*were*	seek*ing*
we *have*	*been*	seek*ing*	you *have*	*been*	seek*ing*	they *has*	*been*	seek*ing*
we *had*	*been*	seek*ing*	you *had*	*been*	seek*ing*	they *had*	*been*	seek*ing*
we *will*	*be*	seek*ing*	you *will*	*be*	seek*ing*	they *will*	*be*	seek*ing*
we *will have*	*been*	seek*ing*	you *will have*	*been*	seek*ing*	they *will have*	*been*	seek*ing*
we *would*	*be*	seek*ing*	you *would*	*be*	seek*ing*	they *would*	*be*	seek*ing*
we *would have*	*been*	seek*ing*	you *would have*	*been*	seek*ing*	they *would have*	*been*	seek*ing*

Die unregelmäßigen Verben

Die Verbgruppe von catch in der Simple Form

Mod.	Zeit	1. Person Singular		2. Person Singular		3. Person Singular	
Ind.	Pres. T.	I	catch	you	catch	he	catch**es**
	Past T.	I	**caught**	you	**caught**	he	**caught**
	Pres. P.	I *have*	**caught**	you *have*	**caught**	he *has*	**caught**
	Past P.	I *had*	**caught**	you *had*	**caught**	he *had*	**caught**
	Fut. T.	I *will*	catch	you *will*	catch	he *will*	catch
	Fut. P.	I *will have*	**caught**	you *will have*	**caught**	he *will have*	**caught**
Con.	Con.	I *would*	catch	you *would*	catch	he *would*	catch
	Con. P.	I *would have*	**caught**	you *would have*	**caught**	he *would have*	**caught**
Sub.	Pres.	I	catch	you	catch	he	catch
	Past	I	**caught**	you	**caught**	he	**caught**
	Past P.	I *had*	**caught**	you *had*	**caught**	he *had*	**caught**
Imp.	Imp.		-		catch		-
Inf.	Pres.		catch (fangen)				
	Perf.	*have*	**caught**				
Part.	Pres.		catch*ing*				
	Past		**caught**				
	Perf.	*having*	**caught**				
Ger.	Pres.		catch*ing*				
	Perf.	*having*	**caught**				

Die Verbgruppe von catch in der Continuous Form

Mod.	Zeit	1. Person Singular			2. Person Singular			3. Person Singular		
Ind.	Pres. T.	I	*am*	*catching*	you	*are*	*catching*	he	*is*	*catching*
	Past T.	I	*was*	*catching*	you	*were*	*catching*	he	*was*	*catching*
	Pres. P.	I *have*	*been*	*catching*	you *have*	*been*	*catching*	he *has*	*been*	*catching*
	Past P.	I *had*	*been*	*catching*	you *had*	*been*	*catching*	he *had*	*been*	*catching*
	Fut. T.	I *will*	*be*	*catching*	you *will*	*be*	*catching*	he *will*	*be*	*catching*
	Fut. P.	I *will have*	*been*	*catching*	you *will have*	*been*	*catching*	he *will have*	*been*	*catching*
Con.	Con.	I *would*	*be*	*catching*	you *would*	*be*	*catching*	he *would*	*be*	*catching*
	Con. P.	I *would have*	*been*	*catching*	you *would have*	*been*	*catching*	he *would have*	*been*	*catching*
Inf.	Pres.		*be*	*catching*						
	Perf.	*have*	*been*	*catching*						

Es ist zu beachten, dass die 3. Person Singular des present tense simple die Endung **-es** er

catch - caught - caught

1. Person Plural		2. Person Plural		3. Person Plural	
we	catch	you	catch	they	catch
we	**caught**	you	**caught**	they	**caught**
we *have*	**caught**	you *have*	**caught**	they *have*	**caught**
we *had*	**caught**	you *had*	**caught**	they *had*	**caught**
we *will*	catch	you *will*	catch	they *will*	catch
we *will have*	**caught**	you *will have*	**caught**	they *will have*	**caught**
we *would*	catch	you *would*	catch	they *would*	catch
we *would have*	**caught**	you *would have*	**caught**	they *would have*	**caught**
we	catch	you	catch	they	catch
we	**caught**	you	**caught**	they	**caught**
we *had*	**caught**	you *had*	**caught**	they *had*	**caught**
	-		catch		-

1. Person Plural			2. Person Plural			3. Person Plural		
we	*are*	catch*ing*	you	*are*	catch*ing*	they	*are*	catch*ing*
we	*were*	catch*ing*	you	*were*	catch*ing*	they	*were*	catch*ing*
we *have*	*been*	catch*ing*	you *have*	*been*	catch*ing*	they *has*	*been*	catch*ing*
we *had*	*been*	catch*ing*	you *had*	*been*	catch*ing*	they *had*	*been*	catch*ing*
we *will*	*be*	catch*ing*	you *will*	*be*	catch*ing*	they *will*	*be*	catch*ing*
we *will have*	*been*	catch*ing*	you *will have*	*been*	catch*ing*	they *will have*	*been*	catch*ing*
we *would*	*be*	catch*ing*	you *would*	*be*	catch*ing*	they *would*	*be*	catch*ing*
we *would have*	*been*	catch*ing*	you *would have*	*been*	catch*ing*	they *would have*	*been*	catch*ing*

hält.

Die unregelmäßigen Verben

Die Verbgruppe von teach in der Simple Form

Mod.	Zeit	1. Person Singular		2. Person Singular		3. Person Singular	
Ind.	Pres. T.	I	teach	you	teach	he	teach**es**
	Past T.	I	**taught**	you	**taught**	he	**taught**
	Pres. P.	I *have*	**taught**	you *have*	**taught**	he *has*	**taught**
	Past P.	I *had*	**taught**	you *had*	**taught**	he *had*	**taught**
	Fut. T.	I *will*	teach	you *will*	teach	he *will*	teach
	Fut. P.	I *will have*	**taught**	you *will have*	**taught**	he *will have*	**taught**
Con.	Con.	I *would*	teach	you *would*	teach	he *would*	teach
	Con. P.	I *would have*	**taught**	you *would have*	**taught**	he *would have*	**taught**
Sub.	Pres.	I	teach	you	teach	he	teach
	Past	I	**taught**	you	**taught**	he	**taught**
	Past P.	I *had*	**taught**	you *had*	**taught**	he *had*	**taught**
Imp.	Imp.		-		teach		-
Inf.	Pres.		teach (lehren)				
	Perf.	*have*	**taught**				
Part.	Pres.		teach*ing*				
	Past		**taught**				
	Perf.	*having*	**taught**				
Ger.	Pres.		teach*ing*				
	Perf.	*having*	**taught**				

Die Verbgruppe von teach in der Continuous Form

Mod.	Zeit	1. Person Singular			2. Person Singular			3. Person Singular		
Ind.	Pres. T.	I	*am*	teach*ing*	you	*are*	teach*ing*	he	*is*	teach*ing*
	Past T.	I	*was*	teach*ing*	you	*were*	teach*ing*	he	*was*	teach*ing*
	Pres. P.	I *have*	*been*	teach*ing*	you *have*	*been*	teach*ing*	he *has*	*been*	teach*ing*
	Past P.	I *had*	*been*	teach*ing*	you *had*	*been*	teach*ing*	he *had*	*been*	teach*ing*
	Fut. T.	I *will*	*be*	teach*ing*	you *will*	*be*	teach*ing*	he *will*	*be*	teach*ing*
	Fut. P.	I *will have*	*been*	teach*ing*	you *will have*	*been*	teach*ing*	he *will have*	*been*	teach*ing*
Con.	Con.	I *would*	*be*	teach*ing*	you *would*	*be*	teach*ing*	he *would*	*be*	teach*ing*
	Con. P.	I *would have*	*been*	teach*ing*	you *would have*	*been*	teach*ing*	he *would have*	*been*	teach*ing*
Inf.	Pres.		*be*	teach*ing*						
	Perf.	*have*	*been*	teach*ing*						

Es ist zu beachten, dass die 3. Person Singular des present tense simple die Endung **-es** er

Die Verbgruppe von teach

teach - taught - taught

1. Person Plural		2. Person Plural		3. Person Plural	
we	teach	you	teach	they	teach
we	**taught**	you	**taught**	they	**taught**
we *have*	**taught**	you *have*	**taught**	they *have*	**taught**
we *had*	**taught**	you *had*	**taught**	they *had*	**taught**
we *will*	teach	you *will*	teach	they *will*	teach
we *will have*	**taught**	you *will have*	**taught**	they *will have*	**taught**
we *would*	teach	you *would*	teach	they *would*	teach
we *would have*	**taught**	you *would have*	**taught**	they *would have*	**taught**
we	teach	you	teach	they	teach
we	**taught**	you	**taught**	they	**taught**
we *had*	**taught**	you *had*	**taught**	they *had*	**taught**
	-		teach		-

1. Person Plural			2. Person Plural			3. Person Plural		
we	*are*	teach*ing*	you	*are*	teach*ing*	they	*are*	teach*ing*
we	*were*	teach*ing*	you	*were*	teach*ing*	they	*were*	teach*ing*
we *have*	*been*	teach*ing*	you *have*	*been*	teach*ing*	they *has*	*been*	teach*ing*
we *had*	*been*	teach*ing*	you *had*	*been*	teach*ing*	they *had*	*been*	teach*ing*
we *will*	*be*	teach*ing*	you *will*	*be*	teach*ing*	they *will*	*be*	teach*ing*
we *will have*	*been*	teach*ing*	you *will have*	*been*	teach*ing*	they *will have*	*been*	teach*ing*
we *would*	*be*	teach*ing*	you *would*	*be*	teach*ing*	they *would*	*be*	teach*ing*
we *would have*	*been*	teach*ing*	you *would have*	*been*	teach*ing*	they *would have*	*been*	teach*ing*

hält.

Die unregelmäßigen Verben

Die Verbgruppe von lade in der Simple Form

Mod.	Zeit	1. Person Singular		2. Person Singular		3. Person Singular	
Ind.	Pres. T.	I	lade	you	lade	he	lade**s**
	Past T.	I	**lad***ed*	you	**lad***ed*	he	**lad***ed*
	Pres. P.	I *have*	**laden, lad***ed*	you *have*	**laden, lad***ed*	he *has*	**laden, lad***ed*
	Past P.	I *had*	**laden, lad***ed*	you *had*	**laden, lad***ed*	he *had*	**laden, lad***ed*
	Fut. T.	I *will*	lade	you *will*	lade	he *will*	lade
	Fut. P.	I *will have*	**laden, lad***ed*	you *will have*	**laden, lad***ed*	he *will have*	**laden, lad***ed*
Con.	Con.	I *would*	lade	you *would*	lade	he *would*	lade
	Con. P.	I *would have*	**laden, lad***ed*	you *would have*	**laden, lad***ed*	he *would have*	**laden, lad***ed*
Sub.	Pres.	I	lade	you	lade	he	lade
	Past	I	**lad***ed*	you	**lad***ed*	he	**lad***ed*
	Past P.	I *had*	**laden, lad***ed*	you *had*	**laden, lad***ed*	he *had*	**laden, lad***ed*
Imp.	Imp.		-		lade		-
Inf.	Pres.		lade (beladen)				
	Perf.	*have*	**laden, lad***ed*				
Part.	Pres.		**lad***ing*				
	Past		**laden, lad***ed*				
	Perf.	*having*	**laden, lad***ed*				
Ger.	Pres.		**lad***ing*				
	Perf.	*having*	**laden, lad***ed*				

Die Verbgruppe von lade in der Continuous Form

Mod.	Zeit	1. Person Singular			2. Person Singular			3. Person Singular		
Ind.	Pres. T.	I	*am*	**lad***ing*	you	*are*	**lad***ing*	he	*is*	**lad***ing*
	Past T.	I	*was*	**lad***ing*	you	*were*	**lad***ing*	he	*was*	**lad***ing*
	Pres. P.	I *have*	*been*	**lad***ing*	you *have*	*been*	**lad***ing*	he *has*	*been*	**lad***ing*
	Past P.	I *had*	*been*	**lad***ing*	you *had*	*been*	**lad***ing*	he *had*	*been*	**lad***ing*
	Fut. T.	I *will*	*be*	**lad***ing*	you *will*	*be*	**lad***ing*	he *will*	*be*	**lad***ing*
	Fut. P.	I *will have*	*been*	**lad***ing*	you *will have*	*been*	**lad***ing*	he *will have*	*been*	**lad***ing*
Con.	Con.	I *would*	*be*	**lad***ing*	you *would*	*be*	**lad***ing*	he *would*	*be*	**lad***ing*
	Con. P.	I *would have*	*been*	**lad***ing*	you *would have*	*been*	**lad***ing*	he *would have*	*been*	**lad***ing*
Inf.	Pres.		*be*	**lad***ing*						
	Perf.	*have*	*been*	**lad***ing*						

Das **-e** der Verbendung entfällt vor den Endungen **-ed** und **-ing.**

Die Verbgruppe von lade

lade - lad*ed* - laden, lad*ed*

1. Person Plural		2. Person Plural		3. Person Plural	
we	lade	you	lade	they	lade
we	**lad***ed*	you	**lad***ed*	they	**lad***ed*
we *have*	**laden, lad***ed*	you *have*	**laden, lad***ed*	they *have*	**laden, lad***ed*
we *had*	**laden, lad***ed*	you *had*	**laden, lad***ed*	they *had*	**laden, lad***ed*
we *will*	lade	you *will*	lade	they *will*	lade
we *will have*	**laden, lad***ed*	you *will have*	**laden, lad***ed*	they *will have*	**laden, lad***ed*
we *would*	lade	you *would*	lade	they *would*	lade
we *would have*	**laden, lad***ed*	you *would have*	**laden, lad***ed*	they *would have*	**laden, lad***ed*
we	lade	you	lade	they	lade
we	**lad***ed*	you	**lad***ed*	they	**lad***ed*
we *had*	**laden, lad***ed*	you *had*	**laden, lad***ed*	they *had*	**laden, lad***ed*
	-		lade		-

Endung **-e** entfällt

1. Person Plural			2. Person Plural			3. Person Plural		
we	*are*	**lad***ing*	you	*are*	**lad***ing*	they	*are*	**lad***ing*
we	*were*	**lad***ing*	you	*were*	**lad***ing*	they	*were*	**lad***ing*
we *have*	*been*	**lad***ing*	you *have*	*been*	**lad***ing*	they *has*	*been*	**lad***ing*
we *had*	*been*	**lad***ing*	you *had*	*been*	**lad***ing*	they *had*	*been*	**lad***ing*
we *will*	*be*	**lad***ing*	you *will*	*be*	**lad***ing*	they *will*	*be*	**lad***ing*
we *will have*	*been*	**lad***ing*	you *will have*	*been*	**lad***ing*	they *will have*	*been*	**lad***ing*
we *would*	*be*	**lad***ing*	you *would*	*be*	**lad***ing*	they *would*	*be*	**lad***ing*
we *would have*	*been*	**lad***ing*	you *would have*	*been*	**lad***ing*	they *would have*	*been*	**lad***ing*

Die unregelmäßigen Verben

Die Verbgruppe von take in der Simple Form

Mod.	Zeit	1. Person Singular		2. Person Singular		3. Person Singular	
Ind.	Pres. T.	I	take	you	take	he	take**s**
	Past T.	I	**took**	you	**took**	he	**took**
	Pres. P.	I *have*	**taken**	you *have*	**taken**	he *has*	**taken**
	Past P.	I *had*	**taken**	you *had*	**taken**	he *had*	**taken**
	Fut. T.	I *will*	take	you *will*	take	he *will*	take
	Fut. P.	I *will have*	**taken**	you *will have*	**taken**	he *will have*	**taken**
Con.	Con.	I *would*	take	you *would*	take	he *would*	take
	Con. P.	I *would have*	**taken**	you *would have*	**taken**	he *would have*	**taken**
Sub.	Pres.	I	take	you	take	he	take
	Past	I	**took**	you	**took**	he	**took**
	Past P.	I *had*	**taken**	you *had*	**taken**	he *had*	**taken**
Imp.	Imp.		-		take		-
Inf.	Pres.		take (nehmen)				
	Perf.	*have*	**taken**				
Part.	Pres.		**tak***ing*				
	Past		**taken**				
	Perf.	*having*	**taken**				
Ger.	Pres.		**tak***ing*				
	Perf.	*having*	**taken**				

Die Verbgruppe von take in der Continuous Form

Mod.	Zeit	1. Person Singular			2. Person Singular			3. Person Singular		
Ind.	Pres. T.	I	*am*	**tak***ing*	you	*are*	**tak***ing*	he	*is*	**tak***ing*
	Past T.	I	*was*	**tak***ing*	you	*were*	**tak***ing*	he	*was*	**tak***ing*
	Pres. P.	I *have*	*been*	**tak***ing*	you *have*	*been*	**tak***ing*	he *has*	*been*	**tak***ing*
	Past P.	I *had*	*been*	**tak***ing*	you *had*	*been*	**tak***ing*	he *had*	*been*	**tak***ing*
	Fut. T.	I *will*	*be*	**tak***ing*	you *will*	*be*	**tak***ing*	he *will*	*be*	**tak***ing*
	Fut. P.	I *will have*	*been*	**tak***ing*	you *will have*	*been*	**tak***ing*	he *will have*	*been*	**tak***ing*
Con.	Con.	I *would*	*be*	**tak***ing*	you *would*	*be*	**tak***ing*	he *would*	*be*	**tak***ing*
	Con. P.	I *would have*	*been*	**tak***ing*	you *would have*	*been*	**tak***ing*	he *would have*	*been*	**tak***ing*
Inf.	Pres.		*be*	**tak***ing*						
	Perf.	*have*	*been*	**tak***ing*						

Das **-e** der Verbendung entfällt vor der Endung **-ing.**

Die Verbgruppe von take

take - took - taken

1. Person Plural		2. Person Plural		3. Person Plural	
we	take	you	take	they	take
we	**took**	you	**took**	they	**took**
we *have*	**taken**	you *have*	**taken**	they *have*	**taken**
we *had*	**taken**	you *had*	**taken**	they *had*	**taken**
we *will*	take	you *will*	take	they *will*	take
we *will have*	**taken**	you *will have*	**taken**	they *will have*	**taken**
we *would*	take	you *would*	take	they *would*	take
we *would have*	**taken**	you *would have*	**taken**	they *would have*	**taken**
we	take	you	take	they	take
we	**took**	you	**took**	they	**took**
we *had*	**taken**	you *had*	**taken**	they *had*	**taken**
	-		take		-

Endung **-e** entfällt

1. Person Plural			2. Person Plural			3. Person Plural		
we	*are*	**tak***ing*	you	*are*	**tak***ing*	they	*are*	**tak***ing*
we	*were*	**tak***ing*	you	*were*	**tak***ing*	they	*were*	**tak***ing*
we *have*	*been*	**tak***ing*	you *have*	*been*	**tak***ing*	they *has*	*been*	**tak***ing*
we *had*	*been*	**tak***ing*	you *had*	*been*	**tak***ing*	they *had*	*been*	**tak***ing*
we *will*	*be*	**tak***ing*	you *will*	*be*	**tak***ing*	they *will*	*be*	**tak***ing*
we *will have*	*been*	**tak***ing*	you *will have*	*been*	**tak***ing*	they *will have*	*been*	**tak***ing*
we *would*	*be*	**tak***ing*	you *would*	*be*	**tak***ing*	they *would*	*be*	**tak***ing*
we *would have*	*been*	**tak***ing*	you *would have*	*been*	**tak***ing*	they *would have*	*been*	**tak***ing*

Die unregelmäßigen Verben

Die Verbgruppe von stand in der Simple Form

Mod.	Zeit	1. Person Singular		2. Person Singular		3. Person Singular	
Ind.	Pres. T.	I	stand	you	stand	he	stand**s**
	Past T.	I	**stood**	you	**stood**	he	**stood**
	Pres. P.	I *have*	**stood**	you *have*	**stood**	he *has*	**stood**
	Past P.	I *had*	**stood**	you *had*	**stood**	he *had*	**stood**
	Fut. T.	I *will*	stand	you *will*	stand	he *will*	stand
	Fut. P.	I *will have*	**stood**	you *will have*	**stood**	he *will have*	**stood**
Con.	Con.	I *would*	stand	you *would*	stand	he *would*	stand
	Con. P.	I *would have*	**stood**	you *would have*	**stood**	he *would have*	**stood**
Sub.	Pres.	I	stand	you	stand	he	stand
	Past	I	**stood**	you	**stood**	he	**stood**
	Past P.	I *had*	**stood**	you *had*	**stood**	he *had*	**stood**
Imp.	Imp.		-		stand		-
Inf.	Pres.		stand (stehen)				
	Perf.	*have*	**stood**				
Part.	Pres.		stand*ing*				
	Past		**stood**				
	Perf.	*having*	**stood**				
Ger.	Pres.		stand*ing*				
	Perf.	*having*	**stood**				

Die Verbgruppe von stand in der Continuous Form

Mod.	Zeit	1. Person Singular			2. Person Singular			3. Person Singular		
Ind.	Pres. T.	I	*am*	stand*ing*	you	*are*	stand*ing*	he	*is*	stand*ing*
	Past T.	I	*was*	stand*ing*	you	*were*	stand*ing*	he	*was*	stand*ing*
	Pres. P.	I *have*	*been*	stand*ing*	you *have*	*been*	stand*ing*	he *has*	*been*	stand*ing*
	Past P.	I *had*	*been*	stand*ing*	you *had*	*been*	stand*ing*	he *had*	*been*	stand*ing*
	Fut. T.	I *will*	*be*	stand*ing*	you *will*	*be*	stand*ing*	he *will*	*be*	stand*ing*
	Fut. P.	I *will have*	*been*	stand*ing*	you *will have*	*been*	stand*ing*	he *will have*	*been*	stand*ing*
Con.	Con.	I *would*	*be*	stand*ing*	you *would*	*be*	stand*ing*	he *would*	*be*	stand*ing*
	Con. P.	I *would have*	*been*	stand*ing*	you *would have*	*been*	stand*ing*	he *would have*	*been*	stand*ing*
Inf.	Pres.		*be*	stand*ing*						
	Perf.	*have*	*been*	stand*ing*						

stand - stood - stood

1. Person Plural		2. Person Plural		3. Person Plural	
we	stand	you	stand	they	stand
we	**stood**	you	**stood**	they	**stood**
we *have*	**stood**	you *have*	**stood**	they *have*	**stood**
we *had*	**stood**	you *had*	**stood**	they *had*	**stood**
we *will*	stand	you *will*	stand	they *will*	stand
we *will have*	**stood**	you *will have*	**stood**	they *will have*	**stood**
we *would*	stand	you *would*	stand	they *would*	stand
we *would have*	**stood**	you *would have*	**stood**	they *would have*	**stood**
we	stand	you	stand	they	stand
we	**stood**	you	**stood**	they	**stood**
we *had*	**stood**	you *had*	**stood**	they *had*	**stood**
	-		stand		-

1. Person Plural			2. Person Plural			3. Person Plural		
we	*are*	stand*ing*	you	*are*	stand*ing*	they	*are*	stand*ing*
we	*were*	stand*ing*	you	*were*	stand*ing*	they	*were*	stand*ing*
we *have*	*been*	stand*ing*	you *have*	*been*	stand*ing*	they *has*	*been*	stand*ing*
we *had*	*been*	stand*ing*	you *had*	*been*	stand*ing*	they *had*	*been*	stand*ing*
we *will*	*be*	stand*ing*	you *will*	*be*	stand*ing*	they *will*	*be*	stand*ing*
we *will have*	*been*	stand*ing*	you *will have*	*been*	stand*ing*	they *will have*	*been*	stand*ing*
we *would*	*be*	stand*ing*	you *would*	*be*	stand*ing*	they *would*	*be*	stand*ing*
we *would have*	*been*	stand*ing*	you *would have*	*been*	stand*ing*	they *would have*	*been*	stand*ing*

Die unregelmäßigen Verben

Die Verbgruppe von forbid in der Simple Form

Mod.	Zeit	1. Person Singular		2. Person Singular		3. Person Singular	
Ind.	Pres. T.	I	forbid	you	forbid	he	forbid***s***
	Past T.	I	**forbade**	you	**forbade**	he	**forbade**
	Pres. P.	I *have*	**forbidden**	you *have*	**forbidden**	he *has*	**forbidden**
	Past P.	I *had*	**forbidden**	you *had*	**forbidden**	he *had*	**forbidden**
	Fut. T.	I *will*	forbid	you *will*	forbid	he *will*	forbid
	Fut. P.	I *will have*	**forbidden**	you *will have*	**forbidden**	he *will have*	**forbidden**
Con.	Con.	I *would*	forbid	you *would*	forbid	he *would*	forbid
	Con. P.	I *would have*	**forbidden**	you *would have*	**forbidden**	he *would have*	**forbidden**
Sub.	Pres.	I	forbid	you	forbid	he	forbid
	Past	I	**forbade**	you	**forbade**	he	**forbade**
	Past P.	I *had*	**forbidden**	you *had*	**forbidden**	he *had*	**forbidden**
Imp.	Imp.		-		forbi**d**		-
Inf.	Pres.		forbid (verbieten)				
	Perf.	*have*	**forbidden**				
Part.	Pres.		forbi**dd***ing*				
	Past		**forbidden**				
	Perf.	*having*	**forbidden**				
Ger.	Pres.		forbi**dd***ing*				
	Perf.	*having*	**forbidden**				

Die Verbgruppe von forbid in der Continuous Form

Mod.	Zeit	1. Person Singular			2. Person Singular			3. Person Singular		
Ind.	Pres. T.	I	*am*	forbi**dd***ing*	you	*are*	forbi**dd***ing*	he	*is*	forbi**dd***ing*
	Past T.	I	*was*	forbi**dd***ing*	you	*were*	forbi**dd***ing*	he	*was*	forbi**dd***ing*
	Pres. P.	I *have*	*been*	forbi**dd***ing*	you *have*	*been*	forbi**dd***ing*	he *has*	*been*	forbi**dd***ing*
	Past P.	I *had*	*been*	forbi**dd***ing*	you *had*	*been*	forbi**dd***ing*	he *had*	*been*	forbi**dd***ing*
	Fut. T.	I *will*	*be*	forbi**dd***ing*	you *will*	*be*	forbi**dd***ing*	he *will*	*be*	forbi**dd***ing*
	Fut. P.	I *will have*	*been*	forbi**dd***ing*	you *will have*	*been*	forbi**dd***ing*	he *will have*	*been*	forbi**dd***ing*
Con.	Con.	I *would*	*be*	forbi**dd***ing*	you *would*	*be*	forbi**dd***ing*	he *would*	*be*	forbi**dd***ing*
	Con. P.	I *would have*	*been*	forbi**dd***ing*	you *would have*	*been*	forbi**dd***ing*	he *would have*	*been*	forbi**dd***ing*
Inf.	Pres.		*be*	forbi**dd***ing*						
	Perf.	*have*	*been*	forbi**dd***ing*						

Der Endkonsonant **-d** wird vor der Endung **-ing** verdoppelt, da diesem ein einfacher, betonter Vokal

forbid - forbade - forbidden

1. Person Plural		2. Person Plural		3. Person Plural	
we	forbid	you	forbid	they	forbid
we	**forbade**	you	**forbade**	they	**forbade**
we *have*	**forbidden**	you *have*	**forbidden**	they *have*	**forbidden**
we *had*	**forbidden**	you *had*	**forbidden**	they *had*	**forbidden**
we *will*	forbid	you *will*	forbid	they *will*	forbid
we *will have*	**forbidden**	you *will have*	**forbidden**	they *will have*	**forbidden**
we *would*	forbid	you *would*	forbid	they *would*	forbid
we *would have*	**forbidden**	you *would have*	**forbidden**	they *would have*	**forbidden**
we	forbid	you	forbid	they	forbid
we	**forbade**	you	**forbade**	they	**forbade**
we *had*	**forbidden**	you *had*	**forbidden**	they *had*	**forbidden**
	-		forbid		-

Endkonsonant verdoppelt sich

1. Person Plural			2. Person Plural			3. Person Plural		
we	*are*	forbi**dd***ing*	you	*are*	forbi**dd***ing*	they	*are*	forbi**dd***ing*
we	*were*	forbi**dd***ing*	you	*were*	forbi**dd***ing*	they	*were*	forbi**dd***ing*
we *have*	*been*	forbi**dd***ing*	you *have*	*been*	forbi**dd***ing*	they *has*	*been*	forbi**dd***ing*
we *had*	*been*	forbi**dd***ing*	you *had*	*been*	forbi**dd***ing*	they *had*	*been*	forbi**dd***ing*
we *will*	*be*	forbi**dd***ing*	you *will*	*be*	forbi**dd***ing*	they *will*	*be*	forbi**dd***ing*
we *will have*	*been*	forbi**dd***ing*	you *will have*	*been*	forbi**dd***ing*	they *will have*	*been*	forbi**dd***ing*
we *would*	*be*	forbi**dd***ing*	you *would*	*be*	forbi**dd***ing*	they *would*	*be*	forbi**dd***ing*
we *would have*	*been*	forbi**dd***ing*	you *would have*	*been*	forbi**dd***ing*	they *would have*	*been*	forbi**dd***ing*

vorausgeht.

Die unregelmäßigen Verben

Die Verbgruppe von **hide** in der Simple Form

Mod.	Zeit	1. Person Singular		2. Person Singular		3. Person Singular	
Ind.	Pres. T.	I	hide	you	hide	he	**hides**
	Past T.	I	**hid**	you	**hid**	he	**hid**
	Pres. P.	I *have*	**hid, hidden**	you *have*	**hid, hidden**	he *has*	**hid, hidden**
	Past P.	I *had*	**hid, hidden**	you *had*	**hid, hidden**	he *had*	**hid, hidden**
	Fut. T.	I *will*	**hide**	you *will*	**hide**	he *will*	**hide**
	Fut. P.	I *will have*	**hid, hidden**	you *will have*	**hid, hidden**	he *will have*	**hid, hidden**
Con.	Con.	I *would*	**hide**	you *would*	**hide**	he *would*	**hide**
	Con. P.	I *would have*	**hid, hidden**	you *would have*	**hid, hidden**	he *would have*	**hid, hidden**
Sub.	Pres.	I	**hide**	you	**hide**	he	**hide**
	Past	I	**hid**	you	**hid**	he	**hid**
	Past P.	I *had*	**hid, hidden**	you *had*	**hid, hidden**	he *had*	**hid, hidden**
Imp.	Imp.		-		hide		-
Inf.	Pres.		hide ((sich) verstecken)				
	Perf.	*have*	**hid, hidden**				
Part.	Pres.		**hid***ing*				
	Past		**hid, hidden**				
	Perf.	*having*	**hid, hidden**				
Ger.	Pres.		**hid***ing*				
	Perf.	*having*	**hid, hidden**				

Die Verbgruppe von **hide** in der Continuous Form

Mod.	Zeit	1. Person Singular			2. Person Singular			3. Person Singular		
Ind.	Pres. T.	I	*am*	**hid***ing*	you	*are*	**hid***ing*	he	*is*	**hid***ing*
	Past T.	I	*was*	**hid***ing*	you	*were*	**hid***ing*	he	*was*	**hid***ing*
	Pres. P.	I *have*	*been*	**hid***ing*	you *have*	*been*	**hid***ing*	he *has*	*been*	**hid***ing*
	Past P.	I *had*	*been*	**hid***ing*	you *had*	*been*	**hid***ing*	he *had*	*been*	**hid***ing*
	Fut. T.	I *will*	*be*	**hid***ing*	you *will*	*be*	**hid***ing*	he *will*	*be*	**hid***ing*
	Fut. P.	I *will have*	*been*	**hid***ing*	you *will have*	*been*	**hid***ing*	he *will have*	*been*	**hid***ing*
Con.	Con.	I *would*	*be*	**hid***ing*	you *would*	*be*	**hid***ing*	he *would*	*be*	**hid***ing*
	Con. P.	I *would have*	*been*	**hid***ing*	you *would have*	*been*	**hid***ing*	he *would have*	*been*	**hid***ing*
Inf.	Pres.		*be*	**hid***ing*						
	Perf.	*have*	*been*	**hid***ing*						

Das **-e** der Verbendung entfällt vor der Endung **-ing.** Zu dieser Verbgruppe gehören auch einige

Die Verbgruppe von **hide**

hide - hid - hid, hidden

1. Person Plural		2. Person Plural		3. Person Plural	
we	hide	you	hide	they	hide
we	**hid**	you	**hid**	they	**hid**
we *have*	**hid, hidden**	you *have*	**hid, hidden**	they *have*	**hid, hidden**
we *had*	**hid, hidden**	you *had*	**hid, hidden**	they *had*	**hid, hidden**
we *will*	hide	you *will*	hide	they *will*	hide
we *will have*	**hid, hidden**	you *will have*	**hid, hidden**	they *will have*	**hid, hidden**
we *would*	hide	you *would*	hide	they *would*	hide
we *would have*	**hid, hidden**	you *would have*	**hid, hidden**	they *would have*	**hid, hidden**
we	hide	you	hide	they	hide
we	**hid**	you	**hid**	they	**hid**
we *had*	**hid, hidden**	you *had*	**hid, hidden**	they *had*	**hid, hidden**
	-		hide		-

Endung **-e** entfällt

1. Person Plural			2. Person Plural			3. Person Plural		
we	*are*	**hid**_ing_	you	*are*	**hid**_ing_	they	*are*	**hid**_ing_
we	*were*	**hid**_ing_	you	*were*	**hid**_ing_	they	*were*	**hid**_ing_
we *have*	*been*	**hid**_ing_	you *have*	*been*	**hid**_ing_	they *has*	*been*	**hid**_ing_
we *had*	*been*	**hid**_ing_	you *had*	*been*	**hid**_ing_	they *had*	*been*	**hid**_ing_
we *will*	*be*	**hid**_ing_	you *will*	*be*	**hid**_ing_	they *will*	*be*	**hid**_ing_
we *will have*	*been*	**hid**_ing_	you *will have*	*been*	**hid**_ing_	they *will have*	*been*	**hid**_ing_
we *would*	*be*	**hid**_ing_	you *would*	*be*	**hid**_ing_	they *would*	*be*	**hid**_ing_
we *would have*	*been*	**hid**_ing_	you *would have*	*been*	**hid**_ing_	they *would have*	*been*	**hid**_ing_

Verben auf **-ite** (z. B. **bite - bit - bit, bitten).**

Die Verbgruppe von light in der Simple Form

Mod.	Zeit	1. Person Singular		2. Person Singular		3. Person Singular	
Ind.	Pres. T.	I	light	you	light	he	light*s*
	Past T.	I	**lit**, light*ed*	you	**lit**, light*ed*	he	**lit**, light*ed*
	Pres. P.	I *have*	**lit**, light*ed*	you *have*	**lit**, light*ed*	he *has*	**lit**, light*ed*
	Past P.	I *had*	**lit**, light*ed*	you *had*	**lit**, light*ed*	he *had*	**lit**, light*ed*
	Fut. T.	I *will*	light	you *will*	light	he *will*	light
	Fut. P.	I *will have*	**lit**, light*ed*	you *will have*	**lit**, light*ed*	he *will have*	**lit**, light*ed*
Con.	Con.	I *would*	light	you *would*	light	he *would*	light
	Con. P.	I *would have*	**lit**, light*ed*	you *would have*	**lit**, light*ed*	he *would have*	**lit**, light*ed*
Sub.	Pres.	I	light	you	light	he	light
	Past	I	**lit**, light*ed*	you	**lit**, light*ed*	he	**lit**, light*ed*
	Past P.	I *had*	**lit**, light*ed*	you *had*	**lit**, light*ed*	he *had*	**lit**, light*ed*
Imp.	Imp.		-		light		-
Inf.	Pres.		light (anzünden; erleuchten)				
	Perf.	*have*	**lit**, light*ed*				
Part.	Pres.		light*ing*				
	Past		**lit**, light*ed*				
	Perf.	*having*	**lit**, light*ed*				
Ger.	Pres.		light*ing*				
	Perf.	*having*	**lit**, light*ed*				

Die Verbgruppe von light in der Continuous Form

Mod.	Zeit	1. Person Singular			2. Person Singular			3. Person Singular		
Ind.	Pres. T.	I	*am*	light*ing*	you	*are*	light*ing*	he	*is*	light*ing*
	Past T.	I	*was*	light*ing*	you	*were*	light*ing*	he	*was*	light*ing*
	Pres. P.	I *have*	*been*	light*ing*	you *have*	*been*	light*ing*	he *has*	*been*	light*ing*
	Past P.	I *had*	*been*	light*ing*	you *had*	*been*	light*ing*	he *had*	*been*	light*ing*
	Fut. T.	I *will*	*be*	light*ing*	you *will*	*be*	light*ing*	he *will*	*be*	light*ing*
	Fut. P.	I *will have*	*been*	light*ing*	you *will have*	*been*	light*ing*	he *will have*	*been*	light*ing*
Con.	Con.	I *would*	*be*	light*ing*	you *would*	*be*	light*ing*	he *would*	*be*	light*ing*
	Con. P.	I *would have*	*been*	light*ing*	you *would have*	*been*	light*ing*	he *would have*	*been*	light*ing*
Inf.	Pres.		*be*	light*ing*						
	Perf.	*have*	*been*	light*ing*						

light - lit, light*ed* - lit, light*ed*

1. Person Plural		2. Person Plural		3. Person Plural	
we	light	you	light	they	light
we	**lit**, light*ed*	you	**lit**, light*ed*	they	**lit**, light*ed*
we *have*	**lit**, light*ed*	you *have*	**lit**, light*ed*	they *have*	**lit**, light*ed*
we *had*	**lit**, light*ed*	you *had*	**lit**, light*ed*	they *had*	**lit**, light*ed*
we *will*	light	you *will*	light	they *will*	light
we *will have*	**lit**, light*ed*	you *will have*	**lit**, light*ed*	they *will have*	**lit**, light*ed*
we *would*	light	you *would*	light	they *would*	light
we *would have*	**lit**, light*ed*	you *would have*	**lit**, light*ed*	they *would have*	**lit**, light*ed*
we	light	you	light	they	light
we	**lit**, light*ed*	you	**lit**, light*ed*	they	**lit**, light*ed*
we *had*	**lit**, light*ed*	you *had*	**lit**, light*ed*	they *had*	**lit**, light*ed*
	-		light		-

1. Person Plural			2. Person Plural			3. Person Plural		
we	*are*	light*ing*	you	*are*	light*ing*	they	*are*	light*ing*
we	*were*	light*ing*	you	*were*	light*ing*	they	*were*	light*ing*
we *have*	*been*	light*ing*	you *have*	*been*	light*ing*	they *has*	*been*	light*ing*
we *had*	*been*	light*ing*	you *had*	*been*	light*ing*	they *had*	*been*	light*ing*
we *will*	*be*	light*ing*	you *will*	*be*	light*ing*	they *will*	*be*	light*ing*
we *will have*	*been*	light*ing*	you *will have*	*been*	light*ing*	they *will have*	*been*	light*ing*
we *would*	*be*	light*ing*	you *would*	*be*	light*ing*	they *would*	*be*	light*ing*
we *would have*	*been*	light*ing*	you *would have*	*been*	light*ing*	they *would have*	*been*	light*ing*

Die unregelmäßigen Verben

Die Verbgruppe von write in der Simple Form

Mod.	Zeit	1. Person Singular		2. Person Singular		3. Person Singular	
Ind.	Pres. T.	I	write	you	write	he	write**s**
	Past T.	I	**wrote**	you	**wrote**	he	**wrote**
	Pres. P.	I *have*	**written**	you *have*	**written**	he *has*	**written**
	Past P.	I *had*	**written**	you *had*	**written**	he *had*	**written**
	Fut. T.	I *will*	write	you *will*	write	he *will*	write
	Fut. P.	I *will have*	**written**	you *will have*	**written**	he *will have*	**written**
Con.	Con.	I *would*	write	you *would*	write	he *would*	write
	Con. P.	I *would have*	**written**	you *would have*	**written**	he *would have*	**written**
Sub.	Pres.	I	write	you	write	he	write
	Past	I	**wrote**	you	**wrote**	he	**wrote**
	Past P.	I *had*	**written**	you *had*	**written**	he *had*	**written**
Imp.	Imp.		-		write		-
Inf.	Pres.		write (schreiben)				
	Perf.	*have*	**written**				
Part.	Pres.		**writ***ing*				
	Past		**written**				
	Perf.	*having*	**written**				
Ger.	Pres.		**writ***ing*				
	Perf.	*having*	**written**				

Die Verbgruppe von write in der Continuous Form

Mod.	Zeit	1. Person Singular			2. Person Singular			3. Person Singular		
Ind.	Pres. T.	I	*am*	**writ***ing*	you	*are*	**writ***ing*	he	*is*	**writ***ing*
	Past T.	I	*was*	**writ***ing*	you	*were*	**writ***ing*	he	*was*	**writ***ing*
	Pres. P.	I *have*	*been*	**writ***ing*	you *have*	*been*	**writ***ing*	he *has*	*been*	**writ***ing*
	Past P.	I *had*	*been*	**writ***ing*	you *had*	*been*	**writ***ing*	he *had*	*been*	**writ***ing*
	Fut. T.	I *will*	*be*	**writ***ing*	you *will*	*be*	**writ***ing*	he *will*	*be*	**writ***ing*
	Fut. P.	I *will have*	*been*	**writ***ing*	you *will have*	*been*	**writ***ing*	he *will have*	*been*	**writ***ing*
Con.	Con.	I *would*	*be*	**writ***ing*	you *would*	*be*	**writ***ing*	he *would*	*be*	**writ***ing*
	Con. P.	I *would have*	*been*	**writ***ing*	you *would have*	*been*	**writ***ing*	he *would have*	*been*	**writ***ing*
Inf.	Pres.		*be*	**writ***ing*						
	Perf.	*have*	*been*	**writ***ing*						

Das **-e** der Verbendung entfällt vor der Endung **-ing.** Zu dieser Verbgruppe gehören auch einige

write - wrote - written

1. Person Plural		2. Person Plural		3. Person Plural	
we	write	you	write	they	write
we	**wrote**	you	**wrote**	they	**wrote**
we *have*	**written**	you *have*	**written**	they *have*	**written**
we *had*	**written**	you *had*	**written**	they *had*	**written**
we *will*	write	you *will*	write	they *will*	write
we *will have*	**written**	you *will have*	**written**	they *will have*	**written**
we *would*	write	you *would*	write	they *would*	write
we *would have*	**written**	you *would have*	**written**	they *would have*	**written**
we	write	you	write	they	write
we	**wrote**	you	**wrote**	they	**wrote**
we *had*	**written**	you *had*	**written**	they *had*	**written**
	-		write		-

Endung **-e** entfällt

1. Person Plural			2. Person Plural			3. Person Plural		
we	*are*	**writ***ing*	you	*are*	**writ***ing*	they	*are*	**writ***ing*
we	*were*	**writ***ing*	you	*were*	**writ***ing*	they	*were*	**writ***ing*
we *have*	*been*	**writ***ing*	you *have*	*been*	**writ***ing*	they *has*	*been*	**writ***ing*
we *had*	*been*	**writ***ing*	you *had*	*been*	**writ***ing*	they *had*	*been*	**writ***ing*
we *will*	*be*	**writ***ing*	you *will*	*be*	**writ***ing*	they *will*	*be*	**writ***ing*
we *will have*	*been*	**writ***ing*	you *will have*	*been*	**writ***ing*	they *will have*	*been*	**writ***ing*
we *would*	*be*	**writ***ing*	you *would*	*be*	**writ***ing*	they *would*	*be*	**writ***ing*
we *would have*	*been*	**writ***ing*	you *would have*	*been*	**writ***ing*	they *would have*	*been*	**writ***ing*

Verben auf **-ide** (z. B. **ride - rode - ridden).**

Die unregelmäßigen Verben

Die Verbgruppe von rise in der Simple Form

Mod.	Zeit	1. Person Singular		2. Person Singular		3. Person Singular	
Ind.	Pres. T.	I	rise	you	rise	he	rise**s**
	Past T.	I	**rose**	you	**rose**	he	**rose**
	Pres. P.	I *have*	**risen**	you *have*	**risen**	he *has*	**risen**
	Past P.	I *had*	**risen**	you *had*	**risen**	he *had*	**risen**
	Fut. T.	I *will*	rise	you *will*	rise	he *will*	rise
	Fut. P.	I *will have*	**risen**	you *will have*	**risen**	he *will have*	**risen**
Con.	Con.	I *would*	rise	you *would*	rise	he *would*	rise
	Con. P.	I *would have*	**risen**	you *would have*	**risen**	he *would have*	**risen**
Sub.	Pres.	I	rise	you	rise	he	rise
	Past	I	**rose**	you	**rose**	he	**rose**
	Past P.	I *had*	**risen**	you *had*	**risen**	he *had*	**risen**
Imp.	Imp.		-		rise		-
Inf.	Pres.		rise (aufstehen)				
	Perf.	*have*	**risen**				
Part.	Pres.		**ris***ing*				
	Past		**risen**				
	Perf.	*having*	**risen**				
Ger.	Pres.		**ris***ing*				
	Perf.	*having*	**risen**				

Die Verbgruppe von rise in der Continuous Form

Mod.	Zeit	1. Person Singular			2. Person Singular			3. Person Singular		
Ind.	Pres. T.	I	*am*	**ris***ing*	you	*are*	**ris***ing*	he	*is*	**ris***ing*
	Past T.	I	*was*	**ris***ing*	you	*were*	**ris***ing*	he	*was*	**ris***ing*
	Pres. P.	I *have*	*been*	**ris***ing*	you *have*	*been*	**ris***ing*	he *has*	*been*	**ris***ing*
	Past P.	I *had*	*been*	**ris***ing*	you *had*	*been*	**ris***ing*	he *had*	*been*	**ris***ing*
	Fut. T.	I *will*	*be*	**ris***ing*	you *will*	*be*	**ris***ing*	he *will*	*be*	**ris***ing*
	Fut. P.	I *will have*	*been*	**ris***ing*	you *will have*	*been*	**ris***ing*	he *will have*	*been*	**ris***ing*
Con.	Con.	I *would*	*be*	**ris***ing*	you *would*	*be*	**ris***ing*	he *would*	*be*	**ris***ing*
	Con. P.	I *would have*	*been*	**ris***ing*	you *would have*	*been*	**ris***ing*	he *would have*	*been*	**ris***ing*
Inf.	Pres.		*be*	**ris***ing*						
	Perf.	*have*	*been*	**ris***ing*						

Das **-e** der Verbendung entfällt vor der Endung **-ing.**

Die Verbgruppe von rise

rise - rose - risen

1. Person Plural		2. Person Plural		3. Person Plural	
we	rise	you	rise	they	rise
we	**rose**	you	**rose**	they	**rose**
we *have*	**risen**	you *have*	**risen**	they *have*	**risen**
we *had*	**risen**	you *had*	**risen**	they *had*	**risen**
we *will*	rise	you *will*	rise	they *will*	rise
we *will have*	**risen**	you *will have*	**risen**	they *will have*	**risen**
we *would*	rise	you *would*	rise	they *would*	rise
we *would have*	**risen**	you *would have*	**risen**	they *would have*	**risen**
we	rise	you	rise	they	rise
we	**rose**	you	**rose**	they	**rose**
we *had*	**risen**	you *had*	**risen**	they *had*	**risen**
	-		rise		-

Endung **-e** entfällt

1. Person Plural			2. Person Plural			3. Person Plural		
we	*are*	**ris***ing*	you	*are*	**ris***ing*	they	*are*	**ris***ing*
we	*were*	**ris***ing*	you	*were*	**ris***ing*	they	*were*	**ris***ing*
we *have*	*been*	**ris***ing*	you *have*	*been*	**ris***ing*	they *has*	*been*	**ris***ing*
we *had*	*been*	**ris***ing*	you *had*	*been*	**ris***ing*	they *had*	*been*	**ris***ing*
we *will*	*be*	**ris***ing*	you *will*	*be*	**ris***ing*	they *will*	*be*	**ris***ing*
we *will have*	*been*	**ris***ing*	you *will have*	*been*	**ris***ing*	they *will have*	*been*	**ris***ing*
we *would*	*be*	**ris***ing*	you *would*	*be*	**ris***ing*	they *would*	*be*	**ris***ing*
we *would have*	*been*	**ris***ing*	you *would have*	*been*	**ris***ing*	they *would have*	*been*	**ris***ing*

Die unregelmäßigen Verben

Die Verbgruppe von abide in der Simple Form

Mod.	Zeit	1. Person Singular		2. Person Singular		3. Person Singular	
Ind.	Pres. T.	I	abide	you	abide	he	abide**s**
	Past T.	I	**abode**	you	**abode**	he	**abode**
	Pres. P.	I *have*	**abode**	you *have*	**abode**	he *has*	**abode**
	Past P.	I *had*	**abode**	you *had*	**abode**	he *had*	**abode**
	Fut. T.	I *will*	abide	you *will*	abide	he *will*	abide
	Fut. P.	I *will have*	**abode**	you *will have*	**abode**	he *will have*	**abode**
Con.	Con.	I *would*	abide	you *would*	abide	he *would*	abide
	Con. P.	I *would have*	**abode**	you *would have*	**abode**	he *would have*	**abode**
Sub.	Pres.	I	abide	you	abide	he	abide
	Past	I	**abode**	you	**abode**	he	**abode**
	Past P.	I *had*	**abode**	you *had*	**abode**	he *had*	**abode**
Imp.	Imp.		-		abide		-
Inf.	Pres.		abide (bleiben, fortdauern)				
	Perf.	*have*	**abode**				
Part.	Pres.		**abid***ing*				
	Past		**abode**				
	Perf.	*having*	**abode**				
Ger.	Pres.		**abid***ing*				
	Perf.	*having*	**abode**				

Die Verbgruppe von abide in der Continuous Form

Mod.	Zeit	1. Person Singular			2. Person Singular			3. Person Singular		
Ind.	Pres. T.	I	*am*	**abid***ing*	you	*are*	**abid***ing*	he	*is*	**abid***ing*
	Past T.	I	*was*	**abid***ing*	you	*were*	**abid***ing*	he	*was*	**abid***ing*
	Pres. P.	I *have*	*been*	**abid***ing*	you *have*	*been*	**abid***ing*	he *has*	*been*	**abid***ing*
	Past P.	I *had*	*been*	**abid***ing*	you *had*	*been*	**abid***ing*	he *had*	*been*	**abid***ing*
	Fut. T.	I *will*	*be*	**abid***ing*	you *will*	*be*	**abid***ing*	he *will*	*be*	**abid***ing*
	Fut. P.	I *will have*	*been*	**abid***ing*	you *will have*	*been*	**abid***ing*	he *will have*	*been*	**abid***ing*
Con.	Con.	I *would*	*be*	**abid***ing*	you *would*	*be*	**abid***ing*	he *would*	*be*	**abid***ing*
	Con. P.	I *would have*	*been*	**abid***ing*	you *would have*	*been*	**abid***ing*	he *would have*	*been*	**abid***ing*
Inf.	Pres.		*be*	**abid***ing*						
	Perf.	*have*	*been*	**abid***ing*						

Das **-e** der Verbendung entfällt vor der Endung **-ing.**

Die Verbgruppe von abide

abide - abode - abode

1. Person Plural		2. Person Plural		3. Person Plural	
we	abide	you	abide	they	abide
we	**abode**	you	**abode**	they	**abode**
we *have*	**abode**	you *have*	**abode**	they *have*	**abode**
we *had*	**abode**	you *had*	**abode**	they *had*	**abode**
we *will*	abide	you *will*	abide	they *will*	abide
we *will have*	**abode**	you *will have*	**abode**	they *will have*	**abode**
we *would*	abide	you *would*	abide	they *would*	abide
we *would have*	**abode**	you *would have*	**abode**	they *would have*	**abode**
we	abide	you	abide	they	abide
we	**abode**	you	**abode**	they	**abode**
we *had*	**abode**	you *had*	**abode**	they *had*	**abode**
	-		abide		-

Endung **-e** entfällt

1. Person Plural			2. Person Plural			3. Person Plural		
we	*are*	**abid***ing*	you	*are*	**abid***ing*	they	*are*	**abid***ing*
we	*were*	**abid***ing*	you	*were*	**abid***ing*	they	*were*	**abid***ing*
we *have*	*been*	**abid***ing*	you *have*	*been*	**abid***ing*	they *has*	*been*	**abid***ing*
we *had*	*been*	**abid***ing*	you *had*	*been*	**abid***ing*	they *had*	*been*	**abid***ing*
we *will*	*be*	**abid***ing*	you *will*	*be*	**abid***ing*	they *will*	*be*	**abid***ing*
we *will have*	*been*	**abid***ing*	you *will have*	*been*	**abid***ing*	they *will have*	*been*	**abid***ing*
we *would*	*be*	**abid***ing*	you *would*	*be*	**abid***ing*	they *would*	*be*	**abid***ing*
we *would have*	*been*	**abid***ing*	you *would have*	*been*	**abid***ing*	they *would have*	*been*	**abid***ing*

Die unregelmäßigen Verben

Die Verbgruppe von give in der Simple Form

Mod.	Zeit	1. Person Singular		2. Person Singular		3. Person Singular	
Ind.	Pres. T.	I	give	you	give	he	give**s**
	Past T.	I	**gave**	you	**gave**	he	**gave**
	Pres. P.	I *have*	**given**	you *have*	**given**	he *has*	**given**
	Past P.	I *had*	**given**	you *had*	**given**	he *had*	**given**
	Fut. T.	I *will*	give	you *will*	give	he *will*	give
	Fut. P.	I *will have*	**given**	you *will have*	**given**	he *will have*	**given**
Con.	Con.	I *would*	give	you *would*	give	he *would*	give
	Con. P.	I *would have*	**given**	you *would have*	**given**	he *would have*	**given**
Sub.	Pres.	I	give	you	give	he	give
	Past	I	**gave**	you	**gave**	he	**gave**
	Past P.	I *had*	**given**	you *had*	**given**	he *had*	**given**
Imp.	Imp.		-		give		-
Inf.	Pres.		give (geben)				
	Perf.	*have*	**given**				
Part.	Pres.		**giv***ing*				
	Past		**given**				
	Perf.	*having*	**given**				
Ger.	Pres.		**giv***ing*				
	Perf.	*having*	**given**				

Die Verbgruppe von give in der Continuous Form

Mod.	Zeit	1. Person Singular			2. Person Singular			3. Person Singular		
Ind.	Pres. T.	I	*am*	**giv***ing*	you	*are*	**giv***ing*	he	*is*	**giv***ing*
	Past T.	I	*was*	**giv***ing*	you	*were*	**giv***ing*	he	*was*	**giv***ing*
	Pres. P.	I *have*	*been*	**giv***ing*	you *have*	*been*	**giv***ing*	he *has*	*been*	**giv***ing*
	Past P.	I *had*	*been*	**giv***ing*	you *had*	*been*	**giv***ing*	he *had*	*been*	**giv***ing*
	Fut. T.	I *will*	*be*	**giv***ing*	you *will*	*be*	**giv***ing*	he *will*	*be*	**giv***ing*
	Fut. P.	I *will have*	*been*	**giv***ing*	you *will have*	*been*	**giv***ing*	he *will have*	*been*	**giv***ing*
Con.	Con.	I *would*	*be*	**giv***ing*	you *would*	*be*	**giv***ing*	he *would*	*be*	**giv***ing*
	Con. P.	I *would have*	*been*	**giv***ing*	you *would have*	*been*	**giv***ing*	he *would have*	*been*	**giv***ing*
Inf.	Pres.		*be*	**giv***ing*						
	Perf.	*have*	*been*	**giv***ing*						

Das **-e** der Verbendung entfällt vor der Endung **-ing.**

Die Verbgruppe von give

give - gave - given

1. Person Plural		2. Person Plural		3. Person Plural	
we	give	you	give	they	give
we	**gave**	you	**gave**	they	**gave**
we *have*	**given**	you *have*	**given**	they *have*	**given**
we *had*	**given**	you *had*	**given**	they *had*	**given**
we *will*	give	you *will*	give	they *will*	give
we *will have*	**given**	you *will have*	**given**	they *will have*	**given**
we *would*	give	you *would*	give	they *would*	give
we *would have*	**given**	you *would have*	**given**	they *would have*	**given**
we	give	you	give	they	give
we	**gave**	you	**gave**	they	**gave**
we *had*	**given**	you *had*	**given**	they *had*	**given**
	-		give		-

Endung **-e** entfällt

1. Person Plural			2. Person Plural			3. Person Plural		
we	*are*	**giv**_ing_	you	*are*	**giv**_ing_	they	*are*	**giv**_ing_
we	*were*	**giv**_ing_	you	*were*	**giv**_ing_	they	*were*	**giv**_ing_
we *have*	*been*	**giv**_ing_	you *have*	*been*	**giv**_ing_	they *has*	*been*	**giv**_ing_
we *had*	*been*	**giv**_ing_	you *had*	*been*	**giv**_ing_	they *had*	*been*	**giv**_ing_
we *will*	*be*	**giv**_ing_	you *will*	*be*	**giv**_ing_	they *will*	*be*	**giv**_ing_
we *will have*	*been*	**giv**_ing_	you *will have*	*been*	**giv**_ing_	they *will have*	*been*	**giv**_ing_
we *would*	*be*	**giv**_ing_	you *would*	*be*	**giv**_ing_	they *would*	*be*	**giv**_ing_
we *would have*	*been*	**giv**_ing_	you *would have*	*been*	**giv**_ing_	they *would have*	*been*	**giv**_ing_

Die unregelmäßigen Verben

Die Verbgruppe von drive in der Simple Form

Mod.	Zeit	1. Person Singular		2. Person Singular		3. Person Singular	
Ind.	Pres. T.	I	drive	you	drive	he	drive*s*
	Past T.	I	**drove**	you	**drove**	he	**drove**
	Pres. P.	I *have*	**driven**	you *have*	**driven**	he *has*	**driven**
	Past P.	I *had*	**driven**	you *had*	**driven**	he *had*	**driven**
	Fut. T.	I *will*	drive	you *will*	drive	he *will*	drive
	Fut. P.	I *will have*	**driven**	you *will have*	**driven**	he *will have*	**driven**
Con.	Con.	I *would*	drive	you *would*	drive	he *would*	drive
	Con. P.	I *would have*	**driven**	you *would have*	**driven**	he *would have*	**driven**
Sub.	Pres.	I	drive	you	drive	he	drive
	Past	I	**drove**	you	**drove**	he	**drove**
	Past P.	I *had*	**driven**	you *had*	**driven**	he *had*	**driven**
Imp.	Imp.		-		drive		-
Inf.	Pres.		drive (fahren)				
	Perf.	*have*	**driven**				
Part.	Pres.		**driv***ing*				
	Past		**driven**				
	Perf.	*having*	**driven**				
Ger.	Pres.		**driv***ing*				
	Perf.	*having*	**driven**				

Die Verbgruppe von drive in der Continuous Form

Mod.	Zeit	1. Person Singular			2. Person Singular			3. Person Singular		
Ind.	Pres. T.	I	*am*	**driv***ing*	you	*are*	**driv***ing*	he	*is*	**driv***ing*
	Past T.	I	*was*	**driv***ing*	you	*were*	**driv***ing*	he	*was*	**driv***ing*
	Pres. P.	I *have*	*been*	**driv***ing*	you *have*	*been*	**driv***ing*	he *has*	*been*	**driv***ing*
	Past P.	I *had*	*been*	**driv***ing*	you *had*	*been*	**driv***ing*	he *had*	*been*	**driv***ing*
	Fut. T.	I *will*	*be*	**driv***ing*	you *will*	*be*	**driv***ing*	he *will*	*be*	**driv***ing*
	Fut. P.	I *will have*	*been*	**driv***ing*	you *will have*	*been*	**driv***ing*	he *will have*	*been*	**driv***ing*
Con.	Con.	I *would*	*be*	**driv***ing*	you *would*	*be*	**driv***ing*	he *would*	*be*	**driv***ing*
	Con. P.	I *would have*	*been*	**driv***ing*	you *would have*	*been*	**driv***ing*	he *would have*	*been*	**driv***ing*
Inf.	Pres.		*be*	**driv***ing*						
	Perf.	*have*	*been*	**driv***ing*						

Das **-e** der Verbendung entfällt vor der Endung **-ing.**

Die Verbgruppe von **drive**

drive - drove - driven

1. Person Plural		2. Person Plural		3. Person Plural	
we	drive	you	drive	they	drive
we	**drove**	you	**drove**	they	**drove**
we *have*	**driven**	you *have*	**driven**	they *have*	**driven**
we *had*	**driven**	you *had*	**driven**	they *had*	**driven**
we *will*	drive	you *will*	drive	they *will*	drive
we *will have*	**driven**	you *will have*	**driven**	they *will have*	**driven**
we *would*	drive	you *would*	drive	they *would*	drive
we *would have*	**driven**	you *would have*	**driven**	they *would have*	**driven**
we	drive	you	drive	they	drive
we	**drove**	you	**drove**	they	**drove**
we *had*	**driven**	you *had*	**driven**	they *had*	**driven**
	-		drive		-

Endung **-e** entfällt

1. Person Plural			2. Person Plural			3. Person Plural		
we	*are*	**driv***ing*	you	*are*	**driv***ing*	they	*are*	**driv***ing*
we	*were*	**driv***ing*	you	*were*	**driv***ing*	they	*were*	**driv***ing*
we *have*	*been*	**driv***ing*	you *have*	*been*	**driv***ing*	they *has*	*been*	**driv***ing*
we *had*	*been*	**driv***ing*	you *had*	*been*	**driv***ing*	they *had*	*been*	**driv***ing*
we *will*	*be*	**driv***ing*	you *will*	*be*	**driv***ing*	they *will*	*be*	**driv***ing*
we *will have*	*been*	**driv***ing*	you *will have*	*been*	**driv***ing*	they *will have*	*been*	**driv***ing*
we *would*	*be*	**driv***ing*	you *would*	*be*	**driv***ing*	they *would*	*be*	**driv***ing*
we *would have*	*been*	**driv***ing*	you *would have*	*been*	**driv***ing*	they *would have*	*been*	**driv***ing*

Die unregelmäßigen Verben

Die Verbgruppe von wake in der Simple Form

Mod.	Zeit	1. Person Singular		2. Person Singular		3. Person Singular	
Ind.	Pres. T.	I	wake	you	wake	he	wake**s**
	Past T.	I	**woke**	you	**woke**	he	**woke**
	Pres. P.	I *have*	**woken**	you *have*	**woken**	he *has*	**woken**
	Past P.	I *had*	**woken**	you *had*	**woken**	he *had*	**woken**
	Fut. T.	I *will*	wake	you *will*	wake	he *will*	wake
	Fut. P.	I *will have*	**woken**	you *will have*	**woken**	he *will have*	**woken**
Con.	Con.	I *would*	wake	you *would*	wake	he *would*	wake
	Con. P.	I *would have*	**woken**	you *would have*	**woken**	he *would have*	**woken**
Sub.	Pres.	I	wake	you	wake	he	wake
	Past	I	**woke**	you	**woke**	he	**woke**
	Past P.	I *had*	**woken**	you *had*	**woken**	he *had*	**woken**
Imp.	Imp.		-		wake		-
Inf.	Pres.		wake (aufwachen)				
	Perf.	*have*	**woken**				
Part.	Pres.		**wak***ing*				
	Past		**woken**				
	Perf.	*having*	**woken**				
Ger.	Pres.		**wak***ing*				
	Perf.	*having*	**woken**				

Die Verbgruppe von wake in der Continuous Form

Mod.	Zeit	1. Person Singular			2. Person Singular			3. Person Singular		
Ind.	Pres. T.	I	*am*	**wak***ing*	you	*are*	**wak***ing*	he	*is*	**wak***ing*
	Past T.	I	*was*	**wak***ing*	you	*were*	**wak***ing*	he	*was*	**wak***ing*
	Pres. P.	I *have*	*been*	**wak***ing*	you *have*	*been*	**wak***ing*	he *has*	*been*	**wak***ing*
	Past P.	I *had*	*been*	**wak***ing*	you *had*	*been*	**wak***ing*	he *had*	*been*	**wak***ing*
	Fut. T.	I *will*	*be*	**wak***ing*	you *will*	*be*	**wak***ing*	he *will*	*be*	**wak***ing*
	Fut. P.	I *will have*	*been*	**wak***ing*	you *will have*	*been*	**wak***ing*	he *will have*	*been*	**wak***ing*
Con.	Con.	I *would*	*be*	**wak***ing*	you *would*	*be*	**wak***ing*	he *would*	*be*	**wak***ing*
	Con. P.	I *would have*	*been*	**wak***ing*	you *would have*	*been*	**wak***ing*	he *would have*	*been*	**wak***ing*
Inf.	Pres.		*be*	**wak***ing*						
	Perf.	*have*	*been*	**wak***ing*						

Das **-e** der Verbendung entfällt vor der Endung **-ing.** Die 2. und 3. Stammform können auch regel

Die Verbgruppe von wake

wake - woke - woken

1. Person Plural		2. Person Plural		3. Person Plural	
we	wake	you	wake	they	wake
we	**woke**	you	**woke**	they	**woke**
we *have*	**woken**	you *have*	**woken**	they *have*	**woken**
we *had*	**woken**	you *had*	**woken**	they *had*	**woken**
we *will*	wake	you *will*	wake	they *will*	wake
we *will have*	**woken**	you *will have*	**woken**	they *will have*	**woken**
we *would*	wake	you *would*	wake	they *would*	wake
we *would have*	**woken**	you *would have*	**woken**	they *would have*	**woken**
we	wake	you	wake	they	wake
we	**woke**	you	**woke**	they	**woke**
we *had*	**woken**	you *had*	**woken**	they *had*	**woken**
	-		wake		-

Endung **-e** entfällt

1. Person Plural			2. Person Plural			3. Person Plural		
we	*are*	**wak***ing*	you	*are*	**wak***ing*	they	*are*	**wak***ing*
we	*were*	**wak***ing*	you	*were*	**wak***ing*	they	*were*	**wak***ing*
we *have*	*been*	**wak***ing*	you *have*	*been*	**wak***ing*	they *has*	*been*	**wak***ing*
we *had*	*been*	**wak***ing*	you *had*	*been*	**wak***ing*	they *had*	*been*	**wak***ing*
we *will*	*be*	**wak***ing*	you *will*	*be*	**wak***ing*	they *will*	*be*	**wak***ing*
we *will have*	*been*	**wak***ing*	you *will have*	*been*	**wak***ing*	they *will have*	*been*	**wak***ing*
we *would*	*be*	**wak***ing*	you *would*	*be*	**wak***ing*	they *would*	*be*	**wak***ing*
we *would have*	*been*	**wak***ing*	you *would have*	*been*	**wak***ing*	they *would have*	*been*	**wak***ing*

mäßig gebildet werden **(waked).**

Die unregelmäßigen Verben

Die Verbgruppe von speak in der Simple Form

Mod.	Zeit	1. Person Singular		2. Person Singular		3. Person Singular	
Ind.	Pres. T.	I	speak	you	speak	he	speak**s**
	Past T.	I	**spoke**	you	**spoke**	he	**spoke**
	Pres. P.	I *have*	**spoken**	you *have*	**spoken**	he *has*	**spoken**
	Past P.	I *had*	**spoken**	you *had*	**spoken**	he *had*	**spoken**
	Fut. T.	I *will*	speak	you *will*	speak	he *will*	speak
	Fut. P.	I *will have*	**spoken**	you *will have*	**spoken**	he *will have*	**spoken**
Con.	Con.	I *would*	speak	you *would*	speak	he *would*	speak
	Con. P.	I *would have*	**spoken**	you *would have*	**spoken**	he *would have*	**spoken**
Sub.	Pres.	I	speak	you	speak	he	speak
	Past	I	**spoke**	you	**spoke**	he	**spoke**
	Past P.	I *had*	**spoken**	you *had*	**spoken**	he *had*	**spoken**
Imp.	Imp.		-		speak		-
Inf.	Pres.		speak (sprechen)				
	Perf.	*have*	**spoken**				
Part.	Pres.		speak*ing*				
	Past		**spoken**				
	Perf.	*having*	**spoken**				
Ger.	Pres.		speak*ing*				
	Perf.	*having*	**spoken**				

Die Verbgruppe von speak in der Continuous Form

Mod.	Zeit	1. Person Singular			2. Person Singular			3. Person Singular		
Ind.	Pres. T.	I	*am*	speaking	you	*are*	speaking	he	*is*	speaking
	Past T.	I	*was*	speaking	you	*were*	speaking	he	*was*	speaking
	Pres. P.	I *have*	*been*	speaking	you *have*	*been*	speaking	he *has*	*been*	speaking
	Past P.	I *had*	*been*	speaking	you *had*	*been*	speaking	he *had*	*been*	speaking
	Fut. T.	I *will*	*be*	speaking	you *will*	*be*	speaking	he *will*	*be*	speaking
	Fut. P.	I *will have*	*been*	speaking	you *will have*	*been*	speaking	he *will have*	*been*	speaking
Con.	Con.	I *would*	*be*	speaking	you *would*	*be*	speaking	he *would*	*be*	speaking
	Con. P.	I *would have*	*been*	speaking	you *would have*	*been*	speaking	he *would have*	*been*	speaking
Inf.	Pres.		*be*	speaking						
	Perf.	*have*	*been*	speaking						

Die Verbgruppe von speak

speak - spoke - spoken

1. Person Plural		2. Person Plural		3. Person Plural	
we	speak	you	speak	they	speak
we	**spoke**	you	**spoke**	they	**spoke**
we *have*	**spoken**	you *have*	**spoken**	they *have*	**spoken**
we *had*	**spoken**	you *had*	**spoken**	they *had*	**spoken**
we *will*	speak	you *will*	speak	they *will*	speak
we *will have*	**spoken**	you *will have*	**spoken**	they *will have*	**spoken**
we *would*	speak	you *would*	speak	they *would*	speak
we *would have*	**spoken**	you *would have*	**spoken**	they *would have*	**spoken**
we	speak	you	speak	they	speak
we	**spoke**	you	**spoke**	they	**spoke**
we *had*	**spoken**	you *had*	**spoken**	they *had*	**spoken**
	-		speak		-

1. Person Plural			2. Person Plural			3. Person Plural		
we	*are*	speak*ing*	you	*are*	speak*ing*	they	*are*	speak*ing*
we	*were*	speak*ing*	you	*were*	speak*ing*	they	*were*	speak*ing*
we *have*	*been*	speak*ing*	you *have*	*been*	speak*ing*	they *has*	*been*	speak*ing*
we *had*	*been*	speak*ing*	you *had*	*been*	speak*ing*	they *had*	*been*	speak*ing*
we *will*	*be*	speak*ing*	you *will*	*be*	speak*ing*	they *will*	*be*	speak*ing*
we *will have*	*been*	speak*ing*	you *will have*	*been*	speak*ing*	they *will have*	*been*	speak*ing*
we *would*	*be*	speak*ing*	you *would*	*be*	speak*ing*	they *would*	*be*	speak*ing*
we *would have*	*been*	speak*ing*	you *would have*	*been*	speak*ing*	they *would have*	*been*	speak*ing*

Die unregelmäßigen Verben

Die Verbgruppe von steal in der Simple Form

Mod.	Zeit	1. Person Singular		2. Person Singular		3. Person Singular	
Ind.	Pres. T.	I	steal	you	steal	he	steal**s**
	Past T.	I	**stole**	you	**stole**	he	**stole**
	Pres. P.	I *have*	**stolen**	you *have*	**stolen**	he *has*	**stolen**
	Past P.	I *had*	**stolen**	you *had*	**stolen**	he *had*	**stolen**
	Fut. T.	I *will*	steal	you *will*	steal	he *will*	steal
	Fut. P.	I *will have*	**stolen**	you *will have*	**stolen**	he *will have*	**stolen**
Con.	Con.	I *would*	steal	you *would*	steal	he *would*	steal
	Con. P.	I *would have*	**stolen**	you *would have*	**stolen**	he *would have*	**stolen**
Sub.	Pres.	I	steal	you	steal	he	steal
	Past	I	**stole**	you	**stole**	he	**stole**
	Past P.	I *had*	**stolen**	you *had*	**stolen**	he *had*	**stolen**
Imp.	Imp.		-		steal		-
Inf.	Pres.		steal (stehlen)				
	Perf.	*have*	**stolen**				
Part.	Pres.		steal*ing*				
	Past		**stolen**				
	Perf.	*having*	**stolen**				
Ger.	Pres.		steal*ing*				
	Perf.	*having*	**stolen**				

Die Verbgruppe von steal in der Continuous Form

Mod.	Zeit	1. Person Singular			2. Person Singular			3. Person Singular		
Ind.	Pres. T.	I	*am*	steal*ing*	you	*are*	steal*ing*	he	*is*	steal*ing*
	Past T.	I	*was*	steal*ing*	you	*were*	steal*ing*	he	*was*	steal*ing*
	Pres. P.	I *have*	*been*	steal*ing*	you *have*	*been*	steal*ing*	he *has*	*been*	steal*ing*
	Past P.	I *had*	*been*	steal*ing*	you *had*	*been*	steal*ing*	he *had*	*been*	steal*ing*
	Fut. T.	I *will*	*be*	steal*ing*	you *will*	*be*	steal*ing*	he *will*	*be*	steal*ing*
	Fut. P.	I *will have*	*been*	steal*ing*	you *will have*	*been*	steal*ing*	he *will have*	*been*	steal*ing*
Con.	Con.	I *would*	*be*	steal*ing*	you *would*	*be*	steal*ing*	he *would*	*be*	steal*ing*
	Con. P.	I *would have*	*been*	steal*ing*	you *would have*	*been*	steal*ing*	he *would have*	*been*	steal*ing*
Inf.	Pres.		*be*	steal*ing*						
	Perf.	*have*	*been*	steal*ing*						

Die Verbgruppe von steal

steal - stole - stolen

1. Person Plural		2. Person Plural		3. Person Plural	
we	steal	you	steal	they	steal
we	**stole**	you	**stole**	they	**stole**
we *have*	**stolen**	you *have*	**stolen**	they *have*	**stolen**
we *had*	**stolen**	you *had*	**stolen**	they *had*	**stolen**
we *will*	steal	you *will*	steal	they *will*	steal
we *will have*	**stolen**	you *will have*	**stolen**	they *will have*	**stolen**
we *would*	steal	you *would*	steal	they *would*	steal
we *would have*	**stolen**	you *would have*	**stolen**	they *would have*	**stolen**
we	steal	you	steal	they	steal
we	**stole**	you	**stole**	they	**stole**
we *had*	**stolen**	you *had*	**stolen**	they *had*	**stolen**
	-		steal		-

1. Person Plural			2. Person Plural			3. Person Plural		
we	*are*	steal*ing*	you	*are*	steal*ing*	they	*are*	steal*ing*
we	*were*	steal*ing*	you	*were*	steal*ing*	they	*were*	steal*ing*
we *have*	*been*	steal*ing*	you *have*	*been*	steal*ing*	they *has*	*been*	steal*ing*
we *had*	*been*	steal*ing*	you *had*	*been*	steal*ing*	they *had*	*been*	steal*ing*
we *will*	*be*	steal*ing*	you *will*	*be*	steal*ing*	they *will*	*be*	steal*ing*
we *will have*	*been*	steal*ing*	you *will have*	*been*	steal*ing*	they *will have*	*been*	steal*ing*
we *would*	*be*	steal*ing*	you *would*	*be*	steal*ing*	they *would*	*be*	steal*ing*
we *would have*	*been*	steal*ing*	you *would have*	*been*	steal*ing*	they *would have*	*been*	steal*ing*

Die Verbgruppe von weave in der Simple Form

Mod.	Zeit	1. Person Singular		2. Person Singular		3. Person Singular	
Ind.	Pres. T.	I	weave	you	weave	he	weave**s**
	Past T.	I	**wove**	you	**wove**	he	**wove**
	Pres. P.	I *have*	**woven**	you *have*	**woven**	he *has*	**woven**
	Past P.	I *had*	**woven**	you *had*	**woven**	he *had*	**woven**
	Fut. T.	I *will*	weave	you *will*	weave	he *will*	weave
	Fut. P.	I *will have*	**woven**	you *will have*	**woven**	he *will have*	**woven**
Con.	Con.	I *would*	weave	you *would*	weave	he *would*	weave
	Con. P.	I *would have*	**woven**	you *would have*	**woven**	he *would have*	**woven**
Sub.	Pres.	I	weave	you	weave	he	weave
	Past	I	**wove**	you	**wove**	he	**wove**
	Past P.	I *had*	**woven**	you *had*	**woven**	he *had*	**woven**
Imp.	Imp.		-		weave		-
Inf.	Pres.		weave (weben)				
	Perf.	*have*	**woven**				
Part.	Pres.		**weav***ing*				
	Past		**woven**				
	Perf.	*having*	**woven**				
Ger.	Pres.		**weav***ing*				
	Perf.	*having*	**woven**				

Die Verbgruppe von weave in der Continuous Form

Mod.	Zeit	1. Person Singular			2. Person Singular			3. Person Singular		
Ind.	Pres. T.	I	*am*	**weav***ing*	you	*are*	**weav***ing*	he	*is*	**weav***ing*
	Past T.	I	*was*	**weav***ing*	you	*were*	**weav***ing*	he	*was*	**weav***ing*
	Pres. P.	I *have*	*been*	**weav***ing*	you *have*	*been*	**weav***ing*	he *has*	*been*	**weav***ing*
	Past P.	I *had*	*been*	**weav***ing*	you *had*	*been*	**weav***ing*	he *had*	*been*	**weav***ing*
	Fut. T.	I *will*	*be*	**weav***ing*	you *will*	*be*	**weav***ing*	he *will*	*be*	**weav***ing*
	Fut. P.	I *will have*	*been*	**weav***ing*	you *will have*	*been*	**weav***ing*	he *will have*	*been*	**weav***ing*
Con.	Con.	I *would*	*be*	**weav***ing*	you *would*	*be*	**weav***ing*	he *would*	*be*	**weav***ing*
	Con. P.	I *would have*	*been*	**weav***ing*	you *would have*	*been*	**weav***ing*	he *would have*	*been*	**weav***ing*
Inf.	Pres.		*be*	**weav***ing*						
	Perf.	*have*	*been*	**weav***ing*						

Das **-e** der Verbendung entfällt vor der Endung **-ing.**

Die Verbgruppe von weave

weave - wove - woven

1. Person Plural		2. Person Plural		3. Person Plural	
we	weave	you	weave	they	weave
we	**wove**	you	**wove**	they	**wove**
we *have*	**woven**	you *have*	**woven**	they *have*	**woven**
we *had*	**woven**	you *had*	**woven**	they *had*	**woven**
we *will*	weave	you *will*	weave	they *will*	weave
we *will have*	**woven**	you *will have*	**woven**	they *will have*	**woven**
we *would*	weave	you *would*	weave	they *would*	weave
we *would have*	**woven**	you *would have*	**woven**	they *would have*	**woven**
we	weave	you	weave	they	weave
we	**wove**	you	**wove**	they	**wove**
we *had*	**woven**	you *had*	**woven**	they *had*	**woven**
	-		weave		-

Endung **-e** entfällt

1. Person Plural			2. Person Plural			3. Person Plural		
we	*are*	**weav***ing*	you	*are*	**weav***ing*	they	*are*	**weav***ing*
we	*were*	**weav***ing*	you	*were*	**weav***ing*	they	*were*	**weav***ing*
we *have*	*been*	**weav***ing*	you *have*	*been*	**weav***ing*	they *has*	*been*	**weav***ing*
we *had*	*been*	**weav***ing*	you *had*	*been*	**weav***ing*	they *had*	*been*	**weav***ing*
we *will*	*be*	**weav***ing*	you *will*	*be*	**weav***ing*	they *will*	*be*	**weav***ing*
we *will have*	*been*	**weav***ing*	you *will have*	*been*	**weav***ing*	they *will have*	*been*	**weav***ing*
we *would*	*be*	**weav***ing*	you *would*	*be*	**weav***ing*	they *would*	*be*	**weav***ing*
we *would have*	*been*	**weav***ing*	you *would have*	*been*	**weav***ing*	they *would have*	*been*	**weav***ing*

Die unregelmäßigen Verben

Die Verbgruppe von freeze in der Simple Form

Mod.	Zeit	1. Person Singular		2. Person Singular		3. Person Singular	
Ind.	Pres. T.	I	freeze	you	freeze	he	freeze**s**
	Past T.	I	**froze**	you	**froze**	he	**froze**
	Pres. P.	I *have*	**frozen**	you *have*	**frozen**	he *has*	**frozen**
	Past P.	I *had*	**frozen**	you *had*	**frozen**	he *had*	**frozen**
	Fut. T.	I *will*	freeze	you *will*	freeze	he *will*	freeze
	Fut. P.	I *will have*	**frozen**	you *will have*	**frozen**	he *will have*	**frozen**
Con.	Con.	I *would*	freeze	you *would*	freeze	he *would*	freeze
	Con. P.	I *would have*	**frozen**	you *would have*	**frozen**	he *would have*	**frozen**
Sub.	Pres.	I	freeze	you	freeze	he	freeze
	Past	I	**froze**	you	**froze**	he	**froze**
	Past P.	I *had*	**frozen**	you *had*	**frozen**	he *had*	**frozen**
Imp.	Imp.		-		freeze		-
Inf.	Pres.		freeze ((ge)frieren)				
	Perf.	*have*	**frozen**				
Part.	Pres.		**freez***ing*				
	Past		**frozen**				
	Perf.	*having*	**frozen**				
Ger.	Pres.		**freez***ing*				
	Perf.	*having*	**frozen**				

Die Verbgruppe von freeze in der Continuous Form

Mod.	Zeit	1. Person Singular			2. Person Singular			3. Person Singular		
Ind.	Pres. T.	I	*am*	**freez***ing*	you	*are*	**freez***ing*	he	*is*	**freez***ing*
	Past T.	I	*was*	**freez***ing*	you	*were*	**freez***ing*	he	*was*	**freez***ing*
	Pres. P.	I *have*	*been*	**freez***ing*	you *have*	*been*	**freez***ing*	he *has*	*been*	**freez***ing*
	Past P.	I *had*	*been*	**freez***ing*	you *had*	*been*	**freez***ing*	he *had*	*been*	**freez***ing*
	Fut. T.	I *will*	*be*	**freez***ing*	you *will*	*be*	**freez***ing*	he *will*	*be*	**freez***ing*
	Fut. P.	I *will have*	*been*	**freez***ing*	you *will have*	*been*	**freez***ing*	he *will have*	*been*	**freez***ing*
Con.	Con.	I *would*	*be*	**freez***ing*	you *would*	*be*	**freez***ing*	he *would*	*be*	**freez***ing*
	Con. P.	I *would have*	*been*	**freez***ing*	you *would have*	*been*	**freez***ing*	he *would have*	*been*	**freez***ing*
Inf.	Pres.		*be*	**freez***ing*						
	Perf.	*have*	*been*	**freez***ing*						

Das **-e** der Verbendung entfällt vor der Endung **-ing.**

Die Verbgruppe von freeze

freeze - froze - frozen

1. Person Plural		2. Person Plural		3. Person Plural	
we	freeze	you	freeze	they	freeze
we	**froze**	you	**froze**	they	**froze**
we *have*	**frozen**	you *have*	**frozen**	they *have*	**frozen**
we *had*	**frozen**	you *had*	**frozen**	they *had*	**frozen**
we *will*	freeze	you *will*	freeze	they *will*	freeze
we *will have*	**frozen**	you *will have*	**frozen**	they *will have*	**frozen**
we *would*	freeze	you *would*	freeze	they *would*	freeze
we *would have*	**frozen**	you *would have*	**frozen**	they *would have*	**frozen**
we	freeze	you	freeze	they	freeze
we	**froze**	you	**froze**	they	**froze**
we *had*	**frozen**	you *had*	**frozen**	they *had*	**frozen**
	-		freeze		-

Endung **-e** entfällt

1. Person Plural				2. Person Plural				3. Person Plural			
we		*are*	**freez***ing*	you		*are*	**freez***ing*	they		*are*	**freez***ing*
we		*were*	**freez***ing*	you		*were*	**freez***ing*	they		*were*	**freez***ing*
we	*have*	*been*	**freez***ing*	you	*have*	*been*	**freez***ing*	they	*has*	*been*	**freez***ing*
we	*had*	*been*	**freez***ing*	you	*had*	*been*	**freez***ing*	they	*had*	*been*	**freez***ing*
we	*will*	*be*	**freez***ing*	you	*will*	*be*	**freez***ing*	they	*will*	*be*	**freez***ing*
we	*will have*	*been*	**freez***ing*	you	*will have*	*been*	**freez***ing*	they	*will have*	*been*	**freez***ing*
we	*would*	*be*	**freez***ing*	you	*would*	*be*	**freez***ing*	they	*would*	*be*	**freez***ing*
we	*would have*	*been*	**freez***ing*	you	*would have*	*been*	**freez***ing*	they	*would have*	*been*	**freez***ing*

Die unregelmäßigen Verben

Die Verbgruppe von **choose** in der Simple Form

Mod.	Zeit	1. Person Singular		2. Person Singular		3. Person Singular	
Ind.	Pres. T.	I	choose	you	choose	he	choose*s*
	Past T.	I	**chose**	you	**chose**	he	**chose**
	Pres. P.	I *have*	**chosen**	you *have*	**chosen**	he *has*	**chosen**
	Past P.	I *had*	**chosen**	you *had*	**chosen**	he *had*	**chosen**
	Fut. T.	I *will*	choose	you *will*	choose	he *will*	choose
	Fut. P.	I *will have*	**chosen**	you *will have*	**chosen**	he *will have*	**chosen**
Con.	Con.	I *would*	choose	you *would*	choose	he *would*	choose
	Con. P.	I *would have*	**chosen**	you *would have*	**chosen**	he *would have*	**chosen**
Sub.	Pres.	I	choose	you	choose	he	choose
	Past	I	**chose**	you	**chose**	he	**chose**
	Past P.	I *had*	**chosen**	you *had*	**chosen**	he *had*	**chosen**
Imp.	Imp.		-		choose		-
Inf.	Pres.		choose ((aus)wählen)				
	Perf.	*have*	**chosen**				
Part.	Pres.		**choos***ing*				
	Past		**chosen**				
	Perf.	*having*	**chosen**				
Ger.	Pres.		**choos***ing*				
	Perf.	*having*	**chosen**				

Die Verbgruppe von **choose** in der Continuous Form

Mod.	Zeit	1. Person Singular			2. Person Singular			3. Person Singular		
Ind.	Pres. T.	I	*am*	**choos***ing*	you	*are*	**choos***ing*	he	*is*	**choos***ing*
	Past T.	I	*was*	**choos***ing*	you	*were*	**choos***ing*	he	*was*	**choos***ing*
	Pres. P.	I *have*	*been*	**choos***ing*	you *have*	*been*	**choos***ing*	he *has*	*been*	**choos***ing*
	Past P.	I *had*	*been*	**choos***ing*	you *had*	*been*	**choos***ing*	he *had*	*been*	**choos***ing*
	Fut. T.	I *will*	*be*	**choos***ing*	you *will*	*be*	**choos***ing*	he *will*	*be*	**choos***ing*
	Fut. P.	I *will have*	*been*	**choos***ing*	you *will have*	*been*	**choos***ing*	he *will have*	*been*	**choos***ing*
Con.	Con.	I *would*	*be*	**choos***ing*	you *would*	*be*	**choos***ing*	he *would*	*be*	**choos***ing*
	Con. P.	I *would have*	*been*	**choos***ing*	you *would have*	*been*	**choos***ing*	he *would have*	*been*	**choos***ing*
Inf.	Pres.		*be*	**choos***ing*						
	Perf.	*have*	*been*	**choos***ing*						

Das **-e** der Verbendung entfällt vor der Endung **-ing.**

choose - chose - chosen

1. Person Plural		2. Person Plural		3. Person Plural	
we	choose	you	choose	they	choose
we	**chose**	you	**chose**	they	**chose**
we *have*	**chosen**	you *have*	**chosen**	they *have*	**chosen**
we *had*	**chosen**	you *had*	**chosen**	they *had*	**chosen**
we *will*	choose	you *will*	choose	they *will*	choose
we *will have*	**chosen**	you *will have*	**chosen**	they *will have*	**chosen**
we *would*	choose	you *would*	choose	they *would*	choose
we *would have*	**chosen**	you *would have*	**chosen**	they *would have*	**chosen**
we	choose	you	choose	they	choose
we	**chose**	you	**chose**	they	**chose**
we *had*	**chosen**	you *had*	**chosen**	they *had*	**chosen**
	-		choose		-

Endung **-e** entfällt

1. Person Plural			2. Person Plural			3. Person Plural		
we	*are*	**choos***ing*	you	*are*	**choos***ing*	they	*are*	**choos***ing*
we	*were*	**choos***ing*	you	*were*	**choos***ing*	they	*were*	**choos***ing*
we *have*	*been*	**choos***ing*	you *have*	*been*	**choos***ing*	they *has*	*been*	**choos***ing*
we *had*	*been*	**choos***ing*	you *had*	*been*	**choos***ing*	they *had*	*been*	**choos***ing*
we *will*	*be*	**choos***ing*	you *will*	*be*	**choos***ing*	they *will*	*be*	**choos***ing*
we *will have*	*been*	**choos***ing*	you *will have*	*been*	**choos***ing*	they *will have*	*been*	**choos***ing*
we *would*	*be*	**choos***ing*	you *would*	*be*	**choos***ing*	they *would*	*be*	**choos***ing*
we *would have*	*been*	**choos***ing*	you *would have*	*been*	**choos***ing*	they *would have*	*been*	**choos***ing*

Die unregelmäßigen Verben

Die Verbgruppe von lose in der Simple Form

Mod.	Zeit	1. Person Singular		2. Person Singular		3. Person Singular	
Ind.	Pres. T.	I	lose	you	lose	he	lose**s**
	Past T.	I	**lost**	you	**lost**	he	**lost**
	Pres. P.	I *have*	**lost**	you *have*	**lost**	he *has*	**lost**
	Past P.	I *had*	**lost**	you *had*	**lost**	he *had*	**lost**
	Fut. T.	I *will*	lose	you *will*	lose	he *will*	lose
	Fut. P.	I *will have*	**lost**	you *will have*	**lost**	he *will have*	**lost**
Con.	Con.	I *would*	lose	you *would*	lose	he *would*	lose
	Con. P.	I *would have*	**lost**	you *would have*	**lost**	he *would have*	**lost**
Sub.	Pres.	I	lose	you	lose	he	lose
	Past	I	**lost**	you	**lost**	he	**lost**
	Past P.	I *had*	**lost**	you *had*	**lost**	he *had*	**lost**
Imp.	Imp.		-		lose		-
Inf.	Pres.		lose (verlieren)				
	Perf.	*have*	**lost**				
Part.	Pres.		**los***ing*				
	Past		**lost**				
	Perf.	*having*	**lost**				
Ger.	Pres.		**los***ing*				
	Perf.	*having*	**lost**				

Die Verbgruppe von lose in der Continuous Form

Mod.	Zeit	1. Person Singular			2. Person Singular			3. Person Singular		
Ind.	Pres. T.	I	*am*	**los***ing*	you	*are*	**los***ing*	he	*is*	**los***ing*
	Past T.	I	*was*	**los***ing*	you	*were*	**los***ing*	he	*was*	**los***ing*
	Pres. P.	I *have*	*been*	**los***ing*	you *have*	*been*	**los***ing*	he *has*	*been*	**los***ing*
	Past P.	I *had*	*been*	**los***ing*	you *had*	*been*	**los***ing*	he *had*	*been*	**los***ing*
	Fut. T.	I *will*	*be*	**los***ing*	you *will*	*be*	**los***ing*	he *will*	*be*	**los***ing*
	Fut. P.	I *will have*	*been*	**los***ing*	you *will have*	*been*	**los***ing*	he *will have*	*been*	**los***ing*
Con.	Con.	I *would*	*be*	**los***ing*	you *would*	*be*	**los***ing*	he *would*	*be*	**los***ing*
	Con. P.	I *would have*	*been*	**los***ing*	you *would have*	*been*	**los***ing*	he *would have*	*been*	**los***ing*
Inf.	Pres.		*be*	**los***ing*						
	Perf.	*have*	*been*	**los***ing*						

Das **-e** der Verbendung entfällt vor der Endung **-ing.**

lose - lost - lost

1. Person Plural		2. Person Plural		3. Person Plural	
we	lose	you	lose	they	lose
we	**lost**	you	**lost**	they	**lost**
we *have*	**lost**	you *have*	**lost**	they *have*	**lost**
we *had*	**lost**	you *had*	**lost**	they *had*	**lost**
we *will*	lose	you *will*	lose	they *will*	lose
we *will have*	**lost**	you *will have*	**lost**	they *will have*	**lost**
we *would*	lose	you *would*	lose	they *would*	lose
we *would have*	**lost**	you *would have*	**lost**	they *would have*	**lost**
we	lose	you	lose	they	lose
we	**lost**	you	**lost**	they	**lost**
we *had*	**lost**	you *had*	**lost**	they *had*	**lost**
	-		lose		-

Endung **-e** entfällt

1. Person Plural			2. Person Plural			3. Person Plural		
we	*are*	**los***ing*	you	*are*	**los***ing*	they	*are*	**los***ing*
we	*were*	**los***ing*	you	*were*	**los***ing*	they	*were*	**los***ing*
we *have*	*been*	**los***ing*	you *have*	*been*	**los***ing*	they *has*	*been*	**los***ing*
we *had*	*been*	**los***ing*	you *had*	*been*	**los***ing*	they *had*	*been*	**los***ing*
we *will*	*be*	**los***ing*	you *will*	*be*	**los***ing*	they *will*	*be*	**los***ing*
we *will have*	*been*	**los***ing*	you *will have*	*been*	**los***ing*	they *will have*	*been*	**los***ing*
we *would*	*be*	**los***ing*	you *would*	*be*	**los***ing*	they *would*	*be*	**los***ing*
we *would have*	*been*	**los***ing*	you *would have*	*been*	**los***ing*	they *would have*	*been*	**los***ing*

Die unregelmäßigen Verben

Die Verbgruppe von shoot in der Simple Form

Mod.	Zeit	1. Person Singular		2. Person Singular		3. Person Singular	
Ind.	Pres. T.	I	shoot	you	shoot	he	shoot**s**
	Past T.	I	**shot**	you	**shot**	he	**shot**
	Pres. P.	I *have*	**shot**	you *have*	**shot**	he *has*	**shot**
	Past P.	I *had*	**shot**	you *had*	**shot**	he *had*	**shot**
	Fut. T.	I *will*	shoot	you *will*	shoot	he *will*	shoot
	Fut. P.	I *will have*	**shot**	you *will have*	**shot**	he *will have*	**shot**
Con.	Con.	I *would*	shoot	you *would*	shoot	he *would*	shoot
	Con. P.	I *would have*	**shot**	you *would have*	**shot**	he *would have*	**shot**
Sub.	Pres.	I	shoot	you	shoot	he	shoot
	Past	I	**shot**	you	**shot**	he	**shot**
	Past P.	I *had*	**shot**	you *had*	**shot**	he *had*	**shot**
Imp.	Imp.		-		shoot		-
Inf.	Pres.		shoot (schießen)				
	Perf.	*have*	**shot**				
Part.	Pres.		shoot*ing*				
	Past		**shot**				
	Perf.	*having*	**shot**				
Ger.	Pres.		shoot*ing*				
	Perf.	*having*	**shot**				

Die Verbgruppe von shoot in der Continuous Form

Mod.	Zeit	1. Person Singular			2. Person Singular			3. Person Singular		
Ind.	Pres. T.	I	*am*	shoot*ing*	you	*are*	shoot*ing*	he	*is*	shoot*ing*
	Past T.	I	*was*	shoot*ing*	you	*were*	shoot*ing*	he	*was*	shoot*ing*
	Pres. P.	I *have*	*been*	shoot*ing*	you *have*	*been*	shoot*ing*	he *has*	*been*	shoot*ing*
	Past P.	I *had*	*been*	shoot*ing*	you *had*	*been*	shoot*ing*	he *had*	*been*	shoot*ing*
	Fut. T.	I *will*	*be*	shoot*ing*	you *will*	*be*	shoot*ing*	he *will*	*be*	shoot*ing*
	Fut. P.	I *will have*	*been*	shoot*ing*	you *will have*	*been*	shoot*ing*	he *will have*	*been*	shoot*ing*
Con.	Con.	I *would*	*be*	shoot*ing*	you *would*	*be*	shoot*ing*	he *would*	*be*	shoot*ing*
	Con. P.	I *would have*	*been*	shoot*ing*	you *would have*	*been*	shoot*ing*	he *would have*	*been*	shoot*ing*
Inf.	Pres.		*be*	shoot*ing*						
	Perf.	*have*	*been*	shoot*ing*						

Die Verbgruppe von shoot

shoot - shot - shot

1. Person Plural		2. Person Plural		3. Person Plural	
we	shoot	you	shoot	they	shoot
we	**shot**	you	**shot**	they	**shot**
we *have*	**shot**	you *have*	**shot**	they *have*	**shot**
we *had*	**shot**	you *had*	**shot**	they *had*	**shot**
we *will*	shoot	you *will*	shoot	they *will*	shoot
we *will have*	**shot**	you *will have*	**shot**	they *will have*	**shot**
we *would*	shoot	you *would*	shoot	they *would*	shoot
we *would have*	**shot**	you *would have*	**shot**	they *would have*	**shot**
we	shoot	you	shoot	they	shoot
we	**shot**	you	**shot**	they	**shot**
we *had*	**shot**	you *had*	**shot**	they *had*	**shot**
	-		shoot		-

1. Person Plural			2. Person Plural			3. Person Plural		
we	*are*	shoot*ing*	you	*are*	shoot*ing*	they	*are*	shoot*ing*
we	*were*	shoot*ing*	you	*were*	shoot*ing*	they	*were*	shoot*ing*
we *have*	*been*	shoot*ing*	you *have*	*been*	shoot*ing*	they *has*	*been*	shoot*ing*
we *had*	*been*	shoot*ing*	you *had*	*been*	shoot*ing*	they *had*	*been*	shoot*ing*
we *will*	*be*	shoot*ing*	you *will*	*be*	shoot*ing*	they *will*	*be*	shoot*ing*
we *will have*	*been*	shoot*ing*	you *will have*	*been*	shoot*ing*	they *will have*	*been*	shoot*ing*
we *would*	*be*	shoot*ing*	you *would*	*be*	shoot*ing*	they *would*	*be*	shoot*ing*
we *would have*	*been*	shoot*ing*	you *would have*	*been*	shoot*ing*	they *would have*	*been*	shoot*ing*

Die unregelmäßigen Verben

Die Verbgruppe von tread in der Simple Form

Mod.	Zeit	1. Person Singular		2. Person Singular		3. Person Singular	
Ind.	Pres. T.	I	tread	you	tread	he	tread**s**
	Past T.	I	**trod**	you	**trod**	he	**trod**
	Pres. P.	I *have*	**trod, trodden**	you *have*	**trod, trodden**	he *has*	**trod, trodden**
	Past P.	I *had*	**trod, trodden**	you *had*	**trod, trodden**	he *had*	**trod, trodden**
	Fut. T.	I *will*	tread	you *will*	tread	he *will*	tread
	Fut. P.	I *will have*	**trod, trodden**	you *will have*	**trod, trodden**	he *will have*	**trod, trodden**
Con.	Con.	I *would*	tread	you *would*	tread	he *would*	tread
	Con. P.	I *would have*	**trod, trodden**	you *would have*	**trod, trodden**	he *would have*	**trod, trodden**
Sub.	Pres.	I	tread	you	tread	he	tread
	Past	I	**trod**	you	**trod**	he	**trod**
	Past P.	I *had*	**trod, trodden**	you *had*	**trod, trodden**	he *had*	**trod, trodden**
Imp.	Imp.		-		tread		-
Inf.	Pres.		tread (treten)				
	Perf.	*have*	**trod, trodden**				
Part.	Pres.		tread*ing*				
	Past		**trod, trodden**				
	Perf.	*having*	**trod, trodden**				
Ger.	Pres.		tread*ing*				
	Perf.	*having*	**trod, trodden**				

Die Verbgruppe von tread in der Continuous Form

Mod.	Zeit	1. Person Singular			2. Person Singular			3. Person Singular		
Ind.	Pres. T.	I	*am*	tread*ing*	you	*are*	tread*ing*	he	*is*	tread*ing*
	Past T.	I	*was*	tread*ing*	you	*were*	tread*ing*	he	*was*	tread*ing*
	Pres. P.	I *have*	*been*	tread*ing*	you *have*	*been*	tread*ing*	he *has*	*been*	tread*ing*
	Past P.	I *had*	*been*	tread*ing*	you *had*	*been*	tread*ing*	he *had*	*been*	tread*ing*
	Fut. T.	I *will*	*be*	tread*ing*	you *will*	*be*	tread*ing*	he *will*	*be*	tread*ing*
	Fut. P.	I *will have*	*been*	tread*ing*	you *will have*	*been*	tread*ing*	he *will have*	*been*	tread*ing*
Con.	Con.	I *would*	*be*	tread*ing*	you *would*	*be*	tread*ing*	he *would*	*be*	tread*ing*
	Con. P.	I *would have*	*been*	tread*ing*	you *would have*	*been*	tread*ing*	he *would have*	*been*	tread*ing*
Inf.	Pres.		*be*	tread*ing*						
	Perf.	*have*	*been*	tread*ing*						

Die Verbgruppe von tread

tread - trod - trod, trodden

1. Person Plural		2. Person Plural		3. Person Plural	
we	tread	you	tread	they	tread
we	**trod**	you	**trod**	they	**trod**
we *have*	**trod, trodden**	you *have*	**trod, trodden**	they *have*	**trod, trodden**
we *had*	**trod, trodden**	you *had*	**trod, trodden**	they *had*	**trod, trodden**
we *will*	tread	you *will*	tread	they *will*	tread
we *will have*	**trod, trodden**	you *will have*	**trod, trodden**	they *will have*	**trod, trodden**
we *would*	tread	you *would*	tread	they *would*	tread
we *would have*	**trod, trodden**	you *would have*	**trod, trodden**	they *would have*	**trod, trodden**
we	tread	you	tread	they	tread
we	**trod**	you	**trod**	they	**trod**
we *had*	**trod, trodden**	you *had*	**trod, trodden**	they *had*	**trod, trodden**
	-		tread		-

1. Person Plural			2. Person Plural			3. Person Plural		
we	*are*	tread*ing*	you	*are*	tread*ing*	they	*are*	tread*ing*
we	*were*	tread*ing*	you	*were*	tread*ing*	they	*were*	tread*ing*
we *have*	*been*	tread*ing*	you *have*	*been*	tread*ing*	they *has*	*been*	tread*ing*
we *had*	*been*	tread*ing*	you *had*	*been*	tread*ing*	they *had*	*been*	tread*ing*
we *will*	*be*	tread*ing*	you *will*	*be*	tread*ing*	they *will*	*be*	tread*ing*
we *will have*	*been*	tread*ing*	you *will have*	*been*	tread*ing*	they *will have*	*been*	tread*ing*
we *would*	*be*	tread*ing*	you *would*	*be*	tread*ing*	they *would*	*be*	tread*ing*
we *would have*	*been*	tread*ing*	you *would have*	*been*	tread*ing*	they *would have*	*been*	tread*ing*

Die unregelmäßigen Verben

Die Verbgruppe von fall in der Simple Form

Mod.	Zeit	1. Person Singular		2. Person Singular		3. Person Singular	
Ind.	Pres. T.	I	fall	you	fall	he	fall**s**
	Past T.	I	**fell**	you	**fell**	he	**fell**
	Pres. P.	I *have*	**fallen**	you *have*	**fallen**	he *has*	**fallen**
	Past P.	I *had*	**fallen**	you *had*	**fallen**	he *had*	**fallen**
	Fut. T.	I *will*	fall	you *will*	fall	he *will*	fall
	Fut. P.	I *will have*	**fallen**	you *will have*	**fallen**	he *will have*	**fallen**
Con.	Con.	I *would*	fall	you *would*	fall	he *would*	fall
	Con. P.	I *would have*	**fallen**	you *would have*	**fallen**	he *would have*	**fallen**
Sub.	Pres.	I	fall	you	fall	he	fall
	Past	I	**fell**	you	**fell**	he	**fell**
	Past P.	I *had*	**fallen**	you *had*	**fallen**	he *had*	**fallen**
Imp.	Imp.		-		fall		-
Inf.	Pres.		fall (fallen)				
	Perf.	*have*	**fallen**				
Part.	Pres.		fall*ing*				
	Past		**fallen**				
	Perf.	*having*	**fallen**				
Ger.	Pres.		fall*ing*				
	Perf.	*having*	**fallen**				

Die Verbgruppe von fall in der Continuous Form

Mod.	Zeit	1. Person Singular			2. Person Singular			3. Person Singular		
Ind.	Pres. T.	I	*am*	fall*ing*	you	*are*	fall*ing*	he	*is*	fall*ing*
	Past T.	I	*was*	fall*ing*	you	*were*	fall*ing*	he	*was*	fall*ing*
	Pres. P.	I *have*	*been*	fall*ing*	you *have*	*been*	fall*ing*	he *has*	*been*	fall*ing*
	Past P.	I *had*	*been*	fall*ing*	you *had*	*been*	fall*ing*	he *had*	*been*	fall*ing*
	Fut. T.	I *will*	*be*	fall*ing*	you *will*	*be*	fall*ing*	he *will*	*be*	fall*ing*
	Fut. P.	I *will have*	*been*	fall*ing*	you *will have*	*been*	fall*ing*	he *will have*	*been*	fall*ing*
Con.	Con.	I *would*	*be*	fall*ing*	you *would*	*be*	fall*ing*	he *would*	*be*	fall*ing*
	Con. P.	I *would have*	*been*	fall*ing*	you *would have*	*been*	fall*ing*	he *would have*	*been*	fall*ing*
Inf.	Pres.		*be*	fall*ing*						
	Perf.	*have*	*been*	fall*ing*						

Die Verbgruppe von fall

fall - fell - fallen

1. Person Plural	2. Person Plural	3. Person Plural
we fall	you fall	they fall
we **fell**	you **fell**	they **fell**
we *have* **fallen**	you *have* **fallen**	they *have* **fallen**
we *had* **fallen**	you *had* **fallen**	they *had* **fallen**
we *will* fall	you *will* fall	they *will* fall
we *will have* **fallen**	you *will have* **fallen**	they *will have* **fallen**
we *would* fall	you *would* fall	they *would* fall
we *would have* **fallen**	you *would have* **fallen**	they *would have* **fallen**
we fall	you fall	they fall
we **fell**	you **fell**	they **fell**
we *had* **fallen**	you *had* **fallen**	they *had* **fallen**
-	fall	-

1. Person Plural	2. Person Plural	3. Person Plural
we *are* fall*ing*	you *are* fall*ing*	they *are* fall*ing*
we *were* fall*ing*	you *were* fall*ing*	they *were* fall*ing*
we *have* *been* fall*ing*	you *have* *been* fall*ing*	they *has* *been* fall*ing*
we *had* *been* fall*ing*	you *had* *been* fall*ing*	they *had* *been* fall*ing*
we *will* *be* fall*ing*	you *will* *be* fall*ing*	they *will* *be* fall*ing*
we *will have* *been* fall*ing*	you *will have* *been* fall*ing*	they *will have* *been* fall*ing*
we *would* *be* fall*ing*	you *would* *be* fall*ing*	they *would* *be* fall*ing*
we *would have* *been* fall*ing*	you *would have* *been* fall*ing*	they *would have* *been* fall*ing*

Die unregelmäßigen Verben

Die Verbgruppe von swell in der Simple Form

Mod.	Zeit	1. Person Singular		2. Person Singular		3. Person Singular	
Ind.	Pres. T.	I	swell	you	swell	he	swell*s*
	Past T.	I	swell*ed*	you	swell*ed*	he	swell*ed*
	Pres. P.	I *have*	**swollen**	you *have*	**swollen**	he *has*	**swollen**
	Past P.	I *had*	**swollen**	you *had*	**swollen**	he *had*	**swollen**
	Fut. T.	I *will*	swell	you *will*	swell	he *will*	swell
	Fut. P.	I *will have*	**swollen**	you *will have*	**swollen**	he *will have*	**swollen**
Con.	Con.	I *would*	swell	you *would*	swell	he *would*	swell
	Con. P.	I *would have*	**swollen**	you *would have*	**swollen**	he *would have*	**swollen**
Sub.	Pres.	I	swell	you	swell	he	swell
	Past	I	swell*ed*	you	swell*ed*	he	swell*ed*
	Past P.	I *had*	**swollen**	you *had*	**swollen**	he *had*	**swollen**
Imp.	Imp.		-		swell		-
Inf.	Pres.		swell (anschwellen)				
	Perf.	*have*	**swollen**				
Part.	Pres.		swell*ing*				
	Past		**swollen**				
	Perf.	*having*	**swollen**				
Ger.	Pres.		swell*ing*				
	Perf.	*having*	**swollen**				

Die Verbgruppe von swell in der Continuous Form

Mod.	Zeit	1. Person Singular			2. Person Singular			3. Person Singular		
Ind.	Pres. T.	I	*am*	swell*ing*	you	*are*	swell*ing*	he	*is*	swell*ing*
	Past T.	I	*was*	swell*ing*	you	*were*	swell*ing*	he	*was*	swell*ing*
	Pres. P.	I *have*	*been*	swell*ing*	you *have*	*been*	swell*ing*	he *has*	*been*	swell*ing*
	Past P.	I *had*	*been*	swell*ing*	you *had*	*been*	swell*ing*	he *had*	*been*	swell*ing*
	Fut. T.	I *will*	*be*	swell*ing*	you *will*	*be*	swell*ing*	he *will*	*be*	swell*ing*
	Fut. P.	I *will have*	*been*	swell*ing*	you *will have*	*been*	swell*ing*	he *will have*	*been*	swell*ing*
Con.	Con.	I *would*	*be*	swell*ing*	you *would*	*be*	swell*ing*	he *would*	*be*	swell*ing*
	Con. P.	I *would have*	*been*	swell*ing*	you *would have*	*been*	swell*ing*	he *would have*	*been*	swell*ing*
Inf.	Pres.		*be*	swell*ing*						
	Perf.	*have*	*been*	swell*ing*						

Die Verbgruppe von swell

swell - swell*ed* - swollen

1. Person Plural	2. Person Plural	3. Person Plural
we swell	you swell	they swell
we swell*ed*	you swell*ed*	they swell*ed*
we *have* **swollen**	you *have* **swollen**	they *have* **swollen**
we *had* **swollen**	you *had* **swollen**	they *had* **swollen**
we *will* swell	you *will* swell	they *will* swell
we *will have* **swollen**	you *will have* **swollen**	they *will have* **swollen**
we *would* swell	you *would* swell	they *would* swell
we *would have* **swollen**	you *would have* **swollen**	they *would have* **swollen**
we swell	you swell	they swell
we swell*ed*	you swell*ed*	they swell*ed*
we *had* **swollen**	you *had* **swollen**	they *had* **swollen**
-	swell	-

1. Person Plural	2. Person Plural	3. Person Plural
we *are* swell*ing*	you *are* swell*ing*	they *are* swell*ing*
we *were* swell*ing*	you *were* swell*ing*	they *were* swell*ing*
we *have been* swell*ing*	you *have been* swell*ing*	they *has been* swell*ing*
we *had been* swell*ing*	you *had been* swell*ing*	they *had been* swell*ing*
we *will be* swell*ing*	you *will be* swell*ing*	they *will be* swell*ing*
we *will have been* swell*ing*	you *will have been* swell*ing*	they *will have been* swell*ing*
we *would be* swell*ing*	you *would be* swell*ing*	they *would be* swell*ing*
we *would have been* swell*ing*	you *would have been* swell*ing*	they *would have been* swell*ing*

Die Verbgruppe von tell in der Simple Form

Mod.	Zeit	1. Person Singular		2. Person Singular		3. Person Singular	
Ind.	Pres. T.	I	tell	you	tell	he	tell***s***
	Past T.	I	**told**	you	**told**	he	**told**
	Pres. P.	I *have*	**told**	you *have*	**told**	he *has*	**told**
	Past P.	I *had*	**told**	you *had*	**told**	he *had*	**told**
	Fut. T.	I *will*	tell	you *will*	tell	he *will*	tell
	Fut. P.	I *will have*	**told**	you *will have*	**told**	he *will have*	**told**
Con.	Con.	I *would*	tell	you *would*	tell	he *would*	tell
	Con. P.	I *would have*	**told**	you *would have*	**told**	he *would have*	**told**
Sub.	Pres.	I	tell	you	tell	he	tell
	Past	I	**told**	you	**told**	he	**told**
	Past P.	I *had*	**told**	you *had*	**told**	he *had*	**told**
Imp.	Imp.		-		tell		-
Inf.	Pres.		tell (erzählen, sagen)				
	Perf.	*have*	**told**				
Part.	Pres.		tell*ing*				
	Past		**told**				
	Perf.	*having*	**told**				
Ger.	Pres.		tell*ing*				
	Perf.	*having*	**told**				

Die Verbgruppe von tell in der Continuous Form

Mod.	Zeit	1. Person Singular			2. Person Singular			3. Person Singular		
Ind.	Pres. T.	I	*am*	tell*ing*	you	*are*	tell*ing*	he	*is*	tell*ing*
	Past T.	I	*was*	tell*ing*	you	*were*	tell*ing*	he	*was*	tell*ing*
	Pres. P.	I *have*	*been*	tell*ing*	you *have*	*been*	tell*ing*	he *has*	*been*	tell*ing*
	Past P.	I *had*	*been*	tell*ing*	you *had*	*been*	tell*ing*	he *had*	*been*	tell*ing*
	Fut. T.	I *will*	*be*	tell*ing*	you *will*	*be*	tell*ing*	he *will*	*be*	tell*ing*
	Fut. P.	I *will have*	*been*	tell*ing*	you *will have*	*been*	tell*ing*	he *will have*	*been*	tell*ing*
Con.	Con.	I *would*	*be*	tell*ing*	you *would*	*be*	tell*ing*	he *would*	*be*	tell*ing*
	Con. P.	I *would have*	*been*	tell*ing*	you *would have*	*been*	tell*ing*	he *would have*	*been*	tell*ing*
Inf.	Pres.		*be*	tell*ing*						
	Perf.	*have*	*been*	tell*ing*						

Die Verbgruppe von tell

tell - told - told

1. Person Plural		2. Person Plural		3. Person Plural	
we	tell	you	tell	they	tell
we	**told**	you	**told**	they	**told**
we *have*	**told**	you *have*	**told**	they *have*	**told**
we *had*	**told**	you *had*	**told**	they *had*	**told**
we *will*	tell	you *will*	tell	they *will*	tell
we *will have*	**told**	you *will have*	**told**	they *will have*	**told**
we *would*	tell	you *would*	tell	they *would*	tell
we *would have*	**told**	you *would have*	**told**	they *would have*	**told**
we	tell	you	tell	they	tell
we	**told**	you	**told**	they	**told**
we *had*	**told**	you *had*	**told**	they *had*	**told**
	-		tell		-

1. Person Plural		2. Person Plural		3. Person Plural	
we	*are* tell*ing*	you	*are* tell*ing*	they	*are* tell*ing*
we	*were* tell*ing*	you	*were* tell*ing*	they	*were* tell*ing*
we *have*	*been* tell*ing*	you *have*	*been* tell*ing*	they *has*	*been* tell*ing*
we *had*	*been* tell*ing*	you *had*	*been* tell*ing*	they *had*	*been* tell*ing*
we *will*	*be* tell*ing*	you *will*	*be* tell*ing*	they *will*	*be* tell*ing*
we *will have*	*been* tell*ing*	you *will have*	*been* tell*ing*	they *will have*	*been* tell*ing*
we *would*	*be* tell*ing*	you *would*	*be* tell*ing*	they *would*	*be* tell*ing*
we *would have*	*been* tell*ing*	you *would have*	*been* tell*ing*	they *would have*	*been* tell*ing*

Die unregelmäßigen Verben

Die Verbgruppe von hold in der Simple Form

Mod.	Zeit	1. Person Singular		2. Person Singular		3. Person Singular	
Ind.	Pres. T.	I	hold	you	hold	he	hold*s*
	Past T.	I	**held**	you	**held**	he	**held**
	Pres. P.	I *have*	**held**	you *have*	**held**	he *has*	**held**
	Past P.	I *had*	**held**	you *had*	**held**	he *had*	**held**
	Fut. T.	I *will*	hold	you *will*	hold	he *will*	hold
	Fut. P.	I *will have*	**held**	you *will have*	**held**	he *will have*	**held**
Con.	Con.	I *would*	hold	you *would*	hold	he *would*	hold
	Con. P.	I *would have*	**held**	you *would have*	**held**	he *would have*	**held**
Sub.	Pres.	I	hold	you	hold	he	hold
	Past	I	**held**	you	**held**	he	**held**
	Past P.	I *had*	**held**	you *had*	**held**	he *had*	**held**
Imp.	Imp.		-		hold		-
Inf.	Pres.		hold (halten)				
	Perf.	*have*	**held**				
Part.	Pres.		hold*ing*				
	Past		**held**				
	Perf.	*having*	**held**				
Ger.	Pres.		hold*ing*				
	Perf.	*having*	**held**				

Die Verbgruppe von hold in der Continuous Form

Mod.	Zeit	1. Person Singular			2. Person Singular			3. Person Singular		
Ind.	Pres. T.	I	*am*	hold*ing*	you	*are*	hold*ing*	he	*is*	hold*ing*
	Past T.	I	*was*	hold*ing*	you	*were*	hold*ing*	he	*was*	hold*ing*
	Pres. P.	I *have*	*been*	hold*ing*	you *have*	*been*	hold*ing*	he *has*	*been*	hold*ing*
	Past P.	I *had*	*been*	hold*ing*	you *had*	*been*	hold*ing*	he *had*	*been*	hold*ing*
	Fut. T.	I *will*	*be*	hold*ing*	you *will*	*be*	hold*ing*	he *will*	*be*	hold*ing*
	Fut. P.	I *will have*	*been*	hold*ing*	you *will have*	*been*	hold*ing*	he *will have*	*been*	hold*ing*
Con.	Con.	I *would*	*be*	hold*ing*	you *would*	*be*	hold*ing*	he *would*	*be*	hold*ing*
	Con. P.	I *would have*	*been*	hold*ing*	you *would have*	*been*	hold*ing*	he *would have*	*been*	hold*ing*
Inf.	Pres.		*be*	hold*ing*						
	Perf.	*have*	*been*	hold*ing*						

hold - held - held

1. Person Plural		2. Person Plural		3. Person Plural	
we	hold	you	hold	they	hold
we	**held**	you	**held**	they	**held**
we *have*	**held**	you *have*	**held**	they *have*	**held**
we *had*	**held**	you *had*	**held**	they *had*	**held**
we *will*	hold	you *will*	hold	they *will*	hold
we *will have*	**held**	you *will have*	**held**	they *will have*	**held**
we *would*	hold	you *would*	hold	they *would*	hold
we *would have*	**held**	you *would have*	**held**	they *would have*	**held**
we	hold	you	hold	they	hold
we	**held**	you	**held**	they	**held**
we *had*	**held**	you *had*	**held**	they *had*	**held**
	-		hold		-

1. Person Plural			2. Person Plural			3. Person Plural		
we	*are*	hold*ing*	you	*are*	hold*ing*	they	*are*	hold*ing*
we	*were*	hold*ing*	you	*were*	hold*ing*	they	*were*	hold*ing*
we *have*	*been*	hold*ing*	you *have*	*been*	hold*ing*	they *has*	*been*	hold*ing*
we *had*	*been*	hold*ing*	you *had*	*been*	hold*ing*	they *had*	*been*	hold*ing*
we *will*	*be*	hold*ing*	you *will*	*be*	hold*ing*	they *will*	*be*	hold*ing*
we *will have*	*been*	hold*ing*	you *will have*	*been*	hold*ing*	they *will have*	*been*	hold*ing*
we *would*	*be*	hold*ing*	you *would*	*be*	hold*ing*	they *would*	*be*	hold*ing*
we *would have*	*been*	hold*ing*	you *would have*	*been*	hold*ing*	they *would have*	*been*	hold*ing*

Die unregelmäßigen Verben

Die Verbgruppe von beat in der Simple Form

Mod.	Zeit	1. Person Singular		2. Person Singular		3. Person Singular	
Ind.	Pres. T.	I	beat	you	beat	he	beat**s**
	Past T.	I	**beat**	you	**beat**	he	**beat**
	Pres. P.	I *have*	**beaten**	you *have*	**beaten**	he *has*	**beaten**
	Past P.	I *had*	**beaten**	you *had*	**beaten**	he *had*	**beaten**
	Fut. T.	I *will*	beat	you *will*	beat	he *will*	beat
	Fut. P.	I *will have*	**beaten**	you *will have*	**beaten**	he *will have*	**beaten**
Con.	Con.	I *would*	beat	you *would*	beat	he *would*	beat
	Con. P.	I *would have*	**beaten**	you *would have*	**beaten**	he *would have*	**beaten**
Sub.	Pres.	I	beat	you	beat	he	beat
	Past	I	**beat**	you	**beat**	he	**beat**
	Past P.	I *had*	**beaten**	you *had*	**beaten**	he *had*	**beaten**
Imp.	Imp.		-		beat		-
Inf.	Pres.		beat (schlagen)				
	Perf.	*have*	**beaten**				
Part.	Pres.		beat*ing*				
	Past		**beaten**				
	Perf.	*having*	**beaten**				
Ger.	Pres.		beat*ing*				
	Perf.	*having*	**beaten**				

Die Verbgruppe von beat in der Continuous Form

Mod.	Zeit	1. Person Singular			2. Person Singular			3. Person Singular		
Ind.	Pres. T.	I	*am*	beat*ing*	you	*are*	beat*ing*	he	*is*	beat*ing*
	Past T.	I	*was*	beat*ing*	you	*were*	beat*ing*	he	*was*	beat*ing*
	Pres. P.	I *have*	*been*	beat*ing*	you *have*	*been*	beat*ing*	he *has*	*been*	beat*ing*
	Past P.	I *had*	*been*	beat*ing*	you *had*	*been*	beat*ing*	he *had*	*been*	beat*ing*
	Fut. T.	I *will*	*be*	beat*ing*	you *will*	*be*	beat*ing*	he *will*	*be*	beat*ing*
	Fut. P.	I *will have*	*been*	beat*ing*	you *will have*	*been*	beat*ing*	he *will have*	*been*	beat*ing*
Con.	Con.	I *would*	*be*	beat*ing*	you *would*	*be*	beat*ing*	he *would*	*be*	beat*ing*
	Con. P.	I *would have*	*been*	beat*ing*	you *would have*	*been*	beat*ing*	he *would have*	*been*	beat*ing*
Inf.	Pres.		*be*	beat*ing*						
	Perf.	*have*	*been*	beat*ing*						

Die Verbgruppe von beat

beat - beat - beaten

1. Person Plural		2. Person Plural		3. Person Plural	
we	beat	you	beat	they	beat
we	**beat**	you	**beat**	they	**beat**
we *have*	**beaten**	you *have*	**beaten**	they *have*	**beaten**
we *had*	**beaten**	you *had*	**beaten**	they *had*	**beaten**
we *will*	beat	you *will*	beat	they *will*	beat
we *will have*	**beaten**	you *will have*	**beaten**	they *will have*	**beaten**
we *would*	beat	you *would*	beat	they *would*	beat
we *would have*	**beaten**	you *would have*	**beaten**	they *would have*	**beaten**
we	beat	you	beat	they	beat
we	**beat**	you	**beat**	they	**beat**
we *had*	**beaten**	you *had*	**beaten**	they *had*	**beaten**
	-		beat		-

1. Person Plural			2. Person Plural			3. Person Plural		
we	*are*	beat*ing*	you	*are*	beat*ing*	they	*are*	beat*ing*
we	*were*	beat*ing*	you	*were*	beat*ing*	they	*were*	beat*ing*
we *have*	*been*	beating	you *have*	*been*	beating	they *has*	*been*	beating
we *had*	*been*	beating	you *had*	*been*	beating	they *had*	*been*	beating
we *will*	*be*	beating	you *will*	*be*	beating	they *will*	*be*	beating
we *will have*	*been*	beating	you *will have*	*been*	beating	they *will have*	*been*	beating
we *would*	*be*	beating	you *would*	*be*	beating	they *would*	*be*	beating
we *would have*	*been*	beating	you *would have*	*been*	beating	they *would have*	*been*	beating

Die unregelmäßigen Verben

Die Verbgruppe von **eat** in der Simple Form

Mod.	Zeit	1. Person Singular	2. Person Singular	3. Person Singular
Ind.	Pres. T.	I eat	you eat	he eat***s***
	Past T.	I **ate**	you **ate**	he **ate**
	Pres. P.	I *have* **eaten**	you *have* **eaten**	he *has* **eaten**
	Past P.	I *had* **eaten**	you *had* **eaten**	he *had* **eaten**
	Fut. T.	I *will* eat	you *will* eat	he *will* eat
	Fut. P.	I *will have* **eaten**	you *will have* **eaten**	he *will have* **eaten**
Con.	Con.	I *would* eat	you *would* eat	he *would* eat
	Con. P.	I *would have* **eaten**	you *would have* **eaten**	he *would have* **eaten**
Sub.	Pres.	I eat	you eat	he eat
	Past	I **ate**	you **ate**	he **ate**
	Past P.	I *had* **eaten**	you *had* **eaten**	he *had* **eaten**
Imp.	Imp.	-	eat	-
Inf.	Pres.	eat (essen)		
	Perf.	*have* **eaten**		
Part.	Pres.	eat*ing*		
	Past	**eaten**		
	Perf.	*having* **eaten**		
Ger.	Pres.	eat*ing*		
	Perf.	*having* **eaten**		

Die Verbgruppe von **eat** in der Continuous Form

Mod.	Zeit	1. Person Singular	2. Person Singular	3. Person Singular
Ind.	Pres. T.	I *am* eat*ing*	you *are* eat*ing*	he *is* eat*ing*
	Past T.	I *was* eat*ing*	you *were* eat*ing*	he *was* eat*ing*
	Pres. P.	I *have* *been* eat*ing*	you *have* *been* eat*ing*	he *has* *been* eat*ing*
	Past P.	I *had* *been* eat*ing*	you *had* *been* eat*ing*	he *had* *been* eat*ing*
	Fut. T.	I *will* *be* eat*ing*	you *will* *be* eat*ing*	he *will* *be* eat*ing*
	Fut. P.	I *will have* *been* eat*ing*	you *will have* *been* eat*ing*	he *will have* *been* eat*ing*
Con.	Con.	I *would* *be* eat*ing*	you *would* *be* eat*ing*	he *would* *be* eat*ing*
	Con. P.	I *would have* *been* eat*ing*	you *would have* *been* eat*ing*	he *would have* *been* eat*ing*
Inf.	Pres.	*be* eat*ing*		
	Perf.	*have* *been* eat*ing*		

Die Verbgruppe von eat

eat - ate - eaten

1. Person Plural		2. Person Plural		3. Person Plural	
we	eat	you	eat	they	eat
we	**ate**	you	**ate**	they	**ate**
we *have*	**eaten**	you *have*	**eaten**	they *have*	**eaten**
we *had*	**eaten**	you *had*	**eaten**	they *had*	**eaten**
we *will*	eat	you *will*	eat	they *will*	eat
we *will have*	**eaten**	you *will have*	**eaten**	they *will have*	**eaten**
we *would*	eat	you *would*	eat	they *would*	eat
we *would have*	**eaten**	you *would have*	**eaten**	they *would have*	**eaten**
we	eat	you	eat	they	eat
we	**ate**	you	**ate**	they	**ate**
we *had*	**eaten**	you *had*	**eaten**	they *had*	**eaten**
	-		eat		-

1. Person Plural			2. Person Plural			3. Person Plural		
we	*are*	*eating*	you	*are*	*eating*	they	*are*	*eating*
we	*were*	*eating*	you	*were*	*eating*	they	*were*	*eating*
we *have*	*been*	*eating*	you *have*	*been*	*eating*	they *has*	*been*	*eating*
we *had*	*been*	*eating*	you *had*	*been*	*eating*	they *had*	*been*	*eating*
we *will*	*be*	*eating*	you *will*	*be*	*eating*	they *will*	*be*	*eating*
we *will have*	*been*	*eating*	you *will have*	*been*	*eating*	they *will have*	*been*	*eating*
we *would*	*be*	*eating*	you *would*	*be*	*eating*	they *would*	*be*	*eating*
we *would have*	*been*	*eating*	you *would have*	*been*	*eating*	they *would have*	*been*	*eating*

Die unregelmäßigen Verben

Die Verbgruppe von bear in der Simple Form

Mod.	Zeit	1. Person Singular		2. Person Singular		3. Person Singular	
Ind.	Pres. T.	I	bear	you	bear	he	bear**s**
	Past T.	I	**bore**	you	**bore**	he	**bore**
	Pres. P.	I *have*	**borne**	you *have*	**borne**	he *has*	**borne**
	Past P.	I *had*	**borne**	you *had*	**borne**	he *had*	**borne**
	Fut. T.	I *will*	bear	you *will*	bear	he *will*	bear
	Fut. P.	I *will have*	**borne**	you *will have*	**borne**	he *will have*	**borne**
Con.	Con.	I *would*	bear	you *would*	bear	he *would*	bear
	Con. P.	I *would have*	**borne**	you *would have*	**borne**	he *would have*	**borne**
Sub.	Pres.	I	bear	you	bear	he	bear
	Past	I	**bore**	you	**bore**	he	**bore**
	Past P.	I *had*	**borne**	you *had*	**borne**	he *had*	**borne**
Imp.	Imp.		-		bear		-
Inf.	Pres.		bear ((er)tragen)				
	Perf.	*have*	**borne**				
Part.	Pres.		bear*ing*				
	Past		**borne**				
	Perf.	*having*	**borne**				
Ger.	Pres.		bear*ing*				
	Perf.	*having*	**borne**				

Die Verbgruppe von bear in der Continuous Form

Mod.	Zeit	1. Person Singular			2. Person Singular			3. Person Singular		
Ind.	Pres. T.	I	*am*	bear*ing*	you	*are*	bear*ing*	he	*is*	bear*ing*
	Past T.	I	*was*	bear*ing*	you	*were*	bear*ing*	he	*was*	bear*ing*
	Pres. P.	I *have*	*been*	bear*ing*	you *have*	*been*	bear*ing*	he *has*	*been*	bear*ing*
	Past P.	I *had*	*been*	bear*ing*	you *had*	*been*	bear*ing*	he *had*	*been*	bear*ing*
	Fut. T.	I *will*	*be*	bear*ing*	you *will*	*be*	bear*ing*	he *will*	*be*	bear*ing*
	Fut. P.	I *will have*	*been*	bear*ing*	you *will have*	*been*	bear*ing*	he *will have*	*been*	bear*ing*
Con.	Con.	I *would*	*be*	bear*ing*	you *would*	*be*	bear*ing*	he *would*	*be*	bear*ing*
	Con. P.	I *would have*	*been*	bear*ing*	you *would have*	*been*	bear*ing*	he *would have*	*been*	bear*ing*
Inf.	Pres.		*be*	bear*ing*						
	Perf.	*have*	*been*	bear*ing*						

Zu dieser Verbgruppe gehört auch **bear** (gebären). Die 3. Stammform lautet jedoch **born** (z. B. **I was**

bear - bore - borne

1. Person Plural		2. Person Plural		3. Person Plural	
we	bear	you	bear	they	bear
we	**bore**	you	**bore**	they	**bore**
we *have*	**borne**	you *have*	**borne**	they *have*	**borne**
we *had*	**borne**	you *had*	**borne**	they *had*	**borne**
we *will*	bear	you *will*	bear	they *will*	bear
we *will have*	**borne**	you *will have*	**borne**	they *will have*	**borne**
we *would*	bear	you *would*	bear	they *would*	bear
we *would have*	**borne**	you *would have*	**borne**	they *would have*	**borne**
we	bear	you	bear	they	bear
we	**bore**	you	**bore**	they	**bore**
we *had*	**borne**	you *had*	**borne**	they *had*	**borne**
	-		bear		-

1. Person Plural			2. Person Plural			3. Person Plural		
we	*are*	bearing	you	*are*	bearing	they	*are*	bearing
we	*were*	bearing	you	*were*	bearing	they	*were*	bearing
we *have*	*been*	bearing	you *have*	*been*	bearing	they *has*	*been*	bearing
we *had*	*been*	bearing	you *had*	*been*	bearing	they *had*	*been*	bearing
we *will*	*be*	bearing	you *will*	*be*	bearing	they *will*	*be*	bearing
we *will have*	*been*	bearing	you *will have*	*been*	bearing	they *will have*	*been*	bearing
we *would*	*be*	bearing	you *would*	*be*	bearing	they *would*	*be*	bearing
we *would have*	*been*	bearing	you *would have*	*been*	bearing	they *would have*	*been*	bearing

born in London (ich wurde in London geboren)).

Die unregelmäßigen Verben

Die Verbgruppe von wear in der Simple Form

Mod.	Zeit	1. Person Singular		2. Person Singular		3. Person Singular	
Ind.	Pres. T.	I	wear	you	wear	he	wear*s*
	Past T.	I	**wore**	you	**wore**	he	**wore**
	Pres. P.	I *have*	**worn**	you *have*	**worn**	he *has*	**worn**
	Past P.	I *had*	**worn**	you *had*	**worn**	he *had*	**worn**
	Fut. T.	I *will*	wear	you *will*	wear	he *will*	wear
	Fut. P.	I *will have*	**worn**	you *will have*	**worn**	he *will have*	**worn**
Con.	Con.	I *would*	wear	you *would*	wear	he *would*	wear
	Con. P.	I *would have*	**worn**	you *would have*	**worn**	he *would have*	**worn**
Sub.	Pres.	I	wear	you	wear	he	wear
	Past	I	**wore**	you	**wore**	he	**wore**
	Past P.	I *had*	**worn**	you *had*	**worn**	he *had*	**worn**
Imp.	Imp.		-		wear		-
Inf.	Pres.		wear (tragen (Kleider))				
	Perf.	*have*	**worn**				
Part.	Pres.		wear*ing*				
	Past		**worn**				
	Perf.	*having*	**worn**				
Ger.	Pres.		wear*ing*				
	Perf.	*having*	**worn**				

Die Verbgruppe von wear in der Continuous Form

Mod.	Zeit	1. Person Singular			2. Person Singular			3. Person Singular		
Ind.	Pres. T.	I	*am*	wear*ing*	you	*are*	wear*ing*	he	*is*	wear*ing*
	Past T.	I	*was*	wear*ing*	you	*were*	wear*ing*	he	*was*	wear*ing*
	Pres. P.	I *have*	*been*	wear*ing*	you *have*	*been*	wear*ing*	he *has*	*been*	wear*ing*
	Past P.	I *had*	*been*	wear*ing*	you *had*	*been*	wear*ing*	he *had*	*been*	wear*ing*
	Fut. T.	I *will*	*be*	wear*ing*	you *will*	*be*	wear*ing*	he *will*	*be*	wear*ing*
	Fut. P.	I *will have*	*been*	wear*ing*	you *will have*	*been*	wear*ing*	he *will have*	*been*	wear*ing*
Con.	Con.	I *would*	*be*	wear*ing*	you *would*	*be*	wear*ing*	he *would*	*be*	wear*ing*
	Con. P.	I *would have*	*been*	wear*ing*	you *would have*	*been*	wear*ing*	he *would have*	*been*	wear*ing*
Inf.	Pres.		*be*	wear*ing*						
	Perf.	*have*	*been*	wear*ing*						

Die Verbgruppe von **wear**

wear - wore - worn

1. Person Plural		2. Person Plural		3. Person Plural	
we	wear	you	wear	they	wear
we	**wore**	you	**wore**	they	**wore**
we *have*	**worn**	you *have*	**worn**	they *have*	**worn**
we *had*	**worn**	you *had*	**worn**	they *had*	**worn**
we *will*	wear	you *will*	wear	they *will*	wear
we *will have*	**worn**	you *will have*	**worn**	they *will have*	**worn**
we *would*	wear	you *would*	wear	they *would*	wear
we *would have*	**worn**	you *would have*	**worn**	they *would have*	**worn**
we	wear	you	wear	they	wear
we	**wore**	you	**wore**	they	**wore**
we *had*	**worn**	you *had*	**worn**	they *had*	**worn**
	-		wear		-

1. Person Plural			2. Person Plural			3. Person Plural		
we	*are*	*wearing*	you	*are*	*wearing*	they	*are*	*wearing*
we	*were*	*wearing*	you	*were*	*wearing*	they	*were*	*wearing*
we *have*	*been*	*wearing*	you *have*	*been*	*wearing*	they *has*	*been*	*wearing*
we *had*	*been*	*wearing*	you *had*	*been*	*wearing*	they *had*	*been*	*wearing*
we *will*	*be*	*wearing*	you *will*	*be*	*wearing*	they *will*	*be*	*wearing*
we *will have*	*been*	*wearing*	you *will have*	*been*	*wearing*	they *will have*	*been*	*wearing*
we *would*	*be*	*wearing*	you *would*	*be*	*wearing*	they *would*	*be*	*wearing*
we *would have*	*been*	*wearing*	you *would have*	*been*	*wearing*	they *would have*	*been*	*wearing*

Die unregelmäßigen Verben

Die Verbgruppe von draw in der Simple Form

Mod.	Zeit	1. Person Singular		2. Person Singular		3. Person Singular	
Ind.	Pres. T.	I	draw	you	draw	he	draw*s*
	Past T.	I	**drew**	you	**drew**	he	**drew**
	Pres. P.	I *have*	**drawn**	you *have*	**drawn**	he *has*	**drawn**
	Past P.	I *had*	**drawn**	you *had*	**drawn**	he *had*	**drawn**
	Fut. T.	I *will*	draw	you *will*	draw	he *will*	draw
	Fut. P.	I *will have*	**drawn**	you *will have*	**drawn**	he *will have*	**drawn**
Con.	Con.	I *would*	draw	you *would*	draw	he *would*	draw
	Con. P.	I *would have*	**drawn**	you *would have*	**drawn**	he *would have*	**drawn**
Sub.	Pres.	I	draw	you	draw	he	draw
	Past	I	**drew**	you	**drew**	he	**drew**
	Past P.	I *had*	**drawn**	you *had*	**drawn**	he *had*	**drawn**
Imp.	Imp.		-		draw		-
Inf.	Pres.		daw (ziehen; zeichnen)				
	Perf.	*have*	**drawn**				
Part.	Pres.		draw*ing*				
	Past		**drawn**				
	Perf.	*having*	**drawn**				
Ger.	Pres.		draw*ing*				
	Perf.	*having*	**drawn**				

Die Verbgruppe von draw in der Continuous Form

Mod.	Zeit	1. Person Singular			2. Person Singular			3. Person Singular		
Ind.	Pres. T.	I	*am*	draw*ing*	you	*are*	draw*ing*	he	*is*	draw*ing*
	Past T.	I	*was*	draw*ing*	you	*were*	draw*ing*	he	*was*	draw*ing*
	Pres. P.	I *have*	*been*	draw*ing*	you *have*	*been*	draw*ing*	he *has*	*been*	draw*ing*
	Past P.	I *had*	*been*	draw*ing*	you *had*	*been*	draw*ing*	he *had*	*been*	draw*ing*
	Fut. T.	I *will*	*be*	draw*ing*	you *will*	*be*	draw*ing*	he *will*	*be*	draw*ing*
	Fut. P.	I *will have*	*been*	draw*ing*	you *will have*	*been*	draw*ing*	he *will have*	*been*	draw*ing*
Con.	Con.	I *would*	*be*	draw*ing*	you *would*	*be*	draw*ing*	he *would*	*be*	draw*ing*
	Con. P.	I *would have*	*been*	draw*ing*	you *would have*	*been*	draw*ing*	he *would have*	*been*	draw*ing*
Inf.	Pres.		*be*	draw*ing*						
	Perf.	*have*	*been*	draw*ing*						

draw - drew - drawn

1. Person Plural	2. Person Plural	3. Person Plural
we draw	you draw	they draw
we **drew**	you **drew**	they **drew**
we *have* **drawn**	you *have* **drawn**	they *have* **drawn**
we *had* **drawn**	you *had* **drawn**	they *had* **drawn**
we *will* draw	you *will* draw	they *will* draw
we *will have* **drawn**	you *will have* **drawn**	they *will have* **drawn**
we *would* draw	you *would* draw	they *would* draw
we *would have* **drawn**	you *would have* **drawn**	they *would have* **drawn**
we draw	you draw	they draw
we **drew**	you **drew**	they **drew**
we *had* **drawn**	you *had* **drawn**	they *had* **drawn**
-	draw	-

1. Person Plural	2. Person Plural	3. Person Plural
we *are* drawing	you *are* drawing	they *are* drawing
we *were* drawing	you *were* drawing	they *were* drawing
we *have been* drawing	you *have been* drawing	they *has been* drawing
we *had been* drawing	you *had been* drawing	they *had been* drawing
we *will be* drawing	you *will be* drawing	they *will be* drawing
we *will have been* drawing	you *will have been* drawing	they *will have been* drawing
we *would be* drawing	you *would be* drawing	they *would be* drawing
we *would have been* drawing	you *would have been* drawing	they *would have been* drawing

Die unregelmäßigen Verben

Die Verbgruppe von slay in der Simple Form

Mod.	Zeit	1. Person Singular		2. Person Singular		3. Person Singular	
Ind.	Pres. T.	I	slay	you	slay	he	slay**s**
	Past T.	I	**slew**	you	**slew**	he	**slew**
	Pres. P.	I *have*	**slain**	you *have*	**slain**	he *has*	**slain**
	Past P.	I *had*	**slain**	you *had*	**slain**	he *had*	**slain**
	Fut. T.	I *will*	slay	you *will*	slay	he *will*	slay
	Fut. P.	I *will have*	**slain**	you *will have*	**slain**	he *will have*	**slain**
Con.	Con.	I *would*	slay	you *would*	slay	he *would*	slay
	Con. P.	I *would have*	**slain**	you *would have*	**slain**	he *would have*	**slain**
Sub.	Pres.	I	slay	you	slay	he	slay
	Past	I	**slew**	you	**slew**	he	**slew**
	Past P.	I *had*	**slain**	you *had*	**slain**	he *had*	**slain**
Imp.	Imp.		-		slay		-
Inf.	Pres.		slay (erschlagen)				
	Perf.	*have*	**slain**				
Part.	Pres.		slay*ing*				
	Past		**slain**				
	Perf.	*having*	**slain**				
Ger.	Pres.		slay*ing*				
	Perf.	*having*	**slain**				

Die Verbgruppe von slay in der Continuous Form

Mod.	Zeit	1. Person Singular		2. Person Singular		3. Person Singular	
Ind.	Pres. T.	I	*am* slay*ing*	you	*are* slay*ing*	he	*is* slay*ing*
	Past T.	I	*was* slay*ing*	you	*were* slay*ing*	he	*was* slay*ing*
	Pres. P.	I *have*	*been* slay*ing*	you *have*	*been* slay*ing*	he *has*	*been* slay*ing*
	Past P.	I *had*	*been* slay*ing*	you *had*	*been* slay*ing*	he *had*	*been* slay*ing*
	Fut. T.	I *will*	*be* slay*ing*	you *will*	*be* slay*ing*	he *will*	*be* slay*ing*
	Fut. P.	I *will have*	*been* slay*ing*	you *will have*	*been* slay*ing*	he *will have*	*been* slay*ing*
Con.	Con.	I *would*	*be* slay*ing*	you *would*	*be* slay*ing*	he *would*	*be* slay*ing*
	Con. P.	I *would have*	*been* slay*ing*	you *would have*	*been* slay*ing*	he *would have*	*been* slay*ing*
Inf.	Pres.		*be* slay*ing*				
	Perf.	*have*	*been* slay*ing*				

Die Verbgruppe von slay

slay - slew - slain

1. Person Plural		2. Person Plural		3. Person Plural	
we	slay	you	slay	they	slay
we	**slew**	you	**slew**	they	**slew**
we *have*	**slain**	you *have*	**slain**	they *have*	**slain**
we *had*	**slain**	you *had*	**slain**	they *had*	**slain**
we *will*	slay	you *will*	slay	they *will*	slay
we *will have*	**slain**	you *will have*	**slain**	they *will have*	**slain**
we *would*	slay	you *would*	slay	they *would*	slay
we *would have*	**slain**	you *would have*	**slain**	they *would have*	**slain**
we	slay	you	slay	they	slay
we	**slew**	you	**slew**	they	**slew**
we *had*	**slain**	you *had*	**slain**	they *had*	**slain**
	-		slay		-

1. Person Plural			2. Person Plural			3. Person Plural		
we	*are*	slay*ing*	you	*are*	slay*ing*	they	*are*	slay*ing*
we	*were*	slay*ing*	you	*were*	slay*ing*	they	*were*	slay*ing*
we *have*	*been*	slay*ing*	you *have*	*been*	slay*ing*	they *has*	*been*	slay*ing*
we *had*	*been*	slay*ing*	you *had*	*been*	slay*ing*	they *had*	*been*	slay*ing*
we *will*	*be*	slay*ing*	you *will*	*be*	slay*ing*	they *will*	*be*	slay*ing*
we *will have*	*been*	slay*ing*	you *will have*	*been*	slay*ing*	they *will have*	*been*	slay*ing*
we *would*	*be*	slay*ing*	you *would*	*be*	slay*ing*	they *would*	*be*	slay*ing*
we *would have*	*been*	slay*ing*	you *would have*	*been*	slay*ing*	they *would have*	*been*	slay*ing*

Die unregelmäßigen Verben

Die Verbgruppe von lie in der Simple Form

Mod.	Zeit	1. Person Singular		2. Person Singular		3. Person Singular	
Ind.	Pres. T.	I	lie	you	lie	he	lie*s*
	Past T.	I	**lay**	you	**lay**	he	**lay**
	Pres. P.	I *have*	**lain**	you *have*	**lain**	he *has*	**lain**
	Past P.	I *had*	**lain**	you *had*	**lain**	he *had*	**lain**
	Fut. T.	I *will*	lie	you *will*	lie	he *will*	lie
	Fut. P.	I *will have*	**lain**	you *will have*	**lain**	he *will have*	**lain**
Con.	Con.	I *would*	lie	you *would*	lie	he *would*	lie
	Con. P.	I *would have*	**lain**	you *would have*	**lain**	he *would have*	**lain**
Sub.	Pres.	I	lie	you	lie	he	lie
	Past	I	**lay**	you	**lay**	he	**lay**
	Past P.	I *had*	**lain**	you *had*	**lain**	he *had*	**lain**
Imp.	Imp.		-		lie		-
Inf.	Pres.		lie (liegen)				
	Perf.	*have*	**lain**				
Part.	Pres.		**ly***ing*				
	Past		**lain**				
	Perf.	*having*	**lain**				
Ger.	Pres.		**ly***ing*				
	Perf.	*having*	**lain**				

Die Verbgruppe von lie in der Continuous Form

Mod.	Zeit	1. Person Singular			2. Person Singular			3. Person Singular		
Ind.	Pres. T.	I	*am*	**ly***ing*	you	*are*	**ly***ing*	he	*is*	**ly***ing*
	Past T.	I	*was*	**ly***ing*	you	*were*	**ly***ing*	he	*was*	**ly***ing*
	Pres. P.	I *have*	*been*	**ly***ing*	you *have*	*been*	**ly***ing*	he *has*	*been*	**ly***ing*
	Past P.	I *had*	*been*	**ly***ing*	you *had*	*been*	**ly***ing*	he *had*	*been*	**ly***ing*
	Fut. T.	I *will*	*be*	**ly***ing*	you *will*	*be*	**ly***ing*	he *will*	*be*	**ly***ing*
	Fut. P.	I *will have*	*been*	**ly***ing*	you *will have*	*been*	**ly***ing*	he *will have*	*been*	**ly***ing*
Con.	Con.	I *would*	*be*	**ly***ing*	you *would*	*be*	**ly***ing*	he *would*	*be*	**ly***ing*
	Con. P.	I *would have*	*been*	**ly***ing*	you *would have*	*been*	**ly***ing*	he *would have*	*been*	**ly***ing*
Inf.	Pres.		*be*	**ly***ing*						
	Perf.	*have*	*been*	**ly***ing*						

Das **-ie** der Verbendung wird vor der Endung **-ing** in **-y** umgewandelt.

Die Verbgruppe von lie

lie - lay - lain

1. Person Plural		2. Person Plural		3. Person Plural	
we	lie	you	lie	they	lie
we	**lay**	you	**lay**	they	**lay**
we *have*	**lain**	you *have*	**lain**	they *have*	**lain**
we *had*	**lain**	you *had*	**lain**	they *had*	**lain**
we *will*	lie	you *will*	lie	they *will*	lie
we *will have*	**lain**	you *will have*	**lain**	they *will have*	**lain**
we *would*	lie	you *would*	lie	they *would*	lie
we *would have*	**lain**	you *would have*	**lain**	they *would have*	**lain**
we	lie	you	lie	they	lie
we	**lay**	you	**lay**	they	**lay**
we *had*	**lain**	you *had*	**lain**	they *had*	**lain**
	-		lie		-

-ie → -y

1. Person Plural			2. Person Plural			3. Person Plural		
we	*are*	**lying**	you	*are*	**lying**	they	*are*	**lying**
we	*were*	**lying**	you	*were*	**lying**	they	*were*	**lying**
we *have*	*been*	**lying**	you *have*	*been*	**lying**	they *has*	*been*	**lying**
we *had*	*been*	**lying**	you *had*	*been*	**lying**	they *had*	*been*	**lying**
we *will*	*be*	**lying**	you *will*	*be*	**lying**	they *will*	*be*	**lying**
we *will have*	*been*	**lying**	you *will have*	*been*	**lying**	they *will have*	*been*	**lying**
we *would*	*be*	**lying**	you *would*	*be*	**lying**	they *would*	*be*	**lying**
we *would have*	*been*	**lying**	you *would have*	*been*	**lying**	they *would have*	*been*	**lying**

Die unregelmäßigen Verben

Die Verbgruppe von show in der Simple Form

Mod.	Zeit	1. Person Singular		2. Person Singular		3. Person Singular	
Ind.	Pres. T.	I	show	you	show	he	show**s**
	Past T.	I	show*ed*	you	show*ed*	he	show*ed*
	Pres. P.	I *have*	**shown**	you *have*	**shown**	he *has*	**shown**
	Past P.	I *had*	**shown**	you *had*	**shown**	he *had*	**shown**
	Fut. T.	I *will*	show	you *will*	show	he *will*	show
	Fut. P.	I *will have*	**shown**	you *will have*	**shown**	he *will have*	**shown**
Con.	Con.	I *would*	show	you *would*	show	he *would*	show
	Con. P.	I *would have*	**shown**	you *would have*	**shown**	he *would have*	**shown**
Sub.	Pres.	I	show	you	show	he	show
	Past	I	show*ed*	you	show*ed*	he	show*ed*
	Past P.	I *had*	**shown**	you *had*	**shown**	he *had*	**shown**
Imp.	Imp.		-		show		-
Inf.	Pres.		show (zeigen)				
	Perf.	*have*	**shown**				
Part.	Pres.		show*ing*				
	Past		**shown**				
	Perf.	*having*	**shown**				
Ger.	Pres.		show*ing*				
	Perf.	*having*	**shown**				

Die Verbgruppe von show in der Continuous Form

Mod.	Zeit	1. Person Singular			2. Person Singular			3. Person Singular		
Ind.	Pres. T.	I	*am*	show*ing*	you	*are*	show*ing*	he	*is*	show*ing*
	Past T.	I	*was*	show*ing*	you	*were*	show*ing*	he	*was*	show*ing*
	Pres. P.	I *have*	*been*	show*ing*	you *have*	*been*	show*ing*	he *has*	*been*	show*ing*
	Past P.	I *had*	*been*	show*ing*	you *had*	*been*	show*ing*	he *had*	*been*	show*ing*
	Fut. T.	I *will*	*be*	show*ing*	you *will*	*be*	show*ing*	he *will*	*be*	show*ing*
	Fut. P.	I *will have*	*been*	show*ing*	you *will have*	*been*	show*ing*	he *will have*	*been*	show*ing*
Con.	Con.	I *would*	*be*	show*ing*	you *would*	*be*	show*ing*	he *would*	*be*	show*ing*
	Con. P.	I *would have*	*been*	show*ing*	you *would have*	*been*	show*ing*	he *would have*	*been*	show*ing*
Inf.	Pres.		*be*	show*ing*						
	Perf.	*have*	*been*	show*ing*						

Zu dieser Verbgruppe gehören auch einige Verben auf **-aw** und **-ew** (z. B. **saw - sawed - sawn,**

Die Verbgruppe von show

show - show*ed* - shown

1. Person Plural		2. Person Plural		3. Person Plural	
we	show	you	show	they	show
we	show*ed*	you	show*ed*	they	show*ed*
we *have*	**shown**	you *have*	**shown**	they *have*	**shown**
we *had*	**shown**	you *had*	**shown**	they *had*	**shown**
we *will*	show	you *will*	show	they *will*	show
we *will have*	**shown**	you *will have*	**shown**	they *will have*	**shown**
we *would*	show	you *would*	show	they *would*	show
we *would have*	**shown**	you *would have*	**shown**	they *would have*	**shown**
we	show	you	show	they	show
we	show*ed*	you	show*ed*	they	show*ed*
we *had*	**shown**	you *had*	**shown**	they *had*	**shown**
	-		show		-

1. Person Plural			2. Person Plural			3. Person Plural		
we	*are*	show*ing*	you	*are*	show*ing*	they	*are*	show*ing*
we	*were*	show*ing*	you	*were*	show*ing*	they	*were*	show*ing*
we *have*	*been*	show*ing*	you *have*	*been*	show*ing*	they *has*	*been*	show*ing*
we *had*	*been*	show*ing*	you *had*	*been*	show*ing*	they *had*	*been*	show*ing*
we *will*	*be*	show*ing*	you *will*	*be*	show*ing*	they *will*	*be*	show*ing*
we *will have*	*been*	show*ing*	you *will have*	*been*	show*ing*	they *will have*	*been*	show*ing*
we *would*	*be*	show*ing*	you *would*	*be*	show*ing*	they *would*	*be*	show*ing*
we *would have*	*been*	show*ing*	you *would have*	*been*	show*ing*	they *would have*	*been*	show*ing*

sew - sewed - sewn).

Die unregelmäßigen Verben

Die Verbgruppe von know in der Simple Form

Mod.	Zeit	1. Person Singular		2. Person Singular		3. Person Singular	
Ind.	Pres. T.	I	know	you	know	he	know*s*
	Past T.	I	**knew**	you	**knew**	he	**knew**
	Pres. P.	I *have*	**known**	you *have*	**known**	he *has*	**known**
	Past P.	I *had*	**known**	you *had*	**known**	he *had*	**known**
	Fut. T.	I *will*	know	you *will*	know	he *will*	know
	Fut. P.	I *will have*	**known**	you *will have*	**known**	he *will have*	**known**
Con.	Con.	I *would*	know	you *would*	know	he *would*	know
	Con. P.	I *would have*	**known**	you *would have*	**known**	he *would have*	**known**
Sub.	Pres.	I	know	you	know	he	know
	Past	I	**knew**	you	**knew**	he	**knew**
	Past P.	I *had*	**known**	you *had*	**known**	he *had*	**known**
Imp.	Imp.		-		know		-
Inf.	Pres.		know (wissen, kennen)				
	Perf.	*have*	**known**				
Part.	Pres.		know*ing*				
	Past		**known**				
	Perf.	*having*	**known**				
Ger.	Pres.		know*ing*				
	Perf.	*having*	**known**				

Die Verbgruppe von know in der Continuous Form

Mod.	Zeit	1. Person Singular		2. Person Singular		3. Person Singular	
Ind.	Pres. T.	I	*am* -	you	*are* -	he	*is* -
	Past T.	I	*was* -	you	*were* -	he	*was* -
	Pres. P.	I *have*	*been* -	you *have*	*been* -	he *has*	*been* -
	Past P.	I *had*	*been* -	you *had*	*been* -	he *had*	*been* -
	Fut. T.	I *will*	*be* -	you *will*	*be* -	he *will*	*be* -
	Fut. P.	I *will have*	*been* -	you *will have*	*been* -	he *will have*	*been* -
Con.	Con.	I *would*	*be* -	you *would*	*be* -	he *would*	*be* -
	Con. P.	I *would have*	*been* -	you *would have*	*been* -	he *would have*	*been* -
Inf.	Pres.		*be* -				
	Perf.	*have*	*been* -				

Die Verbgruppe von know

know - knew - known

1. Person Plural		2. Person Plural		3. Person Plural	
we	know	you	know	they	know
we	**knew**	you	**knew**	they	**knew**
we *have*	**known**	you *have*	**known**	they *have*	**known**
we *had*	**known**	you *had*	**known**	they *had*	**known**
we *will*	know	you *will*	know	they *will*	know
we *will have*	**known**	you *will have*	**known**	they *will have*	**known**
we *would*	know	you *would*	know	they *would*	know
we *would have*	**known**	you *would have*	**known**	they *would have*	**known**
we	know	you	know	they	know
we	**knew**	you	**knew**	they	**knew**
we *had*	**known**	you *had*	**known**	they *had*	**known**
	-		know		-

1. Person Plural		2. Person Plural		3. Person Plural	
we	*are* -	you	*are* -	they	*are* -
we	*were* -	you	*were* -	they	*were* -
we *have*	*been* -	you *have*	*been* -	they *has*	*been* -
we *had*	*been* -	you *had*	*been* -	they *had*	*been* -
we *will*	*be* -	you *will*	*be* -	they *will*	*be* -
we *will have*	*been* -	you *will have*	*been* -	they *will have*	*been* -
we *would*	*be* -	you *would*	*be* -	they *would*	*be* -
we *would have*	*been* -	you *would have*	*been* -	they *would have*	*been* -

Die unregelmäßigen Verben

Die Verbgruppe von fly in der Simple Form

Mod.	Zeit	1. Person Singular		2. Person Singular		3. Person Singular	
Ind.	Pres. T.	I	fly	you	fly	he	flies
	Past T.	I	**flew**	you	**flew**	he	**flew**
	Pres. P.	I *have*	**flown**	you *have*	**flown**	he *has*	**flown**
	Past P.	I *had*	**flown**	you *had*	**flown**	he *had*	**flown**
	Fut. T.	I *will*	fly	you *will*	fly	he *will*	fly
	Fut. P.	I *will have*	**flown**	you *will have*	**flown**	he *will have*	**flown**
Con.	Con.	I *would*	fly	you *would*	fly	he *would*	fly
	Con. P.	I *would have*	**flown**	you *would have*	**flown**	he *would have*	**flown**
Sub.	Pres.	I	fly	you	fly	he	fly
	Past	I	**flew**	you	**flew**	he	**flew**
	Past P.	I *had*	**flown**	you *had*	**flown**	he *had*	**flown**
Imp.	Imp.		-		fly		-
Inf.	Pres.		fly (fliegen)				
	Perf.	*have*	**flown**				
Part.	Pres.		fly*ing*				
	Past		**flown**				
	Perf.	*having*	**flown**				
Ger.	Pres.		fly*ing*				
	Perf.	*having*	**flown**				

Die Verbgruppe von fly in der Continuous Form

Mod.	Zeit	1. Person Singular			2. Person Singular			3. Person Singular		
Ind.	Pres. T.	I	*am*	fly*ing*	you	*are*	fly*ing*	he	*is*	fly*ing*
	Past T.	I	*was*	fly*ing*	you	*were*	fly*ing*	he	*was*	fly*ing*
	Pres. P.	I *have*	*been*	fly*ing*	you *have*	*been*	fly*ing*	he *has*	*been*	fly*ing*
	Past P.	I *had*	*been*	fly*ing*	you *had*	*been*	fly*ing*	he *had*	*been*	fly*ing*
	Fut. T.	I *will*	*be*	fly*ing*	you *will*	*be*	fly*ing*	he *will*	*be*	fly*ing*
	Fut. P.	I *will have*	*been*	fly*ing*	you *will have*	*been*	fly*ing*	he *will have*	*been*	fly*ing*
Con.	Con.	I *would*	*be*	fly*ing*	you *would*	*be*	fly*ing*	he *would*	*be*	fly*ing*
	Con. P.	I *would have*	*been*	fly*ing*	you *would have*	*been*	fly*ing*	he *would have*	*been*	fly*ing*
Inf.	Pres.		*be*	fly*ing*						
	Perf.	*have*	*been*	fly*ing*						

Das **-y** der Verbendung wird vor der Endung **-s** in der 3. Person Singular des present tense

Die Verbgruppe von fly

fly - flew - flown

1. Person Plural		2. Person Plural		3. Person Plural	
we	fly	you	fly	they	fly
we	**flew**	you	**flew**	they	**flew**
we *have*	**flown**	you *have*	**flown**	they *have*	**flown**
we *had*	**flown**	you *had*	**flown**	they *had*	**flown**
we *will*	fly	you *will*	fly	they *will*	fly
we *will have*	**flown**	you *will have*	**flown**	they *will have*	**flown**
we *would*	fly	you *would*	fly	they *would*	fly
we *would have*	**flown**	you *would have*	**flown**	they *would have*	**flown**
we	fly	you	fly	they	fly
we	**flew**	you	**flew**	they	**flew**
we *had*	**flown**	you *had*	**flown**	they *had*	**flown**
	-		fly		-

1. Person Plural			2. Person Plural			3. Person Plural		
we	*are*	*flying*	you	*are*	*flying*	they	*are*	*flying*
we	*were*	*flying*	you	*were*	*flying*	they	*were*	*flying*
we *have*	*been*	*flying*	you *have*	*been*	*flying*	they *has*	*been*	*flying*
we *had*	*been*	*flying*	you *had*	*been*	*flying*	they *had*	*been*	*flying*
we *will*	*be*	*flying*	you *will*	*be*	*flying*	they *will*	*be*	*flying*
we *will have*	*been*	*flying*	you *will have*	*been*	*flying*	they *will have*	*been*	*flying*
we *would*	*be*	*flying*	you *would*	*be*	*flying*	they *would*	*be*	*flying*
we *would have*	*been*	*flying*	you *would have*	*been*	*flying*	they *would have*	*been*	*flying*

simple in **-ie** umgewandelt.

Die unregelmäßigen Verben

Die Verbgruppe von see in der Simple Form

Mod.	Zeit	1. Person Singular		2. Person Singular		3. Person Singular	
Ind.	Pres. T.	I	see	you	see	he	see**s**
	Past T.	I	**saw**	you	**saw**	he	**saw**
	Pres. P.	I *have*	**seen**	you *have*	**seen**	he *has*	**seen**
	Past P.	I *had*	**seen**	you *had*	**seen**	he *had*	**seen**
	Fut. T.	I *will*	see	you *will*	see	he *will*	see
	Fut. P.	I *will have*	**seen**	you *will have*	**seen**	he *will have*	**seen**
Con.	Con.	I *would*	see	you *would*	see	he *would*	see
	Con. P.	I *would have*	**seen**	you *would have*	**seen**	he *would have*	**seen**
Sub.	Pres.	I	see	you	see	he	see
	Past	I	**saw**	you	**saw**	he	**saw**
	Past P.	I *had*	**seen**	you *had*	**seen**	he *had*	**seen**
Imp.	Imp.		-		see		-
Inf.	Pres.		see (sehen)				
	Perf.	*have*	**seen**				
Part.	Pres.		see*ing*				
	Past		**seen**				
	Perf.	*having*	**seen**				
Ger.	Pres.		see*ing*				
	Perf.	*having*	**seen**				

Die Verbgruppe von see in der Continuous Form

Mod.	Zeit	1. Person Singular		2. Person Singular		3. Person Singular	
Ind.	Pres. T.	I	*am* *seeing*	you	*are* *seeing*	he	*is* *seeing*
	Past T.	I	*was* *seeing*	you	*were* *seeing*	he	*was* *seeing*
	Pres. P.	I *have*	*been* *seeing*	you *have*	*been* *seeing*	he *has*	*been* *seeing*
	Past P.	I *had*	*been* *seeing*	you *had*	*been* *seeing*	he *had*	*been* *seeing*
	Fut. T.	I *will*	*be* *seeing*	you *will*	*be* *seeing*	he *will*	*be* *seeing*
	Fut. P.	I *will have*	*been* *seeing*	you *will have*	*been* *seeing*	he *will have*	*been* *seeing*
Con.	Con.	I *would*	*be* *seeing*	you *would*	*be* *seeing*	he *would*	*be* *seeing*
	Con. P.	I *would have*	*been* *seeing*	you *would have*	*been* *seeing*	he *would have*	*been* *seeing*
Inf.	Pres.		*be* *seeing*				
	Perf.	*have*	*been* *seeing*				

Die Verbgruppe von see

see - saw - seen

1. Person Plural	2. Person Plural	3. Person Plural
we see	you see	they see
we **saw**	you **saw**	they **saw**
we *have* **seen**	you *have* **seen**	they *have* **seen**
we *had* **seen**	you *had* **seen**	they *had* **seen**
we *will* see	you *will* see	they *will* see
we *will have* **seen**	you *will have* **seen**	they *will have* **seen**
we *would* see	you *would* see	they *would* see
we *would have* **seen**	you *would have* **seen**	they *would have* **seen**
we see	you see	they see
we **saw**	you **saw**	they **saw**
we *had* **seen**	you *had* **seen**	they *had* **seen**
-	see	-

1. Person Plural	2. Person Plural	3. Person Plural
we *are* seeing	you *are* seeing	they *are* seeing
we *were* seeing	you *were* seeing	they *were* seeing
we *have* *been* seeing	you *have* *been* seeing	they *has* *been* seeing
we *had* *been* seeing	you *had* *been* seeing	they *had* *been* seeing
we *will* *be* seeing	you *will* *be* seeing	they *will* *be* seeing
we *will have* *been* seeing	you *will have* *been* seeing	they *will have* *been* seeing
we *would* *be* seeing	you *would* *be* seeing	they *would* *be* seeing
we *would have* *been* seeing	you *would have* *been* seeing	they *would have* *been* seeing

Die unregelmäßigen Verben

Die Verbgruppe von go in der Simple Form

Mod.	Zeit	1. Person Singular		2. Person Singular		3. Person Singular	
Ind.	Pres. T.	I	go	you	go	he	go**es**
	Past T.	I	**went**	you	**went**	he	**went**
	Pres. P.	I *have*	**gone**	you *have*	**gone**	he *has*	**gone**
	Past P.	I *had*	**gone**	you *had*	**gone**	he *had*	**gone**
	Fut. T.	I *will*	go	you *will*	go	he *will*	go
	Fut. P.	I *will have*	**gone**	you *will have*	**gone**	he *will have*	**gone**
Con.	Con.	I *would*	go	you *would*	go	he *would*	go
	Con. P.	I *would have*	**gone**	you *would have*	**gone**	he *would have*	**gone**
Sub.	Pres.	I	go	you	go	he	go
	Past	I	**went**	you	**went**	he	**went**
	Past P.	I *had*	**gone**	you *had*	**gone**	he *had*	**gone**
Imp.	Imp.		-		go		-
Inf.	Pres.		go (gehen)				
	Perf.	*have*	**gone**				
Part.	Pres.		go*ing*				
	Past		**gone**				
	Perf.	*having*	**gone**				
Ger.	Pres.		go*ing*				
	Perf.	*having*	**gone**				

Die Verbgruppe von go in der Continuous Form

Mod.	Zeit	1. Person Singular		2. Person Singular		3. Person Singular	
Ind.	Pres. T.	I	*am going*	you	*are going*	he	*is going*
	Past T.	I	*was going*	you	*were going*	he	*was going*
	Pres. P.	I *have*	*been going*	you *have*	*been going*	he *has*	*been going*
	Past P.	I *had*	*been going*	you *had*	*been going*	he *had*	*been going*
	Fut. T.	I *will*	*be going*	you *will*	*be going*	he *will*	*be going*
	Fut. P.	I *will have*	*been going*	you *will have*	*been going*	he *will have*	*been going*
Con.	Con.	I *would*	*be going*	you *would*	*be going*	he *would*	*be going*
	Con. P.	I *would have*	*been going*	you *would have*	*been going*	he *would have*	*been going*
Inf.	Pres.		*be going*				
	Perf.	*have*	*been going*				

Es ist zu beachten, dass **go** in der 3. Person Singular des present tense simple die Endung

go - went - gone

1. Person Plural		2. Person Plural		3. Person Plural	
we	go	you	go	they	go
we	**went**	you	**went**	they	**went**
we *have*	**gone**	you *have*	**gone**	they *have*	**gone**
we *had*	**gone**	you *had*	**gone**	they *had*	**gone**
we *will*	go	you *will*	go	they *will*	go
we *will have*	**gone**	you *will have*	**gone**	they *will have*	**gone**
we *would*	go	you *would*	go	they *would*	go
we *would have*	**gone**	you *would have*	**gone**	they *would have*	**gone**
we	go	you	go	they	go
we	**went**	you	**went**	they	**went**
we *had*	**gone**	you *had*	**gone**	they *had*	**gone**
	-		go		-

1. Person Plural		2. Person Plural		3. Person Plural	
we	*are going*	you	*are going*	they	*are going*
we	*were going*	you	*were going*	they	*were going*
we *have*	*been going*	you *have*	*been going*	they *has*	*been going*
we *had*	*been going*	you *had*	*been going*	they *had*	*been going*
we *will*	*be going*	you *will*	*be going*	they *will*	*be going*
we *will have*	*been going*	you *will have*	*been going*	they *will have*	*been going*
we *would*	*be going*	you *would*	*be going*	they *would*	*be going*
we *would have*	*been going*	you *would have*	*been going*	they *would have*	*been going*

-es erhält.

Stammformen

Die folgende Übersicht zeigt die Stammformen wichtiger unregelmäßiger Verben in alphabetischer Reihenfolge. Neben den drei Stammformen sind zusätzlich die Verbform der 3. Person Singular des present tense simple sowie das present participle, das zur Bildung der continuous form benotigt wird, aufgeführt (ing-Form).

1. St.form (Infinitiv)	2. St.form	3. St.form	3. Pers. Sing. Pres. Tense	-ing-Form	Bedeutung	Seite
abide	abode	abode	abides	abiding	bleiben	132
arise	arose	arisen	arises	arising	aufgehen	130
awake	awoke	awoke	awakes	awaking	aufwecken	138
be	was	been	is	being	sein	34
bear	bore	born	bears	bearing	gebären	168
bear	bore	borne	bears	bearing	ertragen	168
beat	beat	beaten	beats	beating	schlagen	164
become	became	become	becomes	becoming	werden	100
begin	began	begun	begins	beginning	beginnen	80
bend	bent	bent	bends	bending	biegen	54
bereave	bereft	bereft	bereaves	bereaving	berauben	66
beseech	besought, beseeched	besought, beseeched	beseeches	beseeching	ersuchen, anflehen	110, 38
bestride	bestrode	bestridden	bestrides	bestriding	mit gespreizten Beinen stehen	128
bet	bet, betted	bet, betted	bets	betting	wetten	48, 42
bid	bade, bid	bidden, bid	bids	bidding	bieten	122, 48
bide	bode, bided	bided	bides	biding	ab-, erwarten	128, 38
bind	bound	bound	binds	binding	binden	102
bite	bit	bitten, bit	bites	biting	beißen	124
bleed	bled	bled	bleeds	bleeding	bluten	60
blend	blent	blent	blends	blending	vermischen, -mengen	54
blow	blew	blown	blows	blowing	blasen	180
break	broke	broken	breaks	breaking	brechen	140
breed	bred	bred	breeds	breeding	züchten	60
bring	brought	brought	brings	bringing	bringen	106
build	built	built	builds	building	bauen	54
burn	burnt, burned	burnt, burned	burns	burning	brennen	52, 38
burst	burst	burst	bursts	bursting	bersten	48
buy	bought	bought	buys	buying	kaufen	108
cast	cast	cast	casts	casting	werfen	48
catch	caught	caught	catches	catching	fangen	112
chide	chid	chidden, chid, chided	chides	chiding	schelten, tadeln	124
choose	chose	chosen	chooses	choosing	(aus)wählen	148

Stammformen

1. St.form (Infinitiv)	2. St.form	3. St.form	3. Pers. Sing. Pres. Tense	-ing-Form	Bedeutung	Seite
cleave	cleft, clove, cleaved	cleft, cloven, cleaved	cleaves	cleaving	kleben (an), (zer)spalten	66, 144, 38
cling	clung	clung	clings	clinging	kleben, haften (an)	90
clothe	clad	clad	clothes	clothing	kleiden	98
come	came	come	comes	coming	kommen	100
cost	cost	cost	costs	costing	kosten	48
creep	crept	crept	creeps	creeping	kriechen	64
crow	crew, crowed	crowed	crows	crowing	krähen	180, 38
cry	cried	cried	cries	crying	weinen, schreien	44
cut	cut	cut	cuts	cutting	schneiden	48
deal	dealt	dealt	deals	dealing	handeln, sich befassen mit	52
die	died	died	dies	dying	sterben	46
dig	dug	dug	digs	digging	graben	74
do	did	done	does	doing	tun	36
draw	drew	drawn	draws	drawing	ziehen, zeichnen	172
dream	dreamt, dreamed	dreamt, dreamed	dreams	dreaming	träumen	52
drink	drank	drunk	drinks	drinking	trinken	92
drive	drove	driven	drives	driving	fahren	136
dwell	dwelt	dwelt	dwells	dwelling	verweilen	56
eat	ate	eaten	eats	eating	essen	166
fall	fell	fallen	falls	falling	fallen	156
feed	fed	fed	feeds	feeding	füttern	60
feel	felt	felt	feels	feeling	fühlen	64
fight	fought	fought	fights	fighting	kämpfen	104
find	found	found	finds	finding	finden	102
flee	fled	fled	flees	fleeing	fliehen	58
fling	flung	flung	flings	flinging	schleudern, werfen	90
fly	flew	flown	flies	flying	fliegen	182
forbid	forbade	forbidden	forbids	forbidding	verbieten	122
forget	forgot	forgotten	forgets	forgetting	vergessen	68
forgive	forgave	forgiven	forgives	forgiving	vergeben	134
forsake	forsook	forsaken	forsakes	forsaking	verlassen	118
freeze	froze	frozen	freezes	freezing	gefrieren	146
get	got	got	gets	getting	bekommen	68
gild	gilt, gilded	gilt, gilded	gilds	gilding	vergolden	54, 38
gird	girt, girded	girt, girded	girds	girding	umgürten	54 ,38
give	gave	given	gives	giving	geben	134
go	went	gone	goes	going	gehen	186
grave	graved	graven, graved	graves	graving	(ein)meißeln	116

Stammformen

1. St.form (Infinitiv)	2. St.form	3. St.form	3. Pers. Sing. Pres. Tense	-ing-Form	Bedeutung	Seite
grind	ground	ground	grinds	grinding	schleifen	102
grow	grew	grown	grows	growing	wachsen	180
hang	hung	hung	hangs	hanging	hängen	94
have	had	had	has	having	haben	32
hear	heard	heard	hears	hearing	hören	50
heave	hove	hove	heaves	heaving	heben	144
hew	hewed	hewn, hewed	hews	hewing	hauen	178, 38
hide	hid	hid, hidden	hids	hiding	verstecken	124
hit	hit	hit	hits	hitting	schlagen	48
hold	held	held	holds	holding	halten	162
hurt	hurt	hurt	hurts	hurting	verletzen, wehtun	48
keep	kept	kept	keeps	keeping	(be)halten	64
kneel	knelt, kneeled	knelt, kneeled	kneels	kneeling	knien	64, 38
knit	knit, knitted	knit, knitted	knits	knitting	stricken	48, 42
know	knew	known	knows	knowing	kennen, wissen	180
lade	laded	laden, laded	lades	lading	beladen	116
lay	laid	laid	lays	laying	legen	72
lead	led	led	leads	leading	führen, leiten	62
lean	leant, leaned	leant, leaned	leans	leaning	lehnen	52, 38
leap	leapt, leaped	leapt, leaped	leaps	leaping	springen	52, 38
learn	learnt, learned	learnt, learned	learns	learning	lernen	52, 38
leave	left	left	leaves	leaving	verlassen	66
lend	lent	lent	lends	lending	leihen	54
let	let	let	lets	letting	lassen	48
lie	lay	lain	lies	lying	liegen	176
light	lit, lighted	lit, lighted	lights	lighting	anzünden	126
lose	lost	lost	loses	losing	verlieren	150
love	loved	loved	loves	loving	lieben	40
make	made	made	makes	making	machen	96
mean	meant	meant	means	meaning	meinen	52
meet	met	met	meets	meeting	treffen	60
misunderstand	misunderstood	misunderstood	misunderstands	misunderstanding	missverstehen	120
mow	mowed	mown, mowed	mows	mowing	mähen	178, 38
pay	paid	paid	pays	paying	bezahlen	72
put	put	put	puts	putting	setzen, stellen	48
read [ri:d]	read [red]	read [red]	reads	reading	lesen	48
rend	rent	rent	rends	rending	zerreißen	54
rid	rid	rid	rids	ridding	befreien	48

Stammformen

1. St.form (Infinitiv)	2. St.form	3. St.form	3. Pers. Sing. Pres. Tense	-ing-Form	Bedeutung	Seite
ride	rode	ridden	rides	riding	reiten	128
ring	rang	rung	rings	ringing	klingeln	92
rise	rose	risen	rises	rising	aufgehen	130
rive	rived	riven, rived	rives	riving	spalten	136, 38
run	ran	run	runs	running	rennen	82
saw	sawed	sawn, sawed	saws	sawing	sägen	178, 38
say	said	said	says	saying	sagen	72
see	saw	seen	sees	seeing	sehen	184
seek	sought	sought	seeks	seeking	suchen	110
sell	sold	sold	sells	selling	verkaufen	160
send	sent	sent	sends	sending	schicken	54
set	set	set	sets	setting	setzen, stellen	48
sew	sewed	sewn	sews	sewing	nähen	178
shake	shook	shaken	shakes	shaking	schütteln	118
shear	sheared	shorn, sheared	shears	shearing	scheren	170, 38
shed	shed	shed	sheds	shedding	verschütten	48
shine	shone	shone	shines	shining	scheinen	88
shoot	shot	shot	shoots	shooting	schießen	152
show	showed	shown	shows	showing	zeigen	178
shred	shred	shred	shreds	shredding	zerschnitzeln	48
shrink	shrank	shrunk	shrinks	shrinking	einlaufen	92
shut	shut	shut	shuts	shutting	schließen	48
sing	sang	sung	sings	singing	singen	92
sink	sank	sunk	sinks	sinking	sinken	92
sit	sat	sat	sits	sitting	sitzen	70
slay	slew	slain	slays	slaying	erschlagen	174
sleep	slept	slept	sleeps	sleeping	schlafen	64
slide	slid	slid, slidden	slides	sliding	gleiten	124
sling	slung	slung	slings	slinging	schlingen	90
slink	slunk	slunk	slinks	slinking	schleichen	90
slit	slit	slit	slits	slitting	aufschlitzen	48
smell	smelt, smelled	smelt, smelled	smells	smelling	riechen	56, 38
smite	smote	smitten, smote	smites	smiting	schlagen	128
sow	sowed	sown, sowed	sows	sowing	säen	178, 38
speak	spoke	spoken	speaks	speaking	sprechen	140
speed	sped, speeded	sped, speeded	speeds	speeding	beschleunigen	60, 38
spell	spelt	spelt	spells	spelling	buchstabieren	56
spend	spent	spent	spends	spending	ausgeben	54
spill	spilt, spilled	spilt, spilled	spills	spilling	verschütten	56, 38
spin	spun	spun	spins	spinning	spinnen	84
spit	spat	spat	spits	spitting	spucken	70
split	split	split	splits	splitting	spalten, zerteilen	48

Stammformen

1. St.form (Infinitiv)	2. St.form	3. St.form	3. Pers. Sing. Pres. Tense	-ing-Form	Bedeutung	Seite
spread	spread	spread	spreads	spreading	verbreiten	48
spring	sprung, sprang	sprung	springs	springing	springen	90, 92
stand	stood	stood	stands	standing	stehen	120
steal	stole	stolen	steals	stealing	stehlen	142
stick	stuck	stuck	sticks	sticking	stecken	76
sting	stung	stung	stings	stinging	stechen	90
stink	stunk, stank	stunk	stinks	stinking	stinken	90, 92
stop	stopped	stopped	stops	stopping	aufhören	42
strew	strewed	strewn, strewed	strews	strewing	verstreuen	178, 38
stride	strode	stridden	strides	striding	schreiten	128
strike	struck	struck	strikes	striking	schlagen	78
string	strung	strung	strings	stringing	verschnüren	90
strive	strove	striven	strives	striving	sich bemühen	136
swear	swore	sworn	swears	swearing	schwören, fluchen	170
sweat	sweat, sweated	sweat, sweated	sweats	sweating	schwitzen	48, 38
sweep	swept	swept	sweeps	sweeping	kehren	64
swell	swelled	swollen	swells	swelling	anschwellen	158
swim	swam	swum	swims	swimming	schwimmen	80
swing	swung	swung	swings	swinging	schwingen	90
take	took	taken	takes	taking	nehmen	118
teach	taught	taught	teaches	teaching	lehren	114
tear	tore	torn	tears	tearing	zerreißen	170
tell	told	told	tells	telling	erzählen	160
think	thought	thought	thinks	thinking	denken	106
thrive	throve, thrived	thriven, thrived	thrives	thriving	gedeihen	136, 38
throw	threw	thrown	throws	throwing	werfen	180
thrust	thrust	thrust	thrusts	thrusting	werfen	48
tread	trod	trod, trodden	treads	treading	treten	154
understand	understood	understood	understands	understanding	verstehen	120
wake	woke	woken	wakes	waking	aufwachen	138
wear	wore	worn	wears	wearing	tragen (Kleidung)	170
weave	wove	woven	weaves	weaving	weben	144
weep	wept	wept	weeps	weeping	wimmern	64
wet	wet, wetted	wet, wetted	wets	wetting	nass machen	48, 42
win	won	won	wins	winning	gewinnen	86
wind	wound	wound	winds	winding	winden	102
wring	wrung	wrung	wrings	wringing	wringen	90
write	wrote	written	writes	writing	schreiben	128

Index

t. anerkennen; zugeben, einräumen; bestätigen
acquaint 38
t. **(~ o.s. with)** (sich) bekannt/vertraut machen (mit); **to be acquainted with** bekannt sein mit, **to become acquainted with** jdn./etw. kennen lernen
acquiesce 40
i. **~ in** sich fügen in, hinnehmen, dulden; einwilligen
acquire 40
t. (käuflich) erwerben
acquit 42
t. bezahlen (Schulden); **~ of** entlasten/freisprechen von
actuate 40
t. in Gang bringen; antreiben
acupuncture 40
t. akupunktieren
adapt 38
t. **~ to** anpassen/angleichen an
i. **~ to** sich anpassen an
add 38
t. **~ to** hinzufügen zu, **she added that ...** sie fügte hinzu, dass ...; **~ up/together** addieren, zs.zählen
i. **~ to** hinzukommen zu, **~ up to** sich belaufen auf
addict 38
t. **~ o.s. to s.th.** sich einer Sache hingeben
i. süchtig machen
address 38
t. **~ to** richten an, adressieren; **~ o.s. to s.th.** sich einer Sache zuwenden
adduce 40
t. bei-, erbringen
adhere 40
i. **~ to** kleben/haften an; festhalten an
adjoin 38
t. (an)stoßen an, (an)grenzen an
i. angrenzen
adjourn 38
t. aufschieben, vertagen
i. sich vertagen
adjudge 40
t. entscheiden (über), ein Urteil fällen (über)
adjudicate 40
t. entscheiden (gerichtlich), ein Urteil fällen über
i. **~ upon** entscheiden über
adjure 40
t. beschwören, inständig bitten
adjust 38
t. in Ordnung bringen, ordnen, regulieren; **~ to** anpassen an
i. sich anpassen
administer 38
t. verwalten
i. als Verwalter fungieren
administrate 40
t., *i.* verwalten
admire 40
t. bewundern, schätzen, verehren
admit 42
t. zu-, ein-, vorlassen
admix 38
t. beimischen
admonish 38
3. Pers. Sg. pres. t. **admonishes**
t. (er)mahnen, dringend raten; Vorhaltungen machen; **he was admonished not to do that** er wurde davor gewarnt es zu tun 38
adopt
t. adoptieren; annehmen
adore 40
t. anbeten, vergöttern
adulate 40
t. jdm. schmeicheln, lobhudeln
advance 40
t. vorwärts bringen, vorrücken (lassen), hinausaufschieben
i. vorgehen, -dringen, vorrücken, vorankommen
advert 38
i. **~ to** hinweisen auf, sich beziehen auf
advertise, advertize (AE) 40
t. ankündigen, anzeigen, bekannt machen
advise 40
t. raten, empfehlen, **he was advised to go** man riet ihm zu gehen; **~ against** warnen vor; jdm. abraten von; **~ s.o. of s.th.** jdn. von etw. benachrichtigen
i. sich beraten
aerate 40
t. be-, durch-, entlüften
affect 38
t. lieben, eine Vorliebe haben für, neigen zu, **that is much affected by young people** das ist bei jungen Leuten sehr beliebt
affiance 40
t. **~ to** jdn./sich verloben mit
affiliate 40
t. als Mitglied aufnehmen; zuschreiben; **~ on/upon** zurückführen auf
i. **~ with** sich anschließen an;
affirm 38
t. versichern, beteuern; bekräftigen, bestätigen
affix 38
t. **~ to** befestigen, anbringen an; beilegen, hinzufügen
afflict 38
t. betrüben, quälen
afford 38
t. gewähren, bieten; **I can't ~ it** ich kann es mir nicht leisten
affreight 38
t. chartern, befrachten
affront 38
t. beleidigen, beschimpfen
agglomerate 40
t. zs.ballen, an-/aufhäu-

fen,
i. sich zs.ballen, sich an-/aufhäufen

agglutinate 40
t. zs.kleben

aggravate 40
t. erschweren, verschärfen, verschlimmern

agitate 40
t. hin und her bewegen, schütteln; beunruhigen
i. agitieren, hetzen

agonize 40
t. quälen, martern;
i. mit dem Tode ringen; Höllenqualen leiden

agree 40
i. **~ to s.th.** einer Sache zustimmen, einwilligen in, beipflichten zu, **I don't agree** ich bin nicht einverstanden **~ on/upon** sich einigen über

aid 38
t. unterstützen, helfen, behilflich sein

aim 38
t., *i.* **~ at** richten auf, zielen auf, etw. beabsichtigen, **what are you aiming at?** worauf willst du hinaus?

alarm 38
t. alarmieren, warnen; beunruhigen

alert 38
t. alarmieren, warnen, **~ s.o. to sth.** jdm. etw. ins Bewusstsein bringen

alienate 40
t. veräußern, übertragen; entfremden, abspenstig machen

align 38
t. in Reih und Glied aufstellen; **~ o.s. with** sich anpassen an
i. sich in Reih und Glied aufstellen; **~ with** sich ausrichten nach

allay 38
t. beschwichtigen, beruhigen; schlichten; mildern, lindern; stillen (Hunger, Durst)

allege 40
t. behaupten, vorbringen; vorgeben, vorschützen

alleviate 40
t. erleichtern

allocate 40
t. ver-, zuteilen, zuweisen

allot 42
t. zu-, aus-, verteilen; bewilligen, abtreten

allow 38
t. erlauben, gestatten, zulassen; gewähren, bewilligen; **~ for** in Betracht ziehen

allude 40
i. **~ to** anspielen/hinweisen auf; etw. andeuten

allure 40
t. (an-, ver)locken, **~ to** gewinnen für; **~ from** abbringen von

ally 44
t. **~ with/to** vereinigen, verbinden mit, **~ o.s. with** sich verbinden mit
i. sich vereinigen/-bünden

alter 38
t. (ab-, um-, ver)ändern
i. sich verändern

alternate 40
t. wechselweise tun; abwechseln lassen
i. abwechseln, alternieren

amalgamate 40
t. amalgamieren; verschmelzen; fusionieren;
i. sich amalgamieren; verschmelzen

amass 38
3. Pers. Sg. pres. t. **amasses**
t. anhäufen, ansammeln

amaze 40
t. in Staunen setzen, verblüffen, überraschen

ambush 38
3. Pers. Sg. pres. t. **ambushes**
i. im Hinterhalt liegen
t. aus dem Hinterhalt überfallen, auflauern

ameliorate 40
t. verbessern
i. besser werden, sich bessern

amend 38
t. (ver)bessern; (ab)ändern, ergänzen (Gesetz)
i. sich bessern

amnesty 44
t. begnadigen, amnestieren

amortize 40
t. amortisieren, tilgen, abzahlen

amount 38
t. anhäufen, ansammeln; sich belaufen auf

amplify 44
t. erweitern, vergrößern, ausdehnen
i. sich weitläufig ausdrücken, sich auslassen

amputate 40
t. amputieren

amuse 40
t. amüsieren, unterhalten, **to be amused at** sich freuen über

anaesthetize 40
t. betäuben, narkotisieren

analyse 40
t. analysieren

anchor 38
t. verankern, vor Anker legen
i. ankern, vor Anker liegen

animate 40
t. beseelen, beleben; anregen, aufmuntern

anmihilate 40
t. vernichten, zunichte machen

annex 38
3. Pers. Sg. pres. t. **anexes**
t. **~ to** beifügen, anhängen an; annektieren

announce 40
t. ankündigen; bekannt geben, verkünden
i. **~ for** (AE) sich aussprechen für

annoy 38

t. ärgern; **to be annoyed at** sich ärgern über

annul 42
t. aufheben, annullieren

answer 38
i. antworten
t. jdm. antworten, **to ~ a question** eine Frage beantworten

anticipate 40
t. vorausahnen

apologize 40
i. **~ s.o. for s.th.** sich bei jdm. für etw. entschuldigen

apostatize 40
i. **~ from** abfallen von, abtrünnig/untreu werden

apostrophize 40
t. apostrophieren

appal (AE) 42
t. erschrecken, entsetzen, **to be appalled at** entsetzt sein über

appeal 38
i. **~ to** appellieren an, **~ to s.o. for s.th.** jdn. dringend um etw. bitten

appear 38
i. erscheinen; scheinen, den Anschein haben**, it appears to me** mir scheint; **he appears to be ill** er scheint krank zu sein; **it appears from this** hieraus ergibt sich/geht hervor

appease 40
t. beruhigen, beschwichtigen; schlichten, beilegen (Streit); lindern (Leiden); stillen (Durst)

append 38
t. **~ to** befestigen/anbringen an

applaud 38
i. applaudieren, Beifall spenden
t. beklatschen, Beifall spenden

apply 44
t. auflegen, -tragen, **~ to** anbringen an, anwenden auf; **~ o.s. to** sich widmen

appoint 38
t. ernennen; **~ s.o. president** jdn. zum Präsidenten ernennen; festsetzen, bestimmen

apportion 38
t. zuteilen, erteilen (Lob), zuschieben (Schuld)

appreciate 40
i., *t.* (hoch) schätzen; würdigen

apprehend 38
t. ergreifen, festnehmen, verhaften; wahrnehmen, erkennen; begreifen, erfassen

apprise 40
t. **~ of** in Kenntnis setzen, von, unterrichten von

approach 38
3. Pers. Sg. pres. t. **approaches**
i. sich nähern; (heran)nahen, bevorstehen
t. sich nähern, herantreten an

appropriate 40
t. bereitstellen, bewilligen (Geld); sich etw. aneignen

approve 40
t. billigen, gutheißen, begenehmigen; **~ o.s. as** sich bewähren als
i. billigen, anerkennen, **~ of s.o.** jdn. akzeptieren

approximate 40
t. sich nähern, nahe kommen
i. nahe/näher kommen

argue 40
i. streiten; **~ for s.th.** für etw. eintreten; **~ against s.th.** gegen etw. Einwände erheben

arise 130
i. **~ from/out of** entstehen, hervorgehen (aus), herrühren/stammen von; sich ergeben aus

arm 38
t. bewaffnen
i. sich bewaffnen

arraign 38
t. vor Gericht stellen, öffentlich beschuldigen; anfechten

arrange 40
t. (an)ordnen; aufstellen; einteilen; **~ one's affairs** seine Angelegenheiten regeln; vereinbaren
i. Vorkehrungen treffen, **~ with s.o. about s.th.** sich mit jdm. über etw. einigen

arrest 38
t. an-, aufhalten; hemmen, hindern; verhaften

arrive 40
i. (an)kommen, eintreffen, erreichen

arrogate 40
t. **~ to o.s.** sich anmaßen, etw. für sich in Anspruch nehmen; **~ s.th. to s.o.** jdm. etw. zuschreiben/zuschieben

ascend 38
t. be-, ersteigen
i. (auf-, empor-, hinauf)-steigen; ansteigen

ascertain 38
t. feststellen, ermitteln; in Erfahrung bringen

ascribe 40
t. **~ to** zuschreiben, beimessen

ask 38
t. fragen, **may I ~ you a question** darf ich Sie etw. fragen, **~ the way** nach dem Weg fragen; **~ for** bitten um **~ s.o. for help** jdn. um Hilfe bitten

asphalt 38
t. asphaltieren

aspire 40
i. **~ to/after** streben/trachten nach

assail 38
t. angreifen, überfallen; **~ s.o. with questions** jdn. mit Fragen bestürmen

assassin 38

t. (meuchlings) (er)morden

assemble 40
t. versammeln; zs.setzen
i. sich versammeln, zs.-kommen

assert 38
t. behaupten, erklären; geltend machen, durchsetzen, **~ o.s.** sich behaupten

assign 38
t. anweisen, zuteilen, übertragen

assimilate 40
t. assimilieren; angleichen, anpassen
i. sich assimilieren, sich anpassen/-gleichen

assist 38
t. jdm. helfen, beistehen; jdn. unterstützen
i. Hilfe leisten; **~ at** beiwohnen, teilnehmen an

associate 40
t. vereinigen, verbinden, verknüpfen
i. **~ with** Umgang haben/verkehren mit

assort 38
t. sortieren
i. **~ with** passen zu, übereinstimmen mit

assume 40
t. annehmen, voraussetzen, unterstellen; **assuming that** angenommen, dass

assure 40
t. sichern, sicherstellen; ver-, zusichern; **~ s.o. of s.th.** jdn. einer Sache versichern, jdm. etw. zusichern; **~ o.s.** sich vergewissern

astound 38
t. verblüffen, in Erstaunen versetzen

astringe 40
t. zs.ziehen

atrophy 44
t. abzehren/verkümmern lassen
i. schwinden, verkümmern

attach 38
3. Pers. Sg. pres. t. **attaches**
t. **~ to** befestigen/anbringen an, anheften, **~ o.s. to** sich anschließen an
i. anhaften

attack 38
t. angreifen, überfallen

attain 38
t. erreichen, -zielen
i. **~ to** gelangen zu, erreichen

attempt 38
t., *i.* versuchen, probieren; in Angriff nehmen

attend 38
t. jdm. aufwarten **attended by/with** begleitet von; **~ a school** eine Schule besuchen
i. **~ to** beachten, **~ to what I am saying** beachten Sie was ich sage

attenuate 40
t. dünn/schlank machen; verdünnen; dämpfen; vermindern, abschwächen

attest 38
t. beglaubigen, bescheinigen, attestieren
i. bezeugen

attribute 40
t. **~ to** zuschreiben, beimessen

augment 38
t. vermehren, -größern
i. sich vermehren, zunehmen

authorize 40
t. ermächtigen, bevollmächtigen, autorisieren

automate 40
t. automatisieren

avail 38
t. nützen, helfen, fördern; **~ o.s. of s.th.** sich einer Sache bedienen, von einer Sache Gebrauch machen
i. nützen, helfen

avenge 40
t. rächen; **~ o.s.** sich rächen

avert 38
t. abwenden, -kehren; abwehren, verhüten

avoid 38
t. (ver)meiden, umgehen; **~ s.o.** jdn. meiden; **~ doing s.th.** es vermeiden, etw. zu tun

avow 38
t. (offen) bekennen, (ein)gestehen; **~ o.s.** sich bekennen

await 38
t. erwarten

awake 138
t. wecken

award 38
t. zuerkennen, zubilligen, verleihen

awe 40
t. (Ehr)Furcht einflößen, einschüchtern

B

back 38
t. **~ up s.o.** jdn. unterstützen
i. zurücktreten; sich zurückziehen

bake 40
t., *i.* backen

ban 42
t. verbieten; **~ s.o. from speaking** jdm. verbieten zu sprechen

banalize 40
t. banalisieren

band 38
t. mit einem Band/einer Binde versehen, zs.binden

bang 38
t. knallen mit, zuknallen, **~ one's fist on the table** mit der Faust auf den Tisch schlagen
i. knallen; krachen, zuschlagen, **~ at the door** an die Tür schlagen

banish 38

3. Pers. Sg. pres. t. **banishes**
t. verbannen, ausweisen

bank 38
i. Geld auf einer Bank haben; **~ on** bauen/setzen auf
t. Geld bei einer Bank einzahlen; eindämmen, mit einem Wall umgeben

baptize 40
i. taufen

bar 42
t. verriegeln; **~ in/out** ein-/aussperren, **~ the way** den Weg versperren; **~ from** ausschließen von

barbarize 40
t. verrohen/verwildern lassen
i. verrohen

bargain 38
t. **~ for/about** handeln/feilschen um; **it was more than we had bargained for** damit hatten wir nicht gerechnet; **~ on** zählen auf

bark 38
i. bellen, kläffen; **~ at s.o.** jdn. anschnauzen

barrel 42
t. in Fässer füllen/packen

barricade 40
t. verbarrikadieren

barter 38
i. Tauschhandel treiben
t. **~ for/against** (ein-, um-, aus)tauschen gegen **base**
t. **~ on/upon** stützen/ 40
gründen auf; **~ o.s. on** sich verlassen auf

bash
3. Pers. Sg. pres. t. **bashes** 38
t. i. heftig schlagen, einschlagen

bask
t. sich aalen, **~ in the sun** 38
sich in der Sonne aalen

bat
t. **~ the eyes** mit den Au- 42
gen blinzeln/zwinkern; **without batting an eyelid** ohne mit der Wimper zu zucken; **I never batted an eyelid** ich habe kein Auge zugetan

bathe 38
t. jdn. baden
i. baden

batter 38
t. mit heftigen Schlägen traktieren; (zer)schlagen **~ down/in** die Tür einschlagen
i. heftig/wiederholt schlagen, **~ at the door** gegen die Tür hämmern

bawl 38
i. schreien, grölen, brüllen; **~ at s.o.** jdn. anbrüllen
t. **~ out** jdn. anbrüllen/ zs.stauchen

be 34
i. sein; **you are to go** ich du sollst gehen

beam 38
i. strahlen, glänzen; **~ (up)on s.o.** jdn. anstrahlen; **he was beaming with joy** er strahlte vor Freude

bear 168
t. tragen (Last); ertragen, (er)dulden, (er)leiden, aushalten; **I cannot ~ him** ich kann ihn nicht ausstehen
i. **~ on/upon** sich beziehen auf, betreffen

bear 168
gebären; **I was born in London** ich wurde in London geboren

beat 164
schlagen; besiegen, **~ s.o. at tennis** jdn. im Tennis schlagen; **~ the record** den Rekord brechen
i. schlagen **~ at/on the door** an die Tür klopfen; **~ down** niederschlagen

beatify 44
t. selig machen; selig sprechen

beautify 44
t. verschönern, verzieren

becalm 38
t. beruhigen

beckon 42
t. jdm. (zu)winken, zunicken, jdn. heranwinken
i. winken, locken

become 100
i. . werden; **what has ~ of him?** was ist aus ihm geworden?
t. sich schicken für; jdm. stehen/passen

bedevil 38
t. verhexen; verwirren; bedrücken, -lasten

beetle 40
i. **~ off** abschwirren, sich davonmachen

befit 42
t. sich ziemen/schicken für

beg 42
t. bitten, **~ of s.o.** etw. von jdm. erbitten
i. betteln; **to go begging** betteln (gehen)

beget 68
t. zeugen; erzeugen, hervorbringen

begin 80
t., *i.* beginnen, anfangen

begrudge 40
t. **~ s.o. s.th.** jdm. etw. missgönnen

behave 40
i. sich (gut) benehmen; **please ~!** bitte benimm dich!; **he can't ~** er kann sich nicht benehmen
t. **~ o.s.** sich (gut) benehmen; **~ yourself!** benimm dich!

behead 38
t. enthaupten

behold 162
t. erblicken, anschauen

belaud 38
t. preisen

belay 72
t. festmachen (Tau), jdn. sichern (beim Bergsteigen)

blanches
t. bleichen; blanchieren
i. erbleichen
blandish 38
3. Pers. Sg. pres. t.
blandishes
t. schmeicheln
blanket 38
t. zu-, verdecken; vertuschen
blare 40
t., i. schmettern (Trompete), brüllen, plärren (Radio etc.)
blarney 38
t. jdm schmeicheln
blaspheme 40
t. (Gott) lästern; schmähen
i. **~against** jdm. lästern
blast 38
t. sprengen; vernichten; **~ it!** verdammt!; **~ him!** der Teufel soll ihn holen!
i. sprengen; knallen
blaze 40
i. auflodern, -flammen
t. **~ abroad** ausposaunen
bleach 38
3. Pers. Sg. pres. t.
bleaches
t. bleichen
blear 38
t. trüben
bleed 60
i. (ver)bluten
blemish 38
3. Pers. Sg. pres. t.
blemishes
i. verunstalten, schaden
blench 38
3. Pers. Sg. pres. t.
blenches
i. verzagen; **~ at** zurückschrecken vor
t. (ver)meiden
blend 54
t. vermengen, -mischen
i. **~ with** sich mischen mit
bless 38
3. Pers. Sg. pres. t.
blesses
t. segnen
blind 38
t. blenden, blind machen; verblenden, täuschen

blink 38
i. blinken, zwinkern, **~ at s.o.** jdm. zu- blinzeln
t. **~ one's eyes** mit den Augen zwinkern
blister 38
t. Blasen hervorrufen
i. Blasen ziehen/werfen
bloat 38
t. **~ up** aufblasen, -blähen
i. **~ out** auf-, anschwellen
block 38
t. hemmen, blockieren, versperren, verstopfen; **road blocked** Straße gesperrt
blockade 40
t. blockieren
bloom 38
i. (er)blühen
blossom 38
i. blühen, erblühen
blot 42
t. mit Tinte beklecksen; **~ out** auslöschen, verhüllen
blotch 38
3. Pers. Sg. pres. t.
blotches
t. beklecksen
i. klecksen
blow 180
i. blasen, wehen; **~ up** in die Luft fliegen, explodieren
t. blasen, wehen, **~ one's nose** sich die Nase putzen; **~ up** in die Luft sprengen,
bluff 38
t., i. bluffen
blunder 38
i. pfuschen
t. verpfuschen
blunt 38
t. stumpf machen, abstumpfen
blur 42
t. verwischen, -schmieren; verschleiern
i. verschwimmen
blurt 38
t. **~ out** herausplatzen mit, ausschwatzen

blush 38
3. Pers. Sg. pres. t.
blushes
i. erröten, rot werden
bluster 38
i. brausen, tosen, stürmen
board 38
t. mit Brettern bedecken, täfeln
i. **~ with** sich in Kost/Logie befinden bei
boast 38
i. **~ of/about** prahlen mit
t. sich einer Sache rühmen
bob 42
t. ruckweise bewegen; stutzen
i. sich auf und ab/hin und her bewegen, baumeln
bode 40
t. ahnen lassen; **this bodes you no good** das bedeutet nichts Gutes für dich
i. **~ well/ill** Gutes/Schlimmes ahnen lassen
bog 42
t. im Sumpf versenken; **~ down** zum Stocken bringen
i. **~ down** im Schlamm versinken; stecken bleiben
boggle 40
i. **~ at** zurückschrecken vor, **~ at doing** zögern zu tun
boil 38
i. kochen, sieden; **~ with rage** vor Wut kochen
t. kochen (lassen), zum Kochen bringen
bolster 38
t. (aus)polstern; **~ up** unterstützen, stärken
bolt 38
t. ver-, zuriegeln
i. durchgehen (Pferd), davonlaufen, durchbrennen
bomb 38
t. bombardieren
bombard 38
t. bombardieren
bond 38

bond 38
t. verpfänden; unter Zollverschluss legen

bone 40
t. entbeinen, -gräten

book 38
t. buchen, einschreiben *i.* eine Fahrkarte lösen

boom 38
i. dröhnen, donnern; einen rapiden Aufschwung nehmen, boomen

boost 38
t. hochschieben, -treiben; nachhelfen, ankurbeln

booze 40
i. saufen

border 38
t. einfassen; begrenzen, (um)säumen
i. **~ on** grenzen an

bore 40
t. (durch)bohren; langweilen, **I am bored** ich langweile mich
i. bohren, Bohrungen machen

borrow 38
t. (aus)borgen, (ent)leihen **can you borrow me some money?** kannst du mir etwas Geld borgen?

botch 38
3. Pers. Sg. pres. t. **blotches**
t. zs.schustern
i. pfuschen

bother 38
t. belästigen, stören, **to be bothered about s.th.** über etw. beunruhigt sein
i. **~ about** sich sorgen um; sich bemühen, **don't ~** bemüh dich nicht

bottle 40
t. in Flaschen abfüllen

bounce 40
i. springen, hochschnellen, hüpfen, **he bounced out of his chair** er sprang von seinem Stuhl hoch; **~ against** prallen gegen, **~ off** abprallen

bound 38
t. be-, abgrenzen; beschränken
i. (hoch)springen, hüpfen

bow 38
t. beugen, neigen, **~ one's head** den Kopf neigen
i. **~ to** sich verbeugen vor

bowl 38
i. bowlen, Bowling spielen

box 38
3. Pers. Sg. pres. t. **boxes**
t. gegen jdn. boxen
i. boxen

boycott 38
t. boykottieren

brace 40
t. versteifen. -streben, stützen, verankern

braid 38
t. flechten

braise 40
t. schmoren (Braten etc.)

brake 40
t. bremsen

branch 38
3. Pers. Sg. pres. t. **branches**
i. **~ off/out** sich verzweigen; **the road branches** die Straße gabelt sich

brand 38
t. mit einem Brandmal/ Schutzmarke versehen

brave 40
t. die Stirn bieten, trotzen

brawl 38
i. krakeelen; keifen

bray 38
i. kreischen, gellen
t. zerreiben (im Mörser)

bread 38
t. panieren

break 140
t. brechen, zerbrechen, **~ one's arm** (sich) den Arm brechen, **~ the law** das Gesetz brechen
i. zerbrechen, auseinander gehen; **~ down** zs.brechen

breathe 40
i. atmen
t. ein-, ausatmen

breed 60
t. hervorbringen, züchten, erzeugen
i. zeugen; brüten, sich fortpflanzen

breeze 40
i. wehen

brew 38
t., *i.* brauen

bribe 40
t. bestechen

brick 38
t. mit Ziegelsteinen belegen, pflastern, **~ in/up** zumauern

bridge 40
t. überbrücken

bridle 40
t. aufzäumen (Pferd); zügeln, im Zaum halten
i. **~ up** verächtlich den Kopf zurückwerfen, **~ at** Anstoß nehmen an

brief 38
t. instruieren, einweisen

bright 38
t. heller machen, auferhellen
i. **~ up** sich aufhellen

brim 42
i. **~ with** wimmeln von

bring 106
t. (mit)bringen, **~ about** zustande bringen, mit sich bringen, **~ up** großziehen (Kind)

brisk 38
t. **~ up** anfeuern

bristle 40
i. sich sträuben (Haare); **~ up with anger** zornig werden; **~ with** strotzen vor

broach 38
3. Pers. Sg. pres. t. **broaches**
t. anstechen (Fass)

broadcast 48
t. im Fernsehen/Radio übertragen

broaden 38

t. verbreitern
i. sich verbreitern
brush 38
3. Pers. Sg. pres. t. **brushes**
t. bürsten; **~ up** auf-polieren, auffrischen
bubble 40
i. sprudeln, brodeln, **~ over** übersprudeln
budget 38
t. Ausgaben einplanen
i. ein Budget machen, **~ for s.th.** etw. im Budget vorsehen
build 54
t. bauen, **~ up** aufbauen
i. bauen, **the house is building** das Haus befindet sich im Bau
bump 38
t. stoßen, prallen, **~ one's head** sich den Kopf stoßen
i. **~ against/into** stoßen gegen
bundle 40
t. zu einem Bündel zs.-binden
burden 38
t. belasten, **~ s.o. with s.th.** jdm. etw. aufbürden
bureaucratize 40
t. bürokratisieren
burgle 40
t. einbrechen in
burn 52, 38
i. (ver)brennen; **he was burning with anger** er war wutentbrannt
t. (ver)brennen, **I've burnt my hand** ich habe mir die Hand verbrannt
burb 38
i. rülpsen, aufstoßen
burst 48
i. bersten, platzen, **~ in** hereinplatzen; **~ into laughter/out laughing** in Gelächter ausbrechen, **~ with curiosity** vor Neugier platzen
t. sprengen, zum Platzen bringen
bury 44
t. begraben, beerdigen; **~ o.s.** sich verkriechen
button 38
t. **~ up** zuknöpfen
buy 108
t., *i.* kaufen
buzz 38
3. Pers. Sg. pres. t. **buzzes**
i. summen, surren, **~ about** herumschwirren

C

cache 40
t. verstecken
cackle 40
i. gackern, schnattern; schwatzen
cage 40
t. (in einen Käfig) ein sperren
cake 40
i. zs.backen, verkrusten
calcify 44
t., *i.* verkalken
calculate 40
t. aus-, er-, berechnen; kalkulieren; **~ upon** rechnen mit/auf
calibrate 40
t. kalibrieren, eichen
call 38
t. (aus-, herbei)rufen; anrufen; heißen **he is called Tom** er heißt Tom; wecken **call me at 5 o'clock** weck mich im 5 Uhr
i. rufen **she called for help** sie rief um Hilfe
calm 38
t. beruhigen, besänftigen
i. **~ down** sich beruhigen
caluminate 40
t. verleumden
camouflage 40
t. tarnen, verschleiern
camp 38
i. zelten, campen, kampieren
campaign 38
i. an einem Feldzug teilnehmen, kämpfen, **~ for/against** zu Felde ziehen für/gegen; **~ for** Wahlkampf machen für
can 9
m.aux. können, **~ you do it?** kannst du das machen?, **he cannot read** er kann nicht lesen
canalize 40
t. kanalisieren, in bestimmte Bahnen lenken
cancel 42
t. (durch-, aus-)streichen; widerrufen, aufheben, annullieren, stornieren
cannibalize 40
t. ausschlachten (altes Auto)
cannonade 40
t. beschießen
canonize 40
t. heilig sprechen
cap 42
t. bedecken (mit einer Kappe); übertreffen, übertrumpfen
capitalize 40
t. kapitalisieren
i. Kapital anhäufen, **~ on** Kapital schlagen aus
capsize 40
i. kentern
t. zum Kentern bringen
captivate 40
t. gefangen nehmen, fesseln; bezaubern
capture 40
t. fangen; gefangen nehmen, kapern
carbonize 40
t. verkohlen, verkoken
care 40
i. sich sorgen; **~ for** sorgen für, sich kümmern um; gern haben, mögen, **she doesn't ~ for him** sie mag ihn nicht, **I don't ~** es ist mir egal,

who cares? wen juckt das?; **I dont ~ to do it** ich habe keine Lust es zu tun; **would you ~ for a drink?** möchtest du etw. zu trinken?

caress 38
3. Pers. Sg. pres. t.
caresses
t. liebkosen; streicheln

caricacure 40
t. karikieren

carouse 40
i. zechen

carp 38
i. nörgeln

carpenter 38
t., i. zimmern

carry 44
t. tragen; **~ a message** eine Nachricht überbringen; **~ interest** Zinsen bringen; **~ consequences** Folgen haben; **~ things too far** die Dinge zu weit treiben

cart 38
t. karren, fahren: **~ about** umherschleppen

carve 40
t., i. schnitzen, meißeln

case 40
t. in ein Gehäuse stecken

cash 38
3. Pers. Sg. pres. t.
cashes
t. einlösen (Scheck etc.), kassieren

cashier 38
t. (unehrenhaft) entlassen

cast 48
t. werfen: **~ the blame on s.o.** jdm. die Schuld zuschieben; **~ one's vote** seine Stimme abgeben

castigate 40
t. züchtigen, geißeln

castrate 40
t. kastrieren

catalogue 40
t. katalogisieren

catapult 38
t. schleudern, katapultieren

catch 112
t. fangen, **~ the train** den Zug kriegen; verstehen, **I didn't ~ your question** ich habe Ihre Frage nicht verstanden; einholen, **I soon caught him** ich holte ihn bald ein; sich zuziehen, **I caught a cold** ich erkältete mich

cater 38
i. Speisen und Getränke liefern: **~ for** sorgen für;
t. mit Speisen und Getränken beliefern

caterwaul 38
i. jaulen; kreischen; keifen

cause 40
t. veranlassen: **I caused him to tell the truth** ich ließ ihn die Wahrheit sagen; **he caused her to be arrested** er ließ sie verhaften; verursachen, **~ s.o. trouble** jdm. Schwierigkeiten bereiten

caution 38
t. **~ against** warnen vor

cave 40
i. **~ in** einstürzen, sinken; klein beigeben

cease 40
i. aufhören, enden
t. aufhören, beenden

cede 40
t. **~ to** abtreten an, überlassen
i. nachgeben; weichen

celebrate 40
t. feiern, ein Fest begehen

cement 38
t. zementieren

centralize 40
t. zentralisieren

centre 40
t. In den Mittelpunkt stellen, zentrieren
i. im Mittelpunkt stehen

centuplicate 40
t. verhundertfachen

certificate 40
t. bescheinigen

certify 44
t. bescheinigen
i. bezeugen

chaffer 38
i. feilschen, schachern

chain 38
t. (an)ketten, fesseln

chalk 38
t. mit Kreide (be)zeichnen; **~ up** anschreiben, **~ it up to s.o.** es jdm. ankreiden

challenge 40
t. herausfordern

chamfer 38
t. abschrägen

chance 40
t. riskieren: **~ it** es darauf ankommen lassen
i. (unerwartet) geschehen, **I ~ed to meet her** zufällig traf ich sie

change 40
t. (ver-, um)ändern, wechseln; umziehen; **~ the subject** das Thema wechseln, **~ one's mind** seine Meinung ändern, **~ the train** umsteigen

characterize 40
t. charakterisieren

charge 40
t. belasten, -laden; beauftragen **~ s.o. with** jdn. beauftragen mit; berechnen **he charged (me) seven pounds** er berechnete mir sieben Pfund

charm 38
t. bezaubern, entzücken, **to be charmed to meet s.o.** erfreut sein jdn. zu treffen

charter 38
t. chartern

chase 40

t. jagen
i. nachjagen
chat 42
i. plaudern schwatzen
chatter 38
i. plappern schwatzen; klappern
cheat 38
t. betrügen
check 38
t. hemmen, hindern, aufhalten; kontrollieren, (über-, nach)prüfen
i. **~ in** anmelden, einchecken; **~ out** auschecken
cheep 38
t., i. piep(s)en
cheer 38
t. Beifall spenden, zujubeln
i. Beifall spenden, jubeln
cherish 38
3. Pers. Sg. pres. t. **cherishes**
t. schätzen, sorgen für
chew 38
t., i. kauen
chide 124
t. schelten, tadeln
chip 42
t. abraspeln; hänseln; **~ off** abblättern, -bröckeln
i. (leicht) abbrechen
chirp 38
i., t. zirpen, zwitschern
choose 148
i. wählen, auswählen
chop 42
t. fällen; **~ off** abhauen; **~ up** zerhacken, klein hacken
i. **~ about/round** sich drehen
chrome 40
t. verchromen
chuck 38
t. schmeißen, werfen; **~ away** wegschmeißen
i. glucken
chuckle 40
i. glucksen, in sich hineinlachen; glucken (Henne)

chug 42
i. tuckern
cipher 38
i. chiffrieren; **~ out** be-, ausrechnen; entziffern
circle 40
t. umkreisen; umzingeln
i. sich im Kreise bewegen
circulate 40
i. zirkulieren, umlaufen, kreisen; kursieren
circumscribe 40
t. umschreiben
cite 40
t. zitieren
citify 44
t. verstädtern
civilize 40
t. zivilisieren
clack 38
i. klappern
claim 40
t. fordern, verlangen, beanspruchen
i. reklamieren
clair 38
(ab)klären, läutern; (auf-, er)klären
clamp 38
t. festklammern, klemmen; befestigen
clank 38
i., t. rasseln, klirren
clap 42
t. klatschen, **~ one's hands** in die Hände klatschen
i. (Beifall) klatschen
clarify 44
t. klären, läutern, reinigen; (auf-, er)klären
i. sich aufklären
clash 38
3. Pers. Sg. pres. t. **clashes**
i. klirren, rasseln; zs.prallen, -stoßen, kollidieren
clasp 38
t. ein-, zuhaken; umklammern, **~ s.o.'s hand** jdm. die Hand drücken; **~ s.o. in one's arms** jdn. umarmen

classify 44
t. klassifizieren, einteilen
clatter 38
i. klappern, rasseln
clean 38
t., i. reinigen, säubern, putzen
clear 38
t. säubern, reinigen; **~ the way** Platz machen; **~ one's throat** sich räuspern
i. sich klären, klar werden; sich aufklären (Wetter)
cleave 66, 38, 144
t. (zer)spalten
i. sich spalten, bersten
clench 38
3. Pers. Sg. pres. t. **clenches**
i. sich fest. zs.pressen; sich ballen
click 38
i. klicken, knacken, ticken
climb 38
i. klettern; steigen
t. be-, ersteigen
cling 90
i. **(~to)** kleben/haften (an)
clink 38
i. klingen, klimpern, klirren
t. klingen/klirren lassen, **~ glasses** anstoßen
clip 42
t. abschneiden, stutzen; befestigen, (an)klammern
clone 40
t. klonen
close 40
t., i. schließen
clot 42
i. gerinnen (Blut)
clothe 98
t. (an-, be)kleiden
cloud 38
t., i. bewölken
clue 40
t. **~ s.o. up** jd. ins Bild setzen
coach 38
3. Pers. Sg. pres. t.

coaches
t. instruieren, trainieren
coagulate 40
i. gerinnen
t. gerinnen lassen
coat 38
t. anstreichen, beschichten
codify 44
t. verschlüsseln
coexist 38
i. nebeneinander existieren
coffin 38
t. einsargen
coincide 40
i. **~ with** zs.treffen/zs.fallen mit; übereinstimmen
collect 38
t. sammeln
colonize 40
t. kolonisieren, besiedeln
i. sich ansiedeln; eine Kolonie bilden
colour 38
t. färben
i. sich verfärben
comb 38
t. kämmen (Haar)
combat 42
t. bekämpfen, kämpfen gegen
i. kämpfen
combine 40
t. verbinden, vereinigen kombinieren
i. sich verbinden
come 100
i. kommen; **~ across s.o.** jdn. zufällig treffen; **~ off** ab-, losgehen; **~ on** komm schon, los
comfort 38
t. trösten
command 38
t. jdm. befehlen, kommandieren
commemorate 40
t. gedenken, erinnern
commence 40
t., i. beginnen, anfangen
comment 38
i. kommentieren
commercialize 40
t. kommerzialisieren, vermarkten
commit 42
t. übertragen, anvertrauen; verüben, begehen (Vergehen)
communicate 40
t. **~ to s.o.** jdm. mitteilen, kommunizieren, sich mitteilen
compare 40
t. vergleichen
compel 42
t. zwingen, nötigen
compensate 40
t. entschädigen, **~ to s.o.** jdm. etw. ersetzen
compete 40
i. konkurrieren, **~ for** sich bewerben um
complete 40
t. vervollständigen, ergänzen; abschließen, vollenden
complicate 40
t. komplizieren
compliment 38
t. **~ on** beglückwünschen zu
complot 42
i. sich verschwören
comply 44
i. **~ with s.th.** einer Sache nachkommen/entsprechen
comport 38
t. **~ o.s.** sich betragen
i. **~ with** passen zu
compose 40
t. zs.setzen, **to be composed of** bestehen aus; **~ o.s.** sich beruhigen, sich fassen
compost 38
t. kompostieren
compound 38
t. mischen; zs.setzen
comprehend 38
t. umfassen, einschließen; begreifen, verstehen
compress 38
3. Pers, Sg. pres. t. **compresses**
t. zs.drücken, pressen
concatenate 40
t. verketten, -knüpfen
conceal 38
t. **~ from** verbergen vor, verheimlichen vor
concede 40
t. einräumen, zugestehen, gewähren
conceive 40
t. begreifen; ausdenken
concern 38
t. betreffen, angehen, **it doesn't ~ me** es geht mich nichts an; **don't let that ~ you** mach dir deswegen keine Sorgen!; **~ o.s. with/about** sich beschäftigen mit, sich kümmern um
conclude 40
t. beenden; (be-, ab)-schließen; **~ from** folgern aus
i. schließen, aufhören
concretize 40
t. konkretisieren
concur 42
i. zs.treffen, -fallen; **~ to** beitragen zu; **~ with s.o. in s.th.** mit jdm. übereinstimmen
condemn 38
t. verdammen, verurteilen
condense 40
t. verdichten, kondensieren
i. sich verdichten
condole 40
i. Beileid bezeigen, kondolieren **~ with s.o. on s.th.** jdm. zu etw. sein Beileid aussprechen
conduce 40
i. **~ to** beitragen zu, einer Sache dienen
conduct 38
t. führen, leiten; **~ o.s.** sich betragen/benehmen
confederate 40
t., i. (sich) verbünden/vereinigen
confer 42

i. sich beraten, Rücksprache nehmen
confess 38
3. Pers. Sg. pres. t. **confesses**
t. bekennen, (ein)gestehen; beichten
i. sich schuldig bekennen
confide 40
i. sich anvertrauen; (ver)trauen
t. **~ s.th. to s.o.** jdm. etw. anvertrauen
confine 40
t. be-, einschränken, **~ to** begrenzen auf, **~ o.s. to** sich beschränken auf
conflict 38
i. **~ with** im Widerspruch stehen zu
conform 38
t. **~ (o.s.) to** (sich) anpassen an
i. **~ to** sich anpassen an, sich richten
confront 38
t. (feindlich) gegenübertreten; **~ s.o. with** jdn. konfrontieren mit
conglomerate 40
t., i. (sich) zs.ballen
congratulate 40
t. **~ s.o. on s.th.** jdm. zu etw. gratulieren
congregate 40
t., i. (sich) versammeln
conjugate 40
t. konjugieren
conjure 40
t. beschwören, inständig bitten; **~ up** heraufbeschwören
i. zaubern, hexen
connect 38
t. verbinden, verknüpfen, **~ to** anschließen an, verbinden mit
i. in Verbindung treten/stehen
conquer 38
t. erobern
i. Eroberungen machen
consecrate 40
t. weihen; heiligen
consent 38
i. **~ to** zustimmen zu, einwilligen in
conserve 40
t. erhalten, bewahren
consider 38
t. nachdenken über, erwägen; berücksichtigen, **~ s.o. (to be) an expert** jdn. für einen Experten halten
i. nachdenken, überlegen
consign 38
t. übergeben, -liefern, versenden
consist 38
i. **~ of** bestehen aus
consolidate 40
t. (ver)stärken, festigen; konsolidieren
i. konsolidieren (Schulden)
conspire 40
i. sich verschwören
constitute 40
t. **~ s.o. president** jdn. als Präsidenten einsetzen; in Kraft setzen, konstituieren
constrain 38
t. zwingen, nötigen
construct 38
t. bauen, errichten
consult 38
t. um Rat fragen, zurate ziehen, konsultieren
i. **~ with/about** sich beraten/besprechen mit/über
consume 40
t. verbrauchen
i. sich verbrauchen/abnutzen
contact 38
t. in Berührung kommen mit, Kontakt haben mit
contaminate 40
t. verunreinigen, verseuchen
contemplate 40
t. (nachdenklich) betrachten; nachdenken über; erwägen
i. nachsinnen
content 38
t. befriedigen, zufrieden stellen; **~ o.s. with** sich zufrieden geben/begnügen mit
contest 38
t. kämpfen um; konkurrieren; anfechten
i. wetteifern
continue 40
i. fortfahren, weitermachen; fortdauern, (an)dauern
contract 38
t. zs.ziehen
i. sich zs.ziehen; vertraglich vereinbaren
contradict 38
t. widersprechen
contribute 40
t. **~ to** beitragen zu
control 42
t. beherrschen, die Kontrolle haben, kontrollieren, prüfen; regeln
convene 40
t. zs.rufen, einberufen; versammeln; vorladen
i. sich versammeln
converge 40
i. zs.laufen; konvergieren
convert 38
t. um-, verwandeln; um-, einwechseln (Geld); **~ to** bekehren zu
i. umgewandelt werden, sich verwandeln
convict 38
t. überführen, für schuldig erklären, verurteilen
convoke 40
t. einberufen, zs.rufen
convoy 38
t. eskortieren
convulse 40
t., i. erschüttern, **to be convulsed with pain** sich vor Schmerzen krümmen; zs.ziehen, verzerren
cook 38
t. kochen
cool 38

t. (ab)kühlen
cooperate 40
t. zs.arbeiten
coordinate 40
t. koordinieren, abstimmen
cope 40
i. **~ with s.th.** etw. gewachsen sein, meistern, bewältigen
copy 44
t. abschreiben, kopieren
coquet 42
i. kokettieren
cord 38
t. zuschnüren, festbinden
cork 38
t. ver-, zukorken
corner 38
t. in die Enge treiben; in Bedrängnis bringen
correct 38
t. korrigieren, verbessern, berichtigen
correspond 38
i. **~ to s.th.** einer Sache entsprechen, passen zu
corrode 40
t., i. korrodieren, rosten
corrupt 38
t. verderben; bestechen
i. (moralisch) verderben
cost 48
t. kosten, **it ~ me two dollars** es kostete mich zwei Dollar, **it ~ me a lot of trouble** es kostete mich große Mühe
i. **it ~ him dearly** es kam ihm teuer zu stehen
cough 38
i. husten
could 9
m.aux. konnte, könnte
count 38
t. zählen; (be)rechnen; **~ up** zs.zählen; **~ o.s. lucky** sich glücklich schät-
zen
i. **~ among** zählen zu, **~ on s.o.** auf jdn. zählen 38
court
t. den Hof machen 38
cover
t. be-, zudecken
cower 38
i. kauern, hocken
crack 38
i. krachen, knallen, knacken; platzen, bersten
crackle 40
i. knistern, knattern
crawl 38
i. kriechen, krabbeln
crease 40
t. falten, knicken; zerknittern
i. Falten werfen, knittern
create 40
t. (er)schaffen, erzeugen; hervorrufen, verursachen; gründen, errichten
credit 38
t. gutschreiben
creep 64
i. kriechen
cremate 40
t. einäschern
criminalize 40
t. kriminalisieren
criticize 40
t. kritisieren
croak 38
i. quaken (Frosch); krächzen (Rabe)
t. krächzen (Stimme) 38
cross
3. Pers. Sg. pres. t. **crosses**
t. kreuzen, **~ off/out** ausstreichen; **~ the street** über die Straße gehen; **~ o.s.** sich bekreuzigen 180
crow 38
3. St.form **crowed**
i. krähen 38
crowd
i. sich drängen
t. überfüllen, voll stopfen, zs.drängen 38
crown
t. krönen, **to be crowned king** zum König gekrönt werden 44
crucify
t. kreuzigen, quälen 40
crumble
t. zerkrümeln, -bröckeln
i. zerbröckeln, zerfallen
crumple 40
t. **~ up** zerknittern, zerknüllen
i. faltig werden, zs.-schrumpeln
crunch 38
3. Pers. Sg. pres. t. **crunches**
t. knirschend (zer)kauen, zermalmen
i. knirschen
crush 38
3. Pers. Sg. pres. t. **crushes**
t. zerquetschen, -malmen
i. zerknittern
cry 44
i. schreien, rufen; weinen, **~ for help** um Hilfe rufen
t. etw. schreien, rufen
crystalize 40
t., i. kristallisieren
cuddle 40
t. hätscheln, knuddeln
i. **~ *up* (together)** sich aneinander kuscheln/schmiegen
cultivate 40
t. bebauen, kultivieren
curb 38
t. zügeln, im Zaum halten
curdle 40
i. gerinnen (Milch)
cure 40
t. heilen
curl 38
t. locken, kräuseln
i. sich locken, sich kräuseln 40
curse
t. verfluchen, **~ him** der Teufel soll ihn holen
i. fluchen 38
curtail
t. (ab-, ver)kürzen 40
curve
t. biegen, krümmen
i. sich biegen 38
cushion
t. polstern 48
cut
ing-Form **cutting**
t. (ab-, durch-, zer)schnei-

den, **~ one's finger** sich in den Finger schneiden, **~ off** abschneiden, **~ out** ausschneiden
i. schneiden

D

damage 40
t. beschädigen, schädigen, schaden

damn 38
t. verdammen; verwünschen, verfluchen, **~ you!** hol dich der Teufel!

damp 38
t. an-, befeuchten; dämpfen, (ab)schwächen

dampen 38
t. an-, befeuchten; dämpfen
i. feucht werden

dance 40
i. tanzen, **~ to s.o.'s pipe/tune** nach jds. Pfeife tanzen
t. tanzen

dangle 40
i. baumeln, (herab)hängen; **~ after s.o.** jdm. nachlaufen
t. schlenkern, baumeln lassen

dare 38
wagen, sich (ge)trauen, **he daren't do it** er wagt es nicht zu tun; **how ~ you say that?** wie können Sie es wagen, das zu sagen?
t. etw. wagen, riskieren

darken 38
t. verdunkeln
i. dunkel werden, sich verdunkeln

dash 38
3. Pers. Sg. pres. t. **dashes**
t. schleudern, schmettern

date 40
t. datieren, **~ ahead** vordatieren
i. datieren, **~ from** datiert sein von

dawn 38
i. tagen, dämmern, anbrechen (Morgen, Tag)

deaden 38
t. (ab)töten (Gefühl etc.), **~ to** abstumpfen gegen

deafen 38
t. taub machen; schall dicht machen

deal 52
i. **~ with** sich befassen/beschäftigen mit, Geschäfte machen/Handel treiben mit

debate 40
i. debattieren, diskutieren
t. etw. debattieren, erörtern, diskutieren

debureaucratize 40
t. entbürokratisieren

decant 38
t. ab, umfüllen, dekantieren

decapitate 40
t. enthaupten, köpfen

decay 38
t. verfallen, zerfallen, verfaulen, verwesen

decease 40
i. sterben, verscheiden

deceive 40
t. täuschen, betrügen; **~ o.s.** sich etw. vormachen
i. trügen, täuschen

decelerate 40
t. verlangsamen
i. sich verlangsamen

decentralize 40
t. dezentralisieren

decide 40
t., i. entscheiden, bestimmen, beschließen

decimate 40
t. dezimieren

decipher 38
t. entziffern; dechiffrieren

declaim 38
i. reden, eine Rede halten; **~ against** wettern gegen
t. deklamieren

declare 40
t. erklären, aussagen, verkünden, **he was declared president** er wurde zum Präsidenten erklärt, **~ o.s. for s.th.** sich zu einer Sache bekennen
i. erklären, bestätigen

decline 40
i. sich neigen; abnehmen, nachlassen, zur.-gehen, sinken, fallen; (höflich) ablehnen
t. neigen, senken; ablehnen, ausschlagen

decode 40
t. dekodieren, dechiffrieren, entschlüsseln

decolourize, decolorize (AE) 40
t. entfärben, bleichen

decompose 40
t. zerlegen; zersetzen
i. sich auflösen, zerfallen; sich zersetzen

decompress 38
3. Pers. Sg. pres. t. **decompresses**
t. dekomprimieren, den Druck vermindern

decontaminate 40
t. entgiften, seuchen

decorate 40
t. (aus)schmücken, verzieren, dekorieren

decrease 40
i. abnehmen, sich vermindern
t. vermindern, verringern, reduzieren, herabsetzen

decuple 40
t. verzehnfachen

dedicate 40
t. **~ to s.o.** jdm. widmen

deduce 40
t. **~ from** folgern/schließen aus, ableiten von

deduct 38
t. **~ from** abziehen von (Betrag), einbehalten

defame 40
t. verleumden

defeat 38
t. besiegen, schlagen

defend 38
t. **~ against** verteidigen gegen, **~ from** schützen vor
defer 42
t. auf, verschieben
i. **~ to** sich fügen, nachgeben
define 40
t. definieren, bestimmen
deform 38
t. verformen; entstellen, deformieren
defraud 38
t. **~ of** betrügen um, **~ the revenue** Steuern hinterziehen
degenerate 40
i. entarten, degenerieren
degrade 40
t. degradieren, absetzen
i. (ab)sinken, herunterkommen; entarten
delay 38
t. ver-, aufschieben, verzögern
i. zögern, zaudern
delegate 40
t. abordnen, delegieren
delight 38
t. erfreuen, entzücken
i. **~ in** (große) Freude haben an
deliver 38
t. **~ from** befreien/erlösen von; (ab-, aus)liefern
delude 40
t. täuschen, irreführen; (be)trügen
demand 38
t. verlangen, fordern, **~ of/from s.o. to do s.th.** von jdm. verlangen, dass er etw. tut; erfordern, **the matter demands great care** die Sache erfordert große Sorgfalt
demarcate 40
t. **~ from** abgrenzen gegen
demilitarize 40
t. entmilitarisieren
demobilize 40
t. demobilisieren
democratize 40
t. demokratisieren
demolish 38
3. Pers. Sg. pres. t. **demolishes**
t. ab-, niederreißen, demolieren
demonize 40
t. dämonisieren, verteufeln
demonstrate 40
t. be-, nachweisen, darlegen, demonstrieren
demoralize 40
t. demoralisieren
demotivate 40
t. demotivieren
denounce 40
t. öffentlich anprangern/verurteilen; anzeigen, denunzieren
denude 40
t. entblößen
deny 44
t. ab-, bestreiten, dementieren, (ab)leugnen, verneinen, **it cannot be denied that, there is no denying that** es lässt sich nicht leugnen, dass, es ist nicht zu leugnen, dass
depart 38
i. **~ for** abreisen/abfahren nach
depend 38
i. **~ on/upon** abhängen von, ankommen auf, abhängig sein von, **it depends on you,** es hängt von dir ab, **that depends** das kommt darauf an
deplore 40
t. beklagen, bedauern, betrauern
depoison 38
t. entgiften
depopulate 40
t. entvölkern
i. sich entvölkern
deport 38
t. (zwangsweise) fortschaffen, deportieren
deposit 38
t. ab-, niederlegen; hinterlegen, deponieren
i. sich absetzen/ablagern
depreciate 40
t. gering schätzen; abwerten (Währung)
depress 38
3. Pers. Sg. pres. t. **depresses**
t. deprimieren, bedrücken; drücken, senken
deprive 40
t. **~ s.o. of s.th.** jdn. einer Sache berauben, jdm. eine Sache entziehen
depute 40
t. abordnen, delegieren, deputieren
deracinate 40
t. entwurzeln; ausrotten
derail 38
t. entgleisen lassen
i. entgleisen
derange 40
t. in Unordnung bringen, durcheinander bringen
deride 40
t. verhöhnen, -spotten
derive 40
t. **~ from** herleiten von
i. **~ from** (ab)stammen/herrühren von
descend 38
t., *i.* herunter-, hinuntersteigen/-gehen/-kommen; fallen, sinken; aussteigen; **to be descended from** abstammen von
describe 40
t. beschreiben, schildern
desecrate 40
t. entweihen, schänden
desert 38
t. verlassen; im Stich lassen
i. desertieren
deserve 40
t. verdienen, würdig/wert sein, **~ praise** Lob verdienen
design 38
t. entwerfen, gestalten; planen, beabsichtigen

designate 40
t. bezeichnen, kennzeichnen; ausersehen, bestimmen
desire 40
t. wünschen, begehren, **if desired** auf Wunsch
desist 38
i. **~ from** ablassen, Abstand nehmen von, **~ from asking** aufhören zu fragen
desolate 40
t. verwüsten
despair 38
i. **~ of** verzweifeln an
despise 40
t. verachten, verschmähen, **not to be despised** nicht zu verachten
despoil 38
t. plündern; **~ s.o. of s.th.** jdn. einer Sache berauben
despond 38
i. verzagen; **~ of** verzweifeln an
destine 40
t. **~ for** vorsehen/bestimmen für
destroy 38
t. zerstören, vernichten
destruct 38
t. zerstören
detach 38
3. Pers. Sg. pres. t. **detaches**
t. ab-, loslösen, abtrennen; absondern
i. sich (los)lösen
detain 38
t. auf-, abhalten, zurück(be)halten, hindern
detect 38
t. entdecken; herausfinden, ermitteln
deter 42
t. abschrecken, **~ from** abhalten von
deteriorate 40
i. sich verschlechtern/verschlimmern, schlecht(er) werden
determine 40
t. bestimmen, festsetzen; beschließen
i. sich entscheiden, sich entschließen
detest 38
t. verabscheuen, hassen
detonate 40
t. zur Explosion bringen
i. explodieren
detract 38
t. ablenken
i. beeinträchtigen, schmälern
devaluate 40
t. abwerten
devalue 40
t. abwerten
devastate 40
t. verwüsten
develop 42
t. entwickeln
i. **~ from** sich entwickeln aus; **~ into** sich entwickeln zu
deviate 40
i. **~ from** abweichen/abkommen von
t. ablenken
devolve 40
t. **~ upon** übertragen/abwälzen auf
i. **~ on/upon** übergehen auf, zufallen
devote 40
t. **~ to** widmen, opfern, hingeben; **~ o.s.** sich widmen/hingeben
diagnose 40
t. diagnostizieren
dice 40
i. würfeln, knobeln
dictate 40
t. **~ s.th. to s.o.** jdm. etw. diktieren; vorschreiben
i. diktieren
die 46
i. **~ of** sterben an, **~ from a wound** an einer Verwundung sterben, **~ of/with laughter** sich totlachen
differ 38
i. **~ from** sich unterscheiden/verschieden sein von
differentiate 40
t. **~ from** unterscheiden von
i. einen Unterschied machen, differenzieren; sich unterscheiden
diffuse 40
t. ausgießen; verbreiten
i. sich verbreiten
dig 74
t. (um-, aus)graben
i. **~ for** graben nach
digest 38
t., *i.* verdauen
diminish 38
3. Pers. Sg. pres. t. **diminishes**
t. vermindern, verringern
i. sich vermindern, abnehmen
direct 38
t. lenken, leiten, führen, dirigieren, **~ to** richten/adressieren an
i. befehlen, bestimmen
disable 40
t. unfähig machen, außerstand setzen **~ from doing s.th.** unfähig machen etw. zu tun
disaccustom 38
t. **~ s.o. to s.th.** jdm. etw. abgewöhnen
disagree 40
i. **~ with** nicht übereinstimmen mit, anderer Meinung sein, nicht zustimmen
disappear 38
i. **~ from** verschwinden von/aus
disappoint 38
t. enttäuschen, **to be disappointed at/with** enttäuscht sein über
disapprove 40
t. **~ of s.th.** etw. missbilligen, ablehnen
i. dagegen sein
disarm 38
t. entwaffnen

i. abrüsten
disarrange 40
in Unordnung bringen
disassemble 40
t. auseinander nehmen, zerlegen
disburse 40
t. auszahlen; auslegen (Geld)
discharge 40
t. ab-, aus-, entladen
i. sich entladen
discolour, discolor (AE) 40
t. verfärben; entfärben
i. sich verfärben
disconnect 38
t. trennen, unterbrechen
discourage 40
t. entmutigen; **~ from doing s.th.** jdn. davon abhalten etw. zu tun
discover 38
t. entdecken
discredit 38
t. in Verruf bringen
discriminate 40
i. (scharf) unterscheiden, einen Unterschied machen, **~ against s.o.** jdn. diskriminieren
t. (scharf) unterscheiden
discuss 38
3. Pers. Sg. pres. t. **discusses**
t. diskutieren
disdain 38
t. verachten; verschmähen
disengage 40
t. **~ from** los-, freimachen von; **~ from** entbinden von
i. **~ from** sich freimachen von
disgrace 40
t. Schande bringen über, **be disgraced** in Ungnade fallen
disguise 40
t. verkleiden; tarnen
disgust 38
t. anekeln, anwidern
dishonour, dishonor (AE) 38
t. entehren

disinfect 38
t. desinfizieren
disinherit 38
t. enterben
disintegrate 40
t. in seine Bestandteile auflösen, aufspalten
i. sich in seine Bestandteile auflösen, verfallen
dislike 40
t. nicht leiden können, nicht mögen; etw. nicht gern tun
dislodge 40
t. vertreiben; ausquartieren
dismiss 38
3. Pers. Sg. pres. t. **dismisses**
t. entlassen, verabschieden
disobey 38
t. jdm. nicht gehorchen
dispatch 38
3. Pers. Sg. pres. t. **dispatches**
t. (ab)senden, (ab)schicken, abfertigen
dispense 40
t. aus-, verteilen; dispensieren, **~ from** entbinden von
i. Dispens erteilen, **it can be dispensed with** man kann darauf verzichten
displace 40
t. versetzen, -rücken, verlagern, -schieben
display 38
t. entfalten, ausbreiten; zeigen, ausstellen
displease 40
t. jdm. missfallen; jdn. verstimmen
dispose 40
t. anordnen, **~ to** veranlassen zu
i. verfügen, anordnen; **~ of** verfügen/disponieren
dispossess 38
3. Pers. Sg. pres. t. **dispossesses**
t. enteignen

dispute 38
i. **~on/about** streiten über
t. streiten/disputieren über
disqualify 44
t. disqualifizieren, **~ s.o. from driving** jdm. die Fahrerlaubnis entziehen
disregard 38
t. nicht beachten
dissatisfy 44
t. jdm. missfallen
dissent 38
i. **~ from** anderer Meinung sein (als), nicht übereinstimmen mit
dissolve 40
t. auflösen, zersetzen
i. sich auflösen, zerfallen
distill 38
t., *i.* destillieren
distinguish 38
3. Pers. Sg. pres. t. **distinguishes**
t. **~ between** unterscheiden zwischen; **~ o.s.** sich auszeichnen
i. unterscheiden
distort 38
t. verdrehen, -formen; verzerren; verrenken
distract 38
t. ablenken; jdn. zerstreuen
distrust 38
t. misstrauen
disturb 38
t. stören, belästigen
i. stören
distribute 40
t. **~ among/to** ver-, austeilen unter/an
divagate 40
i. abschweifen
dive 40
i. **~ for** tauchen nach
diverge 40
i. divergieren, auseinander laufen; **~ from** abweichen von
diversify 44
t. verschieden(artig)/abwechslungsreich gestalten, variieren

embarrass 38
3. Pers. Sg. pres. t. **embarrasses**
t. in Verlegenheit bringen

embed 42
t. einbetten

embezzle 40
t. veruntreuen, unterschlagen

embitter 38
t. jdn. verbittern

embody 44
t. verkörpern

embrace 40
i. sich umarmen

embroider 38
t. (be)sticken

embroil 38
t. **~ s.o. in s.th.** jdn. in etw. verwickeln/hineinziehen

emerge 40
i. auftauchen; zum Vorschein kommen, auftreten, sich herausstellen

emery 44
t. abschmirgeln

emigrate 40
i. emigrieren, auswandern

emit 42
t. ausstoßen, ausströmen, emittieren

emphasise 40
t. betonen, hervorheben, unterstreichen

employ 38
t. jdn. beschäftigen; an-, einstellen; an-, verwenden; **to be employed in doing s.th.** damit beschäftigt sein, etw. zu tun

empoison 38
t. vergiften

empower 38
t. **~ to** bevollmächtigen, ermächtigen zu; **to be empowered to** befugt sein zu

empty 44
i. sich leeren; **~ into the sea** ins Meer münden

enable 40
t. jdn. befähigen, jdm. ermöglichen

enact 38
t. erlassen (Gesetz); verfügen, verordnen

encage 40
t. (in einen Käfig) einsperren, einschließen

encash 38
3. Pers. Sg. pres. t. **ecashes**
t. einlösen (Scheck)

enchant 38
t. verzaubern, entzücken

encircle 40
t. umgeben, -ringen; einkreisen, umzingeln

enclave 40
t. einschließen (Gebiet)

enclose 40
t. einschließen, umgeben, umringen; beifügen

encode 40
t. verschlüsseln, chiffrieren

encourage 40
t. ermutigen, ermuntern

encumber 38
t. belasten (Grundstück)

end 38
i. enden, aufhören

endanger 38
t. gefährden, in Gefahr bringen

endeavour, endeavor (AE) 38
t. (ver)suchen, bemüht/bestrebt sein

endow 38
t. dotieren; stiften; **~ s.o. with s.th.** jdm. etw. stiften, ausstatten mit

endure 40
t. ertragen, durchmachen

enframe 40
t. einrahmen

engage 40
i. sich verpflichten; **~ in** sich beschäftigen mit

engrave 40
t. (ein)gravieren

enjoy 38
t. gefallen, genießen, **I ~ reading** ich lese gern; **did you ~ the party?** hat dir die Party gefallen? **~ o.s.** sich amüsieren **did you ~ yourself at the party?** hast du dich bei der Party gut amüsiert?; **~ yourself!** viel Spaß! **I ~ my food** das Essen schmeckt mir

enlarge 40
i. sich vergrößern, sich ausdehnen, zunehmen

ennoble 40
t. adeln

enrage 40
t. wütend machen

enrich 38
3. Pers. Sg. pres. t. **enriches**
t. **~ o.s.** sich bereichern

enroll 42
i. sich einschreiben/immatrikulieren; **~ for a course** einen Kurs belegen

enslave 40
t. versklaven

ensure 40
t. **~ against** sichern, **~ from** schützen vor

entangle 40
t. verwirren (Haare; **~ o.s. in** sich verheddern in **to become entangled in s.th.** in eine Sache verwickelt werden

enter 38
i. hineingehen, eintreten

entertain 38
i. unterhalten (Gäste)

enthrall 38
t. bezaubern, fesseln

enthrone 40
t. inthronisieren

entice 40
t. locken, **~ s.o. away** jdn. weglocken

entitle 40
t. betiteln; **~ to** berechtigen zu

entrust 38
t. anvertrauen; **~ s.o. with s.th.** jdn. mit etw. betrauen

enumerate 40

t. aufzählen

envy 44
t. beneiden

equal 38
t. gleichen

equalize 40
i. ausgleichen, den Ausgleich erzielen

equate 40
i. gleichen

equip 42
t. ausrüsten, -statten

erase 40
t. ausradieren

erect 38
t. aufrichten, aufstellen, errichten

erupt 38
i. ausbrechen, hervorbrechen

escalate 40
i. eskalieren

escapade 40
i. (ent)fliehen, -kommen

escort 38
t. eskortieren

espy 44
t. erspähen

esteem 38
t. achten, (hoch) schätzen

estrange 40
t. entfremden, **~ s.o. from s.o.** jdn. jdm entfremden

eternalize 40
t. verewigen

evacuate 40
t. evakuieren

evade 40
t. ausweichen; sich einer Sache entziehen, einer Sache entgehen

evaluate 40
t. auswerten; bewerten, beurteilen; abschätzen

evaporate 40
i. verdampfen, -dunsten
t. verdampfen/-dunsten lassen

exaggerate 40
i. übertreiben

examine 40
t. untersuchen, prüfen
i. **~ into s.th.** etw. untersuchen

excavate 40
t. ausgraben, -höhlen

exceed 38
i. zu weit gehen, das Maß überschreiten

exchange 40
t. **~ for** aus-, ein-, umtauschen gegen

excite 40
t. er-, aufregen

exclaim 38
i. ausrufen, (auf)schreien

exclude 40
t. **~ from** ausschließen von

excommunicate 40
t. exkommunizieren

execute 40
t. aus-, durchführen, verrichten

exempt 38
t. **~ from** befreien von (Steuern etc.)

exercise 40
i. ausüben, üben, trainieren; exerzieren

exert 38
t. gebrauchen, anwenden; **~ o.s.** sich anstrengen

exhaust 38
t. (ent)leeren, herauspumpen, absaugen; erschöpfen, entkräften

exhibit 38
i. ausstellen

exhort 38
t. ermahnen

exhumate 40
i. exhumieren

exile 40
t. **~ from** verbannen aus

exist 38
i. existieren, vorhanden sein

exit 38
i. abgehen, abtreten

expire 40
i. ausatmen; ablaufen, verfallen

explain 38
i. erklären

exonerate 40
t. **~ s.o. from s.th.** jdn. von etw. entlasten/-binden

expand 38
i. sich ausbreiten, -dehnen; sich erweitern

expatriate 40
t. ausbürgern

expect 38
t. erwarten; erhoffen, **to ~ s.th. from s.o.** etw. von jdm. erwarten

expel 42
t. **~ from** vertreiben von, aus-, verweisen

expend 38
t. **~ on** ausgeben für (Geld); aufwenden

experience 40
t. erfahren; erleben

expiate 40
t. sühnen, wieder gutmachen, büßen

explode 40
t. explodieren lassen
i. explodieren, **~ with fury** vor Wut explodieren, **~ with laughter** in schallendes Gelächter ausbrechen

exploit 38
t. ausbeuten, -nutzen

explore 40
t. erforschen, erkunden

export 38
i. exportieren, ausführen

expose 40
t. aussetzen (einer Gefahr); ausstellen (Waren); **~ o.s.** sich exponieren, sich bloßstellen

express 38
3. Pers. Sg. pres. t. **expresses**
t. ausdrücken, äußern, zum Ausdruck bringen

expropriate 40
t. enteignen

extend 38
t. (aus)dehnen, ausbreiten, erweitern
i. sich ausdehnen/er-

strecken, reichen
extinguish 38
3. Pers. Sg. pres. t. **extinguishes**
t. (aus)löschen; vernichten; tilgen
extirpate 40
t. (mit den Wurzeln) ausreißen; ausmerzen, -rotten
extort 38
t. **to ~ s.th. from s.o.** etw. von jdm. erpressen/erzwingen
extract 38
t. **~ from** herausziehen aus; extrahieren
exult 38
i. frohlocken, jubeln, **~ at/over** triumphieren über

F

fabricate 40
t. fabrizieren, herstellen
face 40
t. ansehen; gegenüberstehen
facilitate 40
t. erleichtern, fördern
fade 40
i. (ver)welken; verblassen, ver-, ausbleichen; abklingen
t. (ver)welken lassen
fail 38
i. misslingen, fehlschlagen, versäumen, vernachlässigen, **the plan failed** der Plan scheiterte, **~ in one's duty** seine Pflicht versäumen
t. im Stich lassen, fehlen
faint 38
i. in Ohnmacht fallen
fake 40
t. nachmachen, fälschen
fall 156
i. fallen, **~ down** hinunterfallen, umfallen, **the glass fell down** das Glas fiel hinunter
falsify 44
t. fälschen; verfälschen
familiarize 40
t. **~ with** vertraut machen mit
fancy 44
t. sich vorstellen, **~ o.s.** sich einbilden
fantasize 40
i. **~ about** fantasieren von
fare 40
i. sich befinden, (er)gehen; **how did you ~?** wie ist es dir ergangen?
fascinate 40
t. faszinieren; bezaubern
fasten 38
t. **~ to** befestigen/festmachen an
i. sich festmachen lassen; **~ (up)on** sich klammern an
fat 42
t. **~ up** mästen
fatigue 40
t., *i.* ermüden
fault 38
t. etw. auszusetzen haben an; **it can't be faulted** daran ist nichts auszusetzen
i. einen Fehler machen
favour, favor (AE) 38
t. begünstigen, vorziehen, favorisieren
fax 38
t. faxen; **~ s.o. s.th., ~ s.th. through to s.o.** jdm. etw. faxen
fear 38
t. fürchten, Angst haben
i. sich fürchten, Angst haben; besorgt sein
feed 60
t. füttern; **to be fed up with s.th.** etw. satt haben
i. fressen (Tier), futtern (Mensch); **~ on** sich ernähren/leben von
feel 64
t. fühlen, empfinden
i. fühlen; empfinden; **~ like (doing) s.th.** Lust haben zu etw. (zu tun), das Gefühl/den Eindruck haben, finden, **I ~ that** ich finde, dass
felicitate 40
i., *t.* **~ s.o. on s.th.** jdn. zu etw. beglückwünschen/gratulieren
felt 38
t., *i.* verfilzen
fence 40
t. **~ in** einzäunen, umzäunen
ferment 38
t. zum Gären bringen
i. gären
ferry 44
t. übersetzen, -führen (über einen Fluss)
i. übersetzen
fertilize 40
t. fruchtbar machen
i. befruchten; düngen
fetch 38
3. Pers. Sg. pres. t. **fetches**
t. (ab)holen
fever 38
i. **~ for** fiebern nach
fiddle 40
i., *t.* fiedeln, geigen
fidget 38
t. nervös/zapp(e)lig machen
i. (herum)zappeln, zapp(e)lig sein; **~ with** fuchteln mit
fight 104
t. (be)kämpfen, kämpfen mit/gegen
i. **~ with/against** kämpfen mit/gegen, **~ for** kämpfen um
figure 40
t. gestalten, formen; **~ out** ausrechnen
i. **~ out at** sich belaufen auf
file 40
t. ablegen, einordnen, ab-, einheften
fill 38

t. (an-, aus-, voll)füllen, **~ out** ausfüllen (Formular)
i. sich füllen
film 38
t. (ver)filmen
i. einen Film drehen, filmen
filter 38
t. filtern
finalize 40
t. be-, vollenden
finance 38
t. finanzieren
find 102
t. finden, **I find that** ich finde, dass; **I find it difficult**
ich finde es schwierig
i. (be)finden 40
fine
t. mit einer Geldstrafe/einem Bußgeld belegen, **he was fined 1000 $** er musste 1000 $ Strafe bezahlen 38
finish
3. Pers. Sg. pres. t **finishes**
t. beenden, fertig stellen
i. enden, aufhören; **have you finished?** bist du fertig? 40
fire
t. anzünden, (be)heizen; entlassen, feuern
i. Feuer fangen; **~ at** feuern/schießen auf 42
fit
t. **~ to** anpassen an, passen für/zu; **the key fits the lock** der Schlüssel passt
i. passen, sitzen (Kleid), sich eignen 38
fix
3. Pers. Sg. pres. t. **fixes**
t. **~ to** befestigen/festmachen an; **~ at** festsetzen auf, bestimmen; fixieren
i. fest werden, erstarren; sich festsetzen 38
flabbergast
t. verblüffen; **I was flabbergasted** ich war platt 40
flame
i. lodern; **~ up** auflodern 38
flank
t. flankieren
flap 42
t. einen Klaps geben; auf und ab bewegen
i. flattern; flattern; **~ off** davonflattern
flash 38
3. Pers. Sg. pres. t. **flashes**
t. (auf)blitzen lassen
i. (auf)blitzen; blinken; flitzen
flatten 38
t. (ein)ebnen, planieren
i. flach/eben werden
flatter 38
t. jdm. schmeicheln
to be flattered by sich ge-
schmeichelt fühlen durch 58
flee
i. **~ from** fliehen, flüchten vor
t. fliehen aus; **~ the country** aus dem Land flüchten 38
flicker
i. (auf)flackern; flimmern (TV) 90
fling
t. schleudern, werfen, **~ down** zu Boden werfen
i. eilen, stürzen, **~ out of the room** aus dem Zimmer stürzen 38
float
i. (im Wasser) treiben
t. treiben lassen, flößen; überschwemmen 38
flood
t. überschwemmen, fluten
i. fluten, strömen 38
flourish
3. Pers. Sg. pres. t. **flourishes**
i. gedeihen, blühen, florieren 180
flow
i. fließen, strömen 38
flower
i. blühen 40
fluctuate
i. schwanken, fluktuieren 38
flush
t. jdn. erröten lassen; **~ out** (aus)spülen; **~ down** hinunterspülen
i. **~ with** erröten/rot werden vor; spülen
flutter 38
i. flattern, wehen; aufgeregt sein
t. flattern lassen, wedeln mit
fly 182
i., *t.* fliegen
foam 38
i. schäumen, **~ with rage** vor Wut schäumen
t. schäumen
focus 38
3. Pers. Sg. pres. t. **focuses**
t., *i.* fokusieren
fog 42
t. in Nebel hüllen, einnebeln
i. neb(e)lig werden
fold 38
t. falten
i. sich falten
follow 38
t. (nach-; ver)folgen
i. folgen, **I followed after her** ich folgte ihr nach, **as follows** wie folgt, **from this follows** daraus folgt
fool 38
t. jdn. zum Narren halten
i. Spaß machen, **~ about/around** herumalbern
forbid 122
t. verbieten
force 40
t. zwingen, nötigen
forecast 48
t. voraussagen, vorhersagen
forego 186
t., *i.* vorangehen
foresee 184
t. voraussehen
foretell 160
t. voraussagen
forewarn 38
t. **~ of** vorwarnen vor

forfeit 38
t. verwirken, verscherzen
forge 40
t. schmieden
forget 68
t., *i.* vergessen
forgive 134
t. vergeben, -zeihen
form 38
t. formen, gestalten, bilden
i. sich formen/bilden
forsake 118
t. verlassen, im Stich lassen
fortify 44
t. kräftigen, stärken, verstärken
forward 38
t. befördern, schicken; fördern, begünstigen
fossilize 40
t., *i.* versteinern; -knöchern
found 38
t. gründen, errichten
frame 40
t. (ein)rahmen
free 40
t. **~ from** befreien aus, freilassen
freeze 146
i. ge-, ein-, zufrieren
t. gefrieren lassen
frighten 38
t. erschrecken, **~ s.o. to death** jdn. zu Tode erschrecken
frown 38
i. die Stirn runzeln
frustrate 40
t. vereiteln; frustrieren
fry 44
t., *i.* braten
fulfill 38
t. erfüllen, vollbringen
furnish 38
3. Pers. Sg. pres. t. **furnishes**
t. ausstatten, -rüsten; einrichten, möblieren

G

gain 38
t. verdienen (Lebensunterhalt); gewinnen
gallop 42
i. galoppieren
t. galoppieren lassen
gamble 40
i. (um Geld) spielen, spekulieren (Börse)
t. **~ away** verspielen; setzen (Einsatz)
gargle 40
t. i. gurgeln
garnish 38
3. Pers. Sg. pres. t. **garnishes**
t. schmücken, verzieren; garnieren (Speisen)
gasp 38
i. **~ for breath** nach Luft schnappen; **~ for s.th.** nach etw. lechzen
t. **~ out** (hervor)keuchen
gather 38
t. versammeln; (an)sammeln, anhäufen; **~from** folgern/schließen aus
i. sich versammeln, **~ round s.o.** sich um jdn. versammeln
gaze 40
i. starren; **~ at** anstarren
gear 38
t. in Gang setzen
i. **~ up/down** hinauf-/herunterschalten
generalize 40
t., *i.* verallgemeinern
generate 40
t. erzeugen, bilden
germ 38
i. keimen
t. keimen lassen
gesticulate 40
i. gestikulieren, (herum)fuchteln
get 68
t. bekommen, erhalten; **~ s.th. for o.s., ~ o.s. s.th.** sich etw. verschaffen/besorgen, **~ me the book** bring mir das Buch
i. kommen, gelangen, **~ home** nach Hause kommen; **~ off** aussteigen aus; **~ on** einsteigen in; **~ up** aufstehen
giggle 40
i., t. kichern
gild 54, 38
t. vergolden; verschönern
gird 54, 38
t. (um)gürten, an-, umlegen
give 134
t. geben, (über)reichen; schenken; **~ a present** ein Geschenk machen; **~ away** weg-, hergeben; **~ up** aufgehen
i. geben, schenken, spenden; **~ in** nachgeben
glamorize 40
t. verherrlichen
glance 40
i. einen Blick werfen, (rasch/flüchtig) blicken, **~ at** blicken auf; **~ over/through a letter** einen Brief überfliegen
gleam 38
i. glänzen, leuchten, schimmern, funkeln (Augen)
glide 40
i. gleiten; **~ along** dahingleiten, -fliegen (Zeit)
glimpse 40
i. **~ at** flüchtig blicken auf
glitter 38
i. glitzern, funkeln, strahlen, glänzen
globalize 40
t. globalisieren
glorify 44
t. verherrlichen; lobpreisen
glow 180
i. glühen; leuchten, strahlen; **~ with** brennen vor
glue 40
t. leimen, kleben **~ together** zs.kleben
gnaw 38
t. nagen an-, ab-, zernagen; zermürben
i. nagen

go 186
i. gehen, fahren, reisen, **~ by train** mit dem Zug fahren; **my hat is gone!** mein Hut ist weg!; **~ by** vorbeigehen, vergehen (Zeit); **~ into** hineingehen in, eintreten; **~ off** abgehen; **~ on** weitermachen, fortfahren, **go on reading!** lies weiter; **~ through** durchgehen, -sehen, -machen

goggle 40
i. stieren, glotzen

gossip 38
i. klatschen, tratschen

govern 38
t. regieren; leiten, führen; verwalten
i. regieren, herrschen

grab 42
t. hastig/gierig ergreifen, an sich reißen, packen
i. hastig/gierig greifen/schnappen

grade 40
t. einstufen, -reihen, staffeln; benoten, zensieren

graduate 40
t. in Grade einteilen, einen akademischen Grad verleihen
i. graduieren, einen akademischen Grad erwerben

grant 38
t. bewilligen, gewähren, **to take for granted** etw. als erwiesen annehmen

grasp 38
t. packen, fassen, (er)greifen;
i. zugreifen, zupacken; **~ at** greifen nach

grate 40
t. reiben (Käse) raspeln (Gemüse); **~ one's teeth** mit den Zähnen knirschen
i. knirschen, kratzen; **~ on s.o.'s nerves** an jds. Nerven zerren

gratify 44
t. befriedigen; **I am gratified to hear** ich höre mit Genugtuung

grave 116
3. St.form auch **graved**
t. (ein)meißeln

graze 40
t. abweiden, -grasen; streifen; leicht berühren
i. weiden, grasen; streifen

grease 40
t. (ein)fetten, schmieren

greet 38
t. grüßen, begrüßen

grieve 40
t. betrüben, bekümmern;
i. bekümmert sein, **~ at/about** sich grämen über

grill 38
t. grillen
i. gegrillt werden

grin 42
i. grinsen, **~ at s.o.** jdn. angrinsen

grind 102
t. schleifen, wetzen, schärfen
i. mahlen; knirschen

grip 42
t. packen, ergreifen
i. Halt finden; packen, fesseln

groan 38
i. stöhnen, ächzen
t. ächzen, unter Stöhnen äußern

groove 40
t. rillen, falzen, nuten
i. Spaß haben; Spaß machen, (große) Klasse sein

grouch 38
i. nörgeln, meckern

ground 38
t. **~ on** gründen, stützen auf
i. stranden, auflaufen; **~on/upon** beruhen auf, sich gründen auf

group 38
t. gruppieren, anordnen
i. sich gruppieren

grow 180
i. wachsen, **~ up** auf-, heranwachsen
t. (an)bauen, züchten, **~ wheat** Weizen anbauen

growl 38
i. knurren (Hund)
t. knurren (Worte)

grumble 40
i. murren, knurren, brummen; (g)rollen (Donner)

grunt 38
i., t. grunzen; murren, brummen

guarantee 40
t. garantieren, gewährleisten

guard 38
t. **~against/from** (be)-schützen, bewahren vor
i. auf der Hut sein, sich hüten

guess 38
3. Pers. Sg. pres. t. **guesses**
t. erraten; ahnen, vermuten; denken, meinen

guide 40
t. führen, leiten

gull 38
t. übertölpeln

gulp 38
t. **~ down** hinunterschlingen (Speise), hinunterstürzen (Getränk); hinunterschlucken (Tränen);
i. schlucken (vor Rührung etc.)

gum 42
t. gummieren

gurgle 40
i. gurgeln; gluckern, glucksen

guzzle 40
t. i. saufen, fressen; **~away** versaufen

H

habituate 40
t. **~ o.s. to** sich gewöhnen an; **~ to doing s.th.** sich daran gewöhnen, etw. zu tun

hack 38

t. (zer)hacken; **~ off** abhacken; **~ to pieces/bits** in Stücke hacken
i. hacken

haggle 40
i. **~about/over** schachern, feilschen

hail 38
i. *im.* hageln; **it is hailing** es hagelt
t. freudig/mit Beifall begrüßen, zujubeln

hallow 38
t. heiligen; weihen, als heilig verehren

hallucinate 40
i. halluzinieren

halt 38
t. Halt machen lassen, zum Halten/Stehen bringen
i. anhalten, Halt machen, zum Stehen/Stillstand kommen

halve 40
t. halbieren

hammer 38
t. (ein)hämmern, (ein)-schlagen; **~ s.th. to s.o.'s head** jdm. etw. einhämmern/-bläuen
i. hämmern

hand 38
t. ein-, aushändigen, übergeben, -reichen, **~ s.o. s.th., s.th. to s.o.** jdm. etw. übergeben; **~ down** etw. vererben, hinterlassen; **~ in** einreichen; **~ over (to)** übergeben (an)

handcuff 38
t. jdm. Handschellen anlegen

handicap 42
t. (be)hindern, benachteiligen

handle 40
t. handhaben, behandeln **glass! ~ with care!** Vorsicht, Glas!
i. sich handhaben lassen

hang 94
t. (auf)hängen; **~ o.s.** sich erhängen, **he was hanged by the neck** er wurde erhängt
i. hängen; **~ about/around** herumlungern; **~ on (to)** sich klammern (an), **hang on!** bleiben Sie am Apparat!

happen 38
i. geschehen, sich ereignen, vorkommen; **I happened to read it** ich las es zufällig

harass 38
3. Pers. Sg. pres. t. **harasses**
t. (ständig) belästigen, schikanieren

harden 38
t. härten, hart machen
i. hart werden; sich verhärten

harbour, harbor **(AE)** 38
i. (im Hafen) vor Anker gehen

harm 38
t. schaden, jdn. verletzen

harmonize 40
i. harmonieren
t. harmonisieren, in Einklang bringen

harness 38
3. Pers. Sg. pres. t. **harnesses**
t. anschirren, -spannen (Pferd)

harrow 38
t. eggen

harvest 38
t. ernten; einheimsen
i. die Ernte einbringen

hasten 38
t. jdn. antreiben, etw. beschleunigen
i. sich beeilen

hatch 38
3. Pers. Sg. pres. t. **hatches**
t. schraffieren

hate 40
t. hassen, **~ like poison** wie die Pest hassen

haul 38
t. ziehen, zerren, schleppen; transportieren
i. **~on/at** ziehen, zerren an

haunt 38
t. spuken

have 32
t. haben, besitzen
i. **~ to do s.th.** etw. tun müssen; **I ~ to go now** ich muss jetzt gehen; **~ s.th. done** machen lassen, **I had my hair cut** ich ließ mir die Haare schneiden, **you had better go!** es wäre besser, du gingst

hazard 38
t. riskieren, wagen, aufs Spiel setzen

head 38
t. anführen, an erster Stelle stehen; **headed by** unter der Leitung von
i. zugehen, lossteuern (auf); **he is heading for trouble** er wird noch Ärger kriegen

heal 38
t. heilen
i. **~ up** zuheilen

heap 38
t. häufen; **~ up** anhäufen, aufhäufen

hear 50
t. hören
i. hören, **~ from** hören von

heat 38
t. heizen, **~ up** erhitzen
i. sich erhitzen

heave 144
3. St.form **hove**
t. (hoch)heben, -wuchten, -stemmen, -hieven
i. sich heben

hedge 40
t. **~ in/round** mit einer Hecke umgeben, **~ against** abgrenzen gegen
i. ausweichen, sich nicht festlegen (wollen)

heighten 38

t. erhöhen, steigern, heben
i. wachsen, (an)steigen

help 38
t. jdm. helfen/beistehen/ behilflich sein, **~ s.o. to s.th.** jdm. zu etw. verhelfen; **~ o.s.** sich bedienen, zugreifen; **I can't ~ it** ich kann's nicht ändern, ich kann nichts dafür; **it can't be helped** es lässt sich nicht ändern; **I could not ~ laughing** ich konnte nicht umhin zu lachen
i. helfen

hem 42
t. umsäumen (Kleid); **~ in/about/around** einfassen

herd 38
t. **~ together** zs.treiben (Vieh)
i. **~ together** in Herden leben, sich zs.drängen

hesitate 40
i. zögern, zaudern; **not to ~ at** nicht zurückschrecken vor

hew 178, 38
t. hauen, hacken; fällen (Baum)

hex 38
3. Pers. Sg. pres. t. **hexes**
t. jdn. behexen; etw. verhexen

hibernate 40
i. überwintern; Winterschlaf halten

hiccough 38
i. Schluckauf haben

hide 124
t. verstecken, **~ from** verstecken vor
i. sich verstecken

hijack 38
t. entführen (Flugzeug)

hike 38
i. wandern; marschieren

hinder 38
t. aufhalten; **~ from** hindern an, abhalten von
i. im Wege/hinderlich sein, hindern

hint 38
t. andeuten, etw. zu verstehen geben
i. **~ at** anspielen auf

hire 40
t. mieten; jdn. ein-, anstellen, anheuern

hiss 38
3. Pers. Sg. pres. t. **hisses**
i. zischen
t. auspfeifen

hit 48
ing-Form **hitting**
t. schlagen, stoßen; **~ one's head against s.th.** mit dem Kopf gegen etw. stoßen
i. treffen; schlagen; **~ back** zurückschlagen

hoard 38
t., i. **~ up** horten, hamstern

hobble 40
i. humpeln, hinken

hock 38
t. versetzen, verpfänden

hoe 40
t. hacken (Boden)

hoist 38
t. hochziehen, -hieven; hissen

hold 162
t. (fest)halten, **~ s.o. from doing s.th.** jdn. davon abhalten etw. zu tun, **I hold him to be an honest man** ich halte ihn für einen ehrlichen Mann
i. **~ on** aus-, durchhalten, **hold on!** bleiben Sie am Apparat!

hole 40
t. ein Loch machen in, durchlöchern

hollow 38
t. **~ out** aushöhlen

honk 38
i. hupen

honour 38
t. ehren, **~ with** beehren mit; einlösen, honorieren (Scheck)

hook 38
t. an-, ein-, fest-, zuhaken
i. sich zuhaken lassen sich festhaken

hoover 38
t. absaugen
i. staubsaugen

hop 42
i. hüpfen, hopsen; **~ off** abschwirren
t. hüpfen/springen über; **~ a train** auf einen Zug aufspringen

hope 40
t. hoffen
i. hoffen, **~ for** hoffen auf, **~ for the best** das Beste hoffen; **I ~ so** ich hoffe es

horrify 44
t. entsetzen

hound 38
t. jagen, hetzen, verfolgen, **~ down** zur Strecke bringen

house 40
t. unterbringen, aufnehmen, beherbergen
i. hausen

howl 38
i. heulen (Wölfe, Wind etc.); brüllen, schreien, **~ with pain** vor Schmerz schreien
t. brüllen, schreien; **~ down** jdn. niederschreien

hug 42
t. umarmen, an sich drücken
i. einander/sich umarmen

hum 42
i. summen; muffeln, stinken
t. summen

humanize 40
t. humanisieren; vermenschlichen

humble 40
t. demütigen, erniedrigen

humidify 44
t. befeuchten

humiliate 40
t. erniedrigen, demütigen

hunger 38

t. aushungern

hunt 38
t. jagen; **~ down** erlegen, zur Strecke bringen; **~ out** hinausjagen; **~ up** aufspüren, -treiben
i. jagen; **~ for** Jagd machen auf

hurry 44
i. eilen, hasten; **~ over s.th.** etw. hastig/flüchtig erledigen; **~ up** sich beeilen; **hurry up!** beeil dich!

hurt 48
t. verletzen, verwunden
i. schmerzen, wehtun

hypnotize 40
t. hypnotisieren

I

ice 40
t. vereisen
i. **~ up/over** zufrieren, vereisen

ice-skate 40
i. Schlittschuh laufen

idealize 40
t., i. idealisieren

identify 44
t. identifizieren
i. **~ with** sich identifizieren mit

ideologize 40
t. ideologisieren

idle 40
i. faulenzen; **~ about** herumtrödeln
t. **~ away** vertrödeln, verbummeln

idolize 40
t. abgöttisch verehren, vergöttern, anbeten

ignore 40
t. ignorieren, nicht beachten/berücksichtigen, keine Notiz nehmen von

iiluminate 40
t. be-, erleuchten, erhellen
i. sich erhellen

illustrate 40
t. veranschaulichen; illustrieren, bebildern

imagine 40
t. sich vorstellen
i. sich vorstellen/denken; **just ~!** stell dir vor!, denk (dir) nur!

imitate 40
t. nachahmen, nachmachen, imitieren

immigrate 40
i. einwandern, immigrieren

immobilize 40
t. unbeweglich machen; ruhig stellen

immunize 40
t. immunisieren; immun machen; **~ against** immun machen gegen

impeach 38
3. Pers. Sg. pres. t. **impeaches**
t. **~ s.o. of/with s.th.** jdn. einer Sache anklagen/beschuldigen; anfechten

impede 40
t. jdn. (be)hindern; etw. erschweren, verhindern

impel 42
t. antreiben, vorwärts treiben; zwingen, nötigen; **I felt impelled** ich sah mich gezwungen

impend 38
i. **~ over** hängen/schweben über, unmittelbar bevorstehen, drohen

implant 38
t. einpflanzen

implement 38
t. einsetzen, inkraft setzen

implore 40
t. jdn. anflehen, beschwören; etw. erflehen, erbitten

imply 44
t. einbeziehen, in sich schließen; mit sich bringen, darauf hinauslaufen; **that implies** daraus ergibt sich

import 38
t. importieren, einführen

impose 40
t. **~ on/upon** auferlegen, **~ a tax on s.th.** etw. besteuern; **~ a penalty on s.o.** eine Strafe verhängen gegen jdn.

impoverish 38
3. Pers. Sg. pres. t. **impoverishes**
t. arm/ärmer machen

impregnate 40
t. schwängern; imprägnieren

impress 38
3. Pers. Sg. pres. t. **impresses**
t. beeindrucken, imponieren; aufprägen
i. Eindruck machen, imponieren

imprint 38
i. aufdrucken

imprison 38
t. inhaftieren

improve 40
t. verbessern
i. sich (ver)bessern, besser werden

improvise 40
t. improvisieren

inaugurate 40
i. feierlich einführen, einweihen, eröffnen

incarcerate 40
t. einkerkern, einsperren

incarnate 40
t. verkörpern

incinerate 40
t. verbrennen, einäschern (Leiche)

incise 40
t. einschneiden, einritzen, einkerben, -gravieren

incite 40
t. anregen, anspornen, anstacheln

incline 40
i. **~ to/towards** sich neigen nach
t. neigen, **~ s.o. to do s.th.** jdn. dazu veranlas-

sen zu tun

include 40
t. einschließen, umfassen, enthalten, beinhalten, **tax included** inklusive Steuer

increase 40
i. zunehmen, größer werden, anwachsen, steigen; **~ in** size an Größe zunehmen
t. vergrößern, erhöhen, steigern

incubate 40
t. ausbrüten; aushecken
i. brüten

incur 42
t. sich etw. zuziehen; auf sich laden/ziehen

indemnify 44
t. entschädigen, schadlos halten; sicherstellen, **~ from/against** sichern gegen

indent 38
t. einkerben; einrücken (Zeile)
i. **~ upon s.o. for s.th.** etw. von jdm. anfordern

indicate 40
t. anzeigen, hindeuten/hinweisen auf

indoctrinate 40
t. indoktrinieren

induce 40
t. jdn. veranlassen/bringen zu; herbeiführen, verursachen, bewirken

induct 38
t. einführen (in ein Amt), einberufen

indulge 40
t. einer Neigung nachgehen, frönen; **~ s.o. in s.th.** jdm. etw. nachsehen
i. sich hingeben, frönen

industrialize 40
t. industrialisieren

infect 38
t. infizieren, anstecken, **~ with/by** anstecken mit/durch

infiltrate 40
t. durchsickern, -tränken; unterwandern
i. einsickern, eindringen

inflame 40
t. entzünden, entflammen, **inflamed with rage** wutentbrannt
i. sich entzünden, Feuer fangen

inflict 38
t. zufügen (Leid etc.), **~ s.th. on/upon s.o.** jdm. etw. aufbürden

influence 40
t. beeinflussen

inform 38
t. **~ of** informieren über, benachrichtigen, mitteilen; **~ o.s. of s.th.** sich über etw. informieren, **keep s.o. informed** jdn. auf dem Laufenden halten
i. **~ against s.o.** jdn. anzeigen/denunzieren

infringe 40
t. brechen (Gesetz, Eid etc.), verstoßen gegen
i. **~ on/upon** verletzen (Rechte)

inhabit 38
t. bewohnen

inhale 40
t. einatmen, inhalieren
i. inhalieren

inherit 38
t. erben
i. erben, Erbe sein

inhibit 38
t. jdn. hemmen; **~ from** abhalten von, hindern an; **~ s.o. from doing s.th.** jdn. daran hindern, etw. zu tun

initiate 40
t. beginnen, einleiten

inject 38
t. spritzen, injizieren; einflößen, einimpfen

injure 40
t. verletzen, verwunden, **~ one's leg** sich am Bein verletzen

inoculate 40
t. einimpfen, **~ on/into s.o. against** jdn. impfen gegen

inquire 40
t. sich erkundigen nach, fragen nach, erfragen; **~ one's way** sich nach dem Weg erkundigen
i. fragen, sich erkundigen, **~ after s.o** nach jdm./nach jds. Befinden fragen

insert 38
einfügen, -setzen

insinuate 40
t. andeuten, anspielen auf; **what are you insinuating?** was wollen Sie damit sagen?; **~ o.s. into s.o.'s favour** sich bei jdm. einschmeicheln

insist 38
i. **~ on** bestehen auf, beharren auf

inpect 38
t. untersuchen, prüfen; besichtigen, inspizieren

inspire 40
t. begeistern; anregen, inspirieren

install 38
t. installieren, aufstellen, einrichten

instruct 38
t. unterweisen, -richten, instruieren

insult 38
t. beleidigen

insure 40
t. **~ against** versichern gegen

integrate 40
t. integrieren

intend 38
t. beabsichtigen, vorhaben, **~ to do/doing s.th.** beabsichtigen etw. zu tun

intensify 44
t. verstärken, intensivieren
i. sich verstärken

interdict 38
t. untersagen, verbieten; **~ s.o. from s.th.** jdn. von etw. ausschließen

interest 38
t. interessieren, **to be interested in** sich interessieren für

interfere 40
i. sich einmischen; eingreifen, -schreiten

intern 38
t. internieren

interpret 38
t. interpretieren, deuten, auslegen
i. dolmetschen

interrogate 40
t. ausfragen, vernehmen, verhören

interrupt 38
t. unterbrechen

intersect 38
i. sich schneiden/kreuzen

intervene 40
i. sich einmischen, eingreifen

interview 38
t. interviewen

intimidate 40
t. einschüchtern

intonate 40
t. anstimmen, intonieren

introduce 40
t. einführen; **~ s.o. to s.o. else** jdn. jd. anderem vorstellen

inundate 40
t. überschwemmen, überfluten

invade 40
t. eindringen, -fallen in

invalidate 40
t. außer Kraft setzen, für ungültig erklären

invent 38
t. erfinden

invert 38
t. umkehren; umdrehen; invertieren

invest 38
t. investieren, **~ i**n investieren in
i. investieren

investigate 40
t. untersuchen, erforschen
i. nachforschen, Ermittlungen anstellen

invigorate 40
t. kräftigen, stärken

invite 40
t. einladen

involve 40
t. einschließen, umfassen; **to be involved with** involviert sein mit

iron 38
t. bügeln

irrigate 40
t. bewässern

irritate 40
t. reizen, verärgern, **to be irritated at** verärgert sein über

isolate 40
t. isolieren, **~ from** isolieren von

J

jail 38
t. ins Gefängnis werfen, einsperren, inhaftieren

jeopardize 40
t. gefährden, aufs Spiel setzen

jingle 40
i. klimpern, klirren, klingeln
t. klingeln lassen, klimpern (mit), bimmeln (mit)

job 42
i. jobben

join 38
t. etw. verbinden, vereinigen, zs.fügen; **may I ~ you?** darf ich mich Ihnen anschließen?
i. sich vereinigen/verbinden, **~ with s.o. in s.th.** sich jdm. bei etw. anschließen

joke 40
i. Witze/Spaß machen, scherzen, **I'm not joking!** ich mache keine Witze, **you must be joking!** soll das ein Witz sein?

jubilate 40
i. jubeln, jubilieren

judge 40
t. ein Urteil fällen über; beurteilen, bewerten
i. urteilen, Recht sprechen; richten; **~ for yourself!** urteilen Sie selbst!; **judging by his words** seinen Worten nach zu urteilen

juggle 40
i. jonglieren

jump 38
i. springen; **~ at the chance** die Gelegenheit beim Schopf packen; **~ off** abspringen; **~ on s.o.** über jdn. herfallen; **~ out of one's skin** aus der Haut fahren; **~ up** aufspringen; **his heart jumped for joy** sein Herz hüpfte vor Freude
t. springen über; **~ the fence** über den Zaun springen

justify 44
t. rechtfertigen; justieren

K

keep 64
t. (be)halten; **you can ~ it** du kannst es behalten; **~ s.o. from doing s.th.** jdn. davon abhalten, etw. zu tun; **~ s.th. to o.s.** etw. für sich behalten; **~ s.o. informed** jdn. auf dem Laufenden halten; **~ s.o. waiting** jdn. warten lassen; **~ s.th. going** etw. in Gang halten; **~ your seat!** bleiben Sie doch sitzen
i. bleiben; **~ in sight** in Sicht(weite) bleiben; **~ to o.s.** für sich bleiben; **~ friends** Freunde bleiben; **~ doing s.th.** etw. weiter tun

kick 38
t. (mit dem Fuß) treten,

einen Fußtritt versetzen; kicken; **~ s.o.'s behind** jdm. in den Hintern treten
i. (mit dem Fuß) stoßen/treten

kid 42
t. jdn. verkohlen, aufziehen, auf den Arm nehmen,
i. albern, Jux machen, **he was only kidding** er hat nur Spaß gemacht

kidnap
t. kidnappen, entführen 42

kill
t. töten, umbringen 38
i. töten

kindle
t. an-, entzünden 40
i. Feuer fangen, aufflammen

kip
i. pennen, **~down** sich hinhauen 42

kiss
3. Pers. Sg. pres. t. 38
kisses
t. küssen; **~ s.o. goodbye** jdm. einen Abschiedskuss geben
i. sich küssen

kit 42
t. **~ out/up with** ausstatten mit

knead 38
t. kneten; massieren

kneel 64
i. knien, **~ down** niederknien

knit 48,
t., i. stricken 42

knock 38
t. schlagen, stoßen; **~ one's head against** mit dem Kopf stoßen gegen
i. schlagen, klopfen, pochen, **~ at the door** an die Tür klopfen; **~ down** niederschlagen; **~ out** k.o. schlagen, niederschlagen; **~ over** umwerfen, umstoßen; überfahren

knot 42
t. (ver)knoten, (ver)knüpfen
i. (einen) Knoten bilden

know 180
t. wissen, kennen, **for all I ~** soviel ich weiß
i. wissen

L

label 42
t. etikettieren, mit einem Etikett versehen

labour 38
i. arbeiten, sich abmühen

lace 40
t. zu-, zs.schnüren
i. ***~ up*** sich schnüren (lassen)

lack 38
t. Mangel haben an, **he lacks time** ihm fehlt es an Zeit
i. fehlen, nicht vorhanden sein; **books were not lacking** an Büchern fehlte es nicht; **he lacked for nothing** es fehlte ihm an nichts

lacquer 38
t. lackieren

ladder 38
i. Laufmaschen bekommen (Strumpf);
t. zerreißen; **~ one's stockings** sich eine Laufmasche holen

lade 116
t. (be)laden, ver-, aufladen

lag 42
i. **~ behind** zurückbleiben, hinterherhinken

lame 40
t. lahm machen, lähmen

lament 38
i. jammern, wehklagen, lamentieren
t. bejammern, beklagen, bedauern, betrauern

laminate 40
t. auswalzen; mit Folie überziehen

land 38
i. landen; anlegen, an Land gehen
t. landen; **~ s.o. in difficulties** jdn. in Schwierigkeiten bringen**; ~ s.o. with s.th.** jdm. etw. einbrocken; **I landed him one** ich hab ihm eine geknallt/verpasst

languish 38
3. Pers. Sg. pres. t.
languishes
i. ermatten, -schlaffen; (ver)schmachten, dahinsiechen; **~ in prison** im Gefängnis schmachten daniederliegen (Wirtschaft)

lap 42
t. falten, wickeln, **~ round/about** einwickeln, umhüllen; **~ up** auflecken
i. **~ round** sich winden/legen um; **~ over** hinausragen über, überlappen; lecken, schlecken, schlürfen; plätschern

lapse 40
i. verstreichen (Zeit), ablaufen (Frist); einen Fehltritt tun, **~ from duty** seine Pflicht versäumen

lash 38
3. Pers. Sg. pres. t.
lashes
t. (aus)peitschen
i. peitschen, schlagen, **~ about** wild um sich schlagen; **~ into s.o.** auf jdn. einschlagen

last 38
i. (an-, fort)dauern; **it won't ~** es wird nicht lange anhalten
t. **~ out** jdm. reichen, überdauern, durchhalten

lather 38
t. einseifen
i. schäumen

lattice 40
t. vergittern

laud 38
t. loben, preisen, rühmen

laugh 38

i. lachen; **~ at** lachen/ sich lustig machen über
t. **~ down s.o.** jdn. durch Gelächter zum Schweigen bringen; **~ off** etw. lachend/mit einem Scherz abtun

launch 38
3. Pers. Sg. pres. t. **launches**
t. vom Stapel lassen (Schiff, Boot); katapultieren, abschießen (Geschoss); starten, lancieren
i. **~ out on journey** sich auf eine Reise begeben

launder 38
t. Wäsche waschen (und bügeln); Geld waschen

lay 72
t. legen; **~ it on the table** leg es auf den Tisch **~ aside** beiseite legen, **~ down** niederlegen (Amt etc.)

laze 40
i. **~ around** faulenzen, bummeln, auf der faulen Haut liegen
t. **~ away** Zeit verbummeln

lead 62
t. führen, **~ away** wegführen
i. führen, **~ to** führen zu

leak 38
i. lecken, leck sein; **~ out** ausströmen, entweichen auslaufen
t. **the container leaked (out) oil** aus dem Behälter lief Öl aus

lean 52, 38
i. **~ to** sich neigen nach, **~ over** sich beugen über, **~ against** sich lehnen gegen/an, **~ on** sich stützen auf, **~ back** sich zurücklehnen
t. neigen, beugen

leap 52, 38
i. springen; **~ to the eye** ins Auge springen
t. überspringen

learn 52, 38
t. (er)lernen; **~ from** erfahren/hören von
i. lernen

lease 40
*t.*pachten, mieten, leasen, **~ to** verpachten an, vermieten an

leave 66
t. verlassen; **~ for** abfahren nach; übrig bleiben, **there's nothing left for us but to go** uns bleibt nichts übrig, als zu gehen; überlassen **~ it to me!** überlass das mir; **~alone** allein lassen, in Ruhe lassen, **~ behind** zurücklassen; **~ out** auslassen, weglassen, **~ over** übrig lassen

lecture 40
i. einen Vortrag/eine Vorlesung halten, **~ to s.o. on s.th.** vor jdm. über eine Sache eine Vorlesung halten
t. jdm. eine Standpauke halten

leek 38
i. **~ at** (lüstern) schielen nach; anzüglich grinsen

legalize 40
t. legalisieren, amtlich beglaubigen, beurkunden

legate 40
t. testamentarisch vermachen

legislate 40
i. Gesetze erlassen
t. durch Gesetze bewirken/schaffen; **~ away** durch Gesetze abschaffen

legitimate 40
t. legitimieren; für gesetzmäßig erklären

lend 54
t. (aus-, ver)leihen; **~ s.o. money, ~ money to s.o.** jdm. Geld leihen

lengthen 38
t. verlängern, länger machen
i. sich verlängern, länger werden

lessen 38
i. sich vermindern/verringern, abnehmen, nachlassen
t. vermindern, -ringern, verkleinern; herabsetzen

let 48
ing-Form **letting**
t. lassen; **~ s.o. know** jdn. wissen lassen, **~ alone** allein lassen, **~ in** (her)einlassen, **~ out** hinaus-/herauslassen
i. sich vermieten (lassen)

level 42
t. (ein)ebnen, planieren; **~ with the ground** dem Erdboden gleichmachen, **~ down** nach unten angleichen (Preise etc.), **~ up** nach oben angleichen
i. **~ at** zielen auf

lever 38
t. hebeln, mit einem Hebel bewegen

levy 44
t. erheben (Steuern), **~ on** auferlegen (Geldstrafe)

liberalize 40
t. liberalisieren, **~ from** befreien von

license 40
t. eine Lizenz/Konzession erteilen; lizenzieren, konzessionieren, amtlich genehmigen/zulassen

lick 38
t. lecken; **~ off** ablecken; **~ up** auflecken; **~ one's lips** sich die Lippen lecken; **~ s.o.s boots** vor jdm. kriechen
i. lecken

lie 46
i. lügen; **~ to s.o.** jdn. belügen, jdn. anlügen

lie 176
i. liegen, **~ in bed** im Bett

liegen, **~ down** sich hinlegen

lift 38
t. **~ up** (auf-, empor-, hoch)eben, erheben
i. sich heben; **~ off** abheben, starten

light 126
t. **~ up** anzünden, beleuchten, erhellen
i. **~ up** sich entzünden; **~ up** sich erhellen, strahlen (Gesicht), aufleuchten (Augen etc.); **~ up a cigarette** sich eine Zigarette anstecken

lighten 38
i. hell werden, sich erhellen; blitzen; leichter werden (Herz etc.)
t. erhellen; leichter machen, erleichtern

lignify 44
i. verholzen

like 40
t. (gern) mögen; gern haben; **I ~ reading** ich lese gern
i. wollen; **(just) as you ~** (ganz) wie du willst; **if you ~** wenn du willst

lilt 38
t., i. trällern

lime 40
t. kalken, mit Kalk düngen

limit 38
t. begrenzen, beschränken, einschränken, limitieren; **~ o.s. to** sich beschränken auf

limp 38
i. hinken, humpeln

line 40
t. linieren; **~ through** durchstreichen; **~ up** in einer Reihe aufstellen
i. **~ up** sich in einer Reihe aufstellen

linger 38
i. (noch) verweilen, (zurück)bleiben, sich aufhalten; **~ on** (noch) bestehen (Brauch etc.)

link 38
t. **~ up/together (with)** verbinden (mit)
i. **~ (with)** sich verbinden (mit)

lint 38
i. (AE) fusseln

liquefy 44
t. verflüssigen; schmelzen
i. sich verflüssigen; schmelzen

liquidate 40
t. tilgen (Schulden), abrechnen, saldieren (Konten); liquidieren (Unternehmen); liquidieren (umbringen)

liquor 38
i. **~ up** einen heben
t. **get liquored up** sich voll laufen lassen

lisp 38
i., t. lispeln

list 38
t. verzeichnen, aufführen, auflisten, in eine Liste eintragen

listen 38
i. (zu)hören; **~ to s.o.** jdm. zuhören, jdn. anhören, **~!** hör mal zu!

litigate 40
i., t. prozessieren (um), streiten (um)

live 40
i. leben; **~ through s.th.** etw. mitmachen/durchmachen; **~ to o.s.** (ganz) für sich leben
t. leben; **~ one's own life** sein eigenes Leben leben

load 38
t. (auf-, be)laden
i. **~ *up*** (auf-, ein)laden

loan 38
t., i. (ver-, aus)leihen

lobby 44
t., i. (auf Abgeordnete) Einfluss nehmen; **~ for** (mit Hilfe einer Lobby) für die Annahme eines Antrags arbeiten; **~ through** Gesetzesantrag mit Hilfe einer Lobby durchbringen

localize 40
t. lokalisieren; örtlich festlegen

locate 40
t. ausfindig machen, die örtliche Lage/den Aufenthalt ermitteln, orten
i. (AE) sich niederlassen

lock 38
t. (ab-, zu-, ver)schließen; **~ up s.o. (in, into)** jdn. einschließen (in), **~ away** weg-, einschließen, **~ out** aussperren
i. (ab)schließen

lodge 40
i. **(with)** logieren, wohnen (bei)
t. jdn. unterbringen/aufnehmen

log 42
i. **~ in** sich einloggen (am Computer); **~ out** sich ausloggen (am Computer)

loiter 38
i. bummeln, trödeln; herumlungern, -stehen, sich herumtreiben
t. **~ away** Zeit vertrödeln

loll 38
i. sich rekeln/(herum)lümmeln; **~ against** sich lässig lehnen gegen

long 38
i. **~ for** sich sehnen nach

look 38
i. schauen, blicken, (hin)sehen; **~ after** sehen nach, aufpassen auf, sich kümmern um; **~ at** ansehen, -schauen, betrachten, blicken auf; **~ for** suchen nach; **~ forward to** sich freuen auf; **I am looking forward to seeing him** ich freue mich darauf, ihn zu sehen; **~ into** untersuchen, prüfen; **~ out of the window** aus dem Fenster sehen; **~ out!** pass auf!, Vorsicht!; **~ through** durchsehen, -lesen

~ **to** achten/Acht geben auf; ~ **up** nachschlagen (Wort)

loop 38
t. in Schleifen legen, schlingen
i. eine Schleife machen, sich schlingen

loosen 38
t. befreien, lösen, lockern
i. sich lockern, sich lösen

lose 150
t. verlieren; ~ **the train** den Zug versäumen/verpassen
i. verlieren

lounge 40
i. sich rekeln; ~ **about/around** herumliegen/-sitzen/-stehen; sich hinlümmeln

louse 40
t. (ent)lausen

love 40
t. lieben, ~ **doing/to do s.th.** etwas sehr gern tun

low 38
i., t. brüllen, muhen

lower 38
t. niedriger machen, senken, herunter-, hinunterlassen
i. sinken, fallen, sich senken

lubricate 40
t. schmieren, ölen

lull 38
t. ~ **to sleep** einlullen

lump 38
t. ~ **together** zs.tun, zs.-legen, in einen Topf werfen
i. Klumpen bilden

lunch 38
3. Pers. Sg. pres. t. **lunches**
i. das Mittagessen einnehmen

lure 40
t. anlocken, ködern

lurk 38
i. lauern, ~ **around/about** herumschleichen

M

madden 38
t. verrückt machen
i. verrückt werden

magnet 38
t. magnetisieren; (wie ein Magnet) anziehen

magnify 44
t. vergröBern (Optik)

mail 38
t. (AE) (zu)schicken

maim 38
t. verstümmeln; zum Krüppel machen

maintain 38
t. (aufrecht)erhalten, beibehalten, (be)wahren

make 96
t. machen, ~ **s.o. wait** jdn. warten lassen; ~ **out (a cheque)** (einen Scheck) ausstellen; ~ **up** bilden, zs.setzen; **be made up of** bestehen/sich zs.setzen aus
i. sich anschicken; ~ **as if/though** so tun als ob/als wenn

malign 38
t. verleumden

maltreat 38
t. schlecht behandeln, malträtieren; misshandeln

manage 40
t. führen (Geschäft), managen
i. das Geschäft/den Betrieb führen; ~ **with** auskommen, es schaffen, **I'm afraid, I can't** ~ es ist mir leider nicht möglich

mangle 40
t. zerfleischen, -fetzen; mangeln (Wäsche)

manicure 40
t., i. maniküren

manifest 38
t. offenbaren, bekunden, kundtun, manifestieren
i. Kundgebungen veranstalten

manipulate 40
t., i. manipulieren

manœuvre 40
t., i. manövrieren; ~ **s.o. into s.th.** jdn. in etw. hineinmanövrieren

mantle 40
i. **(with)** sich überziehen (mit)
t. überziehen; verhüllen

manufacture 40
t. erzeugen, herstellen

manure 40
t. düngen

maraud 38
i. plündern
t. verheeren, (aus)plündern

marble 40
t. marmorieren, sprenkeln

march 38
3. Pers. Sg. pres. t. **marches**
i. marschieren; ~ **past s.o.** an jdm. vorbeimarschieren
t. marschieren, zurücklegen; marschieren lassen

marinate 40
t. marinieren

mark 38
t. markieren, kennzeichnen; bezeichnen; ~ **down** herabsetzen (Preis); ~ **off** abgrenzen, abstecken; auf einer Liste abhaken; ~ **up** hinauf-, heraufsetzen (Preis)
i. Acht geben, aufpassen; ~ **you** wohlgemerkt

market 38
t. auf den Markt bringen; vertreiben
i. auf dem Markt handeln

marry 44
t. heiraten, **to be married to** verheiratet sein mit; **to get married to** sich verheiraten mit
i. (sich ver)heiraten

martyr 38
t. zu Tode martern

mask 38
t. maskieren; verschleiern, verhüllen

mason 38
t. mauern

mass 38
i. sich ansammeln/an-
häufen, sich zs.ballen
massacre 40
t. niedermetzeln, massa-
krieren
massage 40
t. massieren
master 38
t. Herr sein über,
beherrschen, meistern
masticate 40
t. (zer)kauen
match 38
3. Pers. Sg. pres. t.
matches
t. **~ to/with** anpassen an,
~ s.th. with etw. verglei-
chen mit; **well-matched**
gut zs.passend
i. zs.passen, überein-
stimmen
matriculate 40
t. matrikulieren
i. sich immatrikulieren
(lassen)
mature 40
t. reifen (lassen)
i. reif werden
maximize 40
t. maximieren
may 9
m.aux. dürfen, mögen
mean 52
t. beabsichtigen, vorha-
haben; **~ to do s.th.** etw.
zu tun gedenken; meinen,
bedeuten, **what does that
mean?** was bedeutet das?
measure 40
t. (ab-, aus-, ver)messen
i. Messungen vornehmen
mechanize 40
t. mechanisieren
meddle 40
i. **(with)** sich (ein)mischen
(in) 40
mediate
i. vermitteln 40
meditate
i. nachdenken, grübeln,
~ on/upon meditieren über
t. erwägen, planen 60
meet
t. begegnen, treffen,
kennen lernen; **pleased
to ~ you** sehr erfreut, Sie
kennen zu lernen
i. zs.kommen, -treffen, sich
begegnen, sich treffen
mellow 38
t. weich/mürbe machen,
auflockern (Boden); mildern
i. weich/mürbe werden
melt 38
i. (zer)schmelzen; **~ away**
dahinschmelzen, zer-
fließen
t. schmelzen (lassen) 40
memorize
t. sich einprägen; ver-
ewigen 40
menace
t. bedrohen, gefährden;
etw. androhen
i. drohen, Drohungen
ausstoßen 38
mend
t. ausbessern, flicken,
reparieren
i. sich bessern; genesen 38
mention
t. erwähnen; **(please)
don't ~ it!** bitte!, gern
geschehen!, **not to ~**
ganz zu schweigen von;
not worth mentioning
nicht der Rede wert 38
meow
i. miauen (Katze) 40
merchandise
i. Handel treiben
t. Waren vertreiben 40
merge
t. **(in)** verschmelzen (mit),
~ be merged in in etw.
aufgehen; fusionieren 38
merit
t. verdienen (Lob, Strafe) 38
mess
3. Pers. Sg. pres. t.
messes
t. **~ up** in Unordnung/Ver-
wirrung bringen, verpfu-
schen, vermasseln
i. manschen, pan(t)-
schen; **~ with** sich ein-
mischen; **~ about/
around** herummurksen
mewl 38
i. miauen (Katze)
miaul 38
i. miauen
might 9
m.aux. durfte, dürfte
migrate 40
i. aus-, abwandern
militarize 40
t. militarisieren
milk 38
t. melken; jdn. schröpfen,
ausnehmen
i. Milch geben
mill 38
t. mahlen (Korn); quirlen,
schlagen (Eier)
i. sich prügeln; **~ about/
around** herumirren
mince 40
t. zerhacken, in sehr klei-
ne Stücke zerschneiden
mind 38
t. merken, (be)achten,
Acht geben auf; **~ the
step!** Achtung, Stufe!; **do
you ~ my smoking?**
haben Sie etw. dagegen,
wenn ich rauche?
i. aufpassen, bedenken;
never ~ das macht
nichts!; **don't ~** ich habe
nichts dagegen, meinet-
wegen
mine 40
i. **~ for** schürfen nach
t. abbauen (Erz, Kohle)
mineralize 40
t. mineralisieren, ver-
steinern 40
mingle
i. **(with)** verschmelzen
(mit); **~ in** sich (ein)mi-
schen in
t. vermischen, -mengen 40
minimize
t. auf das Mindestmaß
zurückführen; bagatelli-
sieren 38
minister
t. die Sakramente spen-
den
i. **(to)** behilflich/dienlich

sein; **~ to the wants of others** für die Bedürfnisse anderer sorgen

mint 38
t. münzen, prägen

minute 40
t. protokollieren, notieren

mirror 38
t. widerspiegeln

misappropriate 40
t. sich widerrechtlich aneignen, unterschlagen

misbehave 40
i. sich schlecht benehmen; ungezogen sein

miscalculate 40
t. falsch berechnen
i. sich verrechnen, sich verkalkulieren

misconceive 40
t. falsch auffassen/verstehen

misconduct 38
t. schlecht führen/verwalten; **~ o.s.** sich schlecht benehmen

misgive 134
t. Böses ahnen lassen; **my heart misgives me that** mir schwant, dass

misguide 40
t. fehlleiten, irreführen

mishandle 40
t. misshandeln; falsch behandeln

mishear 50
t., i. sich verhören

misinform 38
t. jdn. falsch unterrichten
i. **~ against** falsch aussagen gegen

misinterpret 38
t. missdeuten, falsch auffassen/auslegen

misjudge 40
i., t. falsch (be)urteilen, verkennen

mislay 72
t. etw. verlegen

mislead 62
t. irreführen; **~ into doing** verführen zu tun

mismanage 40
t. schlecht verwalten
i. schlecht wirtschaften

misplace 40
t. etw. verlegen; an eine falsche Stelle setzen

miss 38
3. Pers. Sg. pres. t.
misses
t. verpassen, versäumen; **~ out** auslassen; vermissen **we ~ her very much** sie fehlt uns sehr
i. fehlen; misslingen

mistake 118
t. **~ for** verwechseln mit, verkennen, missverstehen
i. sich irren, sich versehen

mistrust 38
t. misstrauen

misunderstand 120
t., i. missverstehen

misuse 40
t. missbrauchen; falsch anwenden; misshandeln

mitigate 40
t. lindern, mildern; besänftigen

mix 38
3. Pers. Sg. pres. t.
mixes
t. (ver)mischen, **~ up** durcheinander mischen, **~ with** verwechseln mit
i. sich (ver)mischen

moan 38
i. stöhnen, ächzen

mobilize 40
t. mobilisieren; mobil machen

mock 38
t. verspotten, -höhnen
i. **~ at** sich lustig machen über

moderate 40
t. mäßigen; dämpfen
i. sich mäßigen; nachlassen (Wind etc.)

modernize 40
t. modernisieren
i. (sich) modernisieren

modify 44
t. modifizieren; abändern

modulate 40
t. abstimmen, **~ to** anpassen an
i. modulieren

moisten 38
t. an-, befeuchten
i. feucht werden

moisturize 40
t. befeuchten

molest 38
t. belästigen

monitor 38
t. ab-, mithören, überwachen

morse 40
t., i. morsen

mortgage 40
t. **~ to** verpfänden an; eine Hypothek aufnehmen

mortify 44
t. demütigen, kränken; absterben lassen
i. absterben

motorize 40
t., i. motorisieren

mould 38
t. gießen; modellieren
i. Gestalt annehmen, sich formen; schimm(e)lig werden, (ver)schimmeln

moulder 38
i. **~ away** vermodern

moult 38
i. sich mausern; sich häuten
t. abwerfen (Federn, Haut)

mount 38
t. besteigen (Berg, Pferd etc.)
i. (auf-, empor-, hoch)-steigen

mourn 38
i. **~ at/over** klagen über; **~ for** trauern um
t. jdn. betrauern, etw. beklagen

move 40
t. bewegen; rühren, ergreifen **to be moved to tears** zu Tränen gerührt sein
i. sich bewegen, sich rühren; **~ on** weitergehen; **~ to** (um)ziehen

nach; **~in** einziehen
mow 178, 38
t. abmähen, **~ down** niedermähen
i. mähen
muddle 40
t. verwirren; **~ up** verwechseln, durcheinander bringen
i. pfuschen, wursteln; **~ about** herumwursteln, **~ on** weiterwursteln; **~ through** sich durchwursteln
multiply 44
t. vervielfältigen
i. multiplizieren; sich vervielfachen
mum 42
i. sich vermummen
mumble 40
t., i. murmeln
mummify 44
t. mumifizieren
i. vertrocknen, -dorren
murder 38
t. (er)morden
murmur 42
i. murmeln; murren
t. murmeln
must 9
m.aux. müssen, **I ~ go now** ich muss jetzt gehen
mutate 40
t. verändern
i. sich ändern
mutilate 40
t. verstümmeln
mutineer 38
i. meutern
mutiny 44
i. meutern
mutter 38
i., t. murmeln; **~ to o.s.** vor sich hinmurmeln; **~ at** murren über

N

nail 38
t. (an)nageln, festnageln
name 40
t. (be)nennen, **~ after** nennen nach
narrate 40
t., i. erzählen
narrow 38
i. enger werden, sich verengen
t. enger machen, verengen, ein-, beengen
nasalize 40
t. nasalieren
i. näseln
nationalize 40
t. einbürgern; verstaatlichen
navigate 40
i., t. navigieren
necessitate 40
t. notwendig/nötig machen, erfordern
need 9
m.aux. benötigen, brauchen, **it needs to be done** es muss getan werden
negate 40
t. verneinen, leugnen
neglect 38
t. vernachlässigen; versäumen, **~ to do/doing s.th.** versäumen etw. zu tun
negotiate 40
i. ver-, unterhandeln
t. verhandeln über
neigh 38
t., i. wiehern
neutralize 40
t. neutralisieren
nibble 40
t. nagen, knabbern an; **~ off** abbeißen, -fressen
i. **(at)** nagen, knabbern (an)
nidify 44
i. nisten
niggle 40
i. herumnörgeln; **~ at** nagen an, quälen
t. herumnörgeln an
nip 42
t. kneifen, zwicken; **~ off** abzwicken; nippen an
i. schneiden (Kälte. Wind)
nod 42
i. nicken; **~ to s.o.** jdm. zunicken
t. **~ one's head** mit dem Kopf nicken
nominate 40
t. benennen, ernennen; nominieren
normalize 40
t. normalisieren; normen, vereinheitlichen
nose 40
t. riechen, wittern; beschnüffeln; **~ out** ausschnüffeln, ausspionieren
i. **~ around** herumschnüffeln
notch 38
3. Pers. Sg. pres. t. **notches**
t. (ein)kerben
note 40
t. bemerken; **~ down** niederschreiben, notieren
notice 40
t. bemerken, wahrnehmen; beachten, achten auf
notify 44
t. bekannt geben, avisieren **~ s.th. to s.o.** jdm. etw. melden; jdn. benachrichtigen
nourish 38
3. Pers. Sg. pres. t. **nourishes**
t. (er)nähren, erhalten
nudge 40
t. anstoßen, -stupsen
number 38
t. zs.zählen, aufrechnen; nummerieren
i. (auf)zählen; zählen
nurse 40
i., t. säugen, stillen

O

obey 38
t., i. gehorchen
object 38
t. **~ to** einwenden gegen; vorhalten, vorwerfen

i. **~ to/against** Einwendungen machen gegen, **~ to s.th.** etw. beanstanden; **do you ~ to my smoking?** haben Sie etw. dagegen, wenn ich rauche?; **if you don't ~** wenn Sie nichts dagegen haben

obligate 40
t. verpflichten

oblige 40
t. nötigen, zwingen; **~ o.s. to do** sich verpflichten etw. zu tun
i. erwünscht sein; **an early reply will ~** um baldige Antwort wird gebeten

obscure 40
t. verdunkeln, verfinstern

observe 40
t. beobachten, überwachen

obsess 38
3. Pers. Sg. pres. t. **obsesses**
t. quälen, heimsuchen

obstruct 38
t. versperren, -stopfen, blockieren; **~ s.o.'s view** jdm. die Sicht versperren

obtain 38
t. erlangen, erhalten, erzielen
i. (vor)herrschen

obtrude 40
t. **~ upon** aufdrängen, aufnötigen, -zwingen
i. **~ upon** sich aufdrängen

occupy 44
t. in Besitz nehmen, Besitz ergreifen von; besetzen; **~ o.s. with** sich beschäftigen/befassen mit

occur 42
i. sich ereignen, vorfallen, vorkommen

offend 38
t. verletzen, beleidigen, kränken
i. Anstoß erregen

offer 38
t. anbieten; offerieren
i. sich bieten

offset 48
ing-Form **offsetting**
t. ausgleichen, aufwiegen, wettmachen

ogle 40
t. liebäugeln

oil 38
t. (ein)ölen

omit 42
t. aus-, weglassen

open 38
t. öffnen
i. sich öffnen

operate 40
i. in Betrieb sein, funktionieren; **~ on/upon s.o.** jdn. operieren

oppose 40
t. gegenüberstellen; entgegensetzen, -stellen; sich widersetzen

oppress 38
3. Pers. Sg. pres. t. **oppresses**
t. bedrücken; unterdrücken, tyrannisieren

optimize 40
t. optimieren

ordain 38
t. zum Priester weihen

order 38
t. befehlen, anordnen; **he ordered him to come** er befahl ihm zu kommen; in Ordnung bringen, **~ one's affairs** seine Angelegenheiten in Ordnung bringen

organize 40
t. organisieren

orient 38
t. orientieren

originate 40
i. **~ from** entstehen aus, seinen Ursprung haben in
t. hervorbringen, erzeugen, schaffen

ossify 44
t. verknöchern (lassen)
i. verknöchern

ought 9
m.aux. sollte, **he ~ to do it** er sollte es tun

outbid 122
t. überbieten

outdo 36
t. übertreffen, **~ o.s.** sich selbst übertreffen

outlast 38
t. überdauern, -leben

outlaw 38
t. ächten, für vogelfrei erklären

outline 40
t. umreißen, in groben Zügen darstellen

outlive 40
t. jdn./etw. überleben; etw. überdauern

overbid 122
t. überbieten

overburden 38
t. überlasten

overcharge 40
t. jdm. zu viel berechnen

overcome 100
t. überwinden, -wältigen; **he was ~ with/by emotion** er wurde von seinen Gefühlen übermannt
i. überwinden, **we shall ~!** wir werden es überwinden

overcrowd 38
t. überfüllen

overdo 36
t. übertreiben

overdose 40
überdosieren

overdraw 172
t. überziehen (Konto); überspannen; übertreiben

overeat 166
i. **~ o.s.** sich überessen

overemphasize 40
t. überbetonen

overestimate 40
t. überschätzen, überbewerten

overexert 38
t. überanstrengen

overflow 180
i. überlaufen, überfließen
t. überfluten, überschwemmen

overfly 182

t. überfliegen
overgrow 180
t. überwachsen, -wuchern
overhang 94
t., i. hervorstehen, -ragen, überhängen; drohen
overhear 50
t. belauschen, (zufällig) (mit an)hören
overheat 38
t. überhitzen, überheizen
i. heißlaufen
overlap 42
t. überlappen
i. sich/einander überschneiden; überlappen
overlay 72
t. überlagern
overload 38
t. überladen
overlook 38
t. übersehen, nicht beachten
overrun 82
t. überfluten, -schwemmen; **to be overrun with** überlaufen sein von
oversleep 64
t. verschlafen
overtake 118
t. überholen
overthrow 180
t. stürzen (Regierung etc.); niederreißen
overtrump 38
t., i. übertrumpfen
overturn 38
t. (um)stürzen; umstoßen, -kippen
i. umkippen, kentern
overvalue 40
t. überbewerten
overwhelm 38
t. überwältigen, -mannen
owe 40
t. schulden, schuldig sein, **you ~ that to yourself** das bist du dir schuldig; **I owe him much** ich verdanke ihm viel
i. Schulden haben
own 38
t. besitzen
oxidize 40
t., i. oxidieren

P

pace 40
t. **~ out/off** abschreiten
i. schreiten
pacify 44
t. befrieden; besänftigen, beschwichtigen
pack 38
t. **~ up** einpacken, verpacken
i. packen
pad 42
t. (aus)polstern, wattieren
paddle 40
i., t. paddeln
page 40
t. paginieren
paginate 40
t. paginieren
pain 38
t. wehtun, schmerzen
paint 38
t., i. malen; streichen
pale 40
t. bleich machen; pfählen
i. blass werden, er-, verblassen
pamper 38
t. verwöhnen, -hätcheln
paper 38
t. tapezieren
paralyse 40
t. paralysieren, lähmen; lahm legen
paraphrase 40
t., i. paraphrasieren; umschreiben
pardon 38
t. verzeihen, entschuldigen; **~ me!** Verzeihung!, entschuldigen Sie!, verzeihen Sie!; **~ me for interrupting you!** entschuldigen Sie, wenn ich Sie unterbreche!
park 38
t., i. parken
parody 44
t. parodieren
part 38
t. (ab-, ein-, zer)teilen; trennen
i. auseinander gehen, sich lösen, aufgehen, **~ with s.o.** sich von jdm. trennen
participate 40
i. **~ in** teilhaben, teilnehmen, sich beteiligen an
pass 38
3. Pers. Sg. pres. t. **passes**
t. vorbei-, vorübergehen, -fahren; reichen **can you pass me the salt, please?** können Sie mir bitte das Salz reichen?
i. vorbeigehen, passieren
paste 40
t. kleben, kleistern
pasteurize 40
t. pasteurisieren
pat 42
t. klopfen, tätscheln; **~ s.o. on the back** jdm. (anerkennend) auf die Schulter klopfen
patch 38
3. Pers. Sg. pres. t. **patches**
t. Flicken aufsetzen
patent 38
t. patentieren (lassen)
patrol 42
i. patroullieren
t. abpatrouillieren
patter 38
i. prasseln (Regen etc.)
pause 40
i. pausieren
pave 40
t. pflastern (Straße); **~ the way for** den Weg ebnen für
pay 72
t. (be)zahlen; **~ into** einzahlen
i. zahlen; **~ for** für etw. bezahlen
peck 38
t. (auf)picken
i. picken
peculate 40

t. unterschlagen, veruntreuen (öffentliche Gelder)
peddle 40
i., t. hausieren gehen
peek 38
i. (AE) gucken, spähen
peel 38
t. **(off)** (ab)schälen
i. **~ off** sich abschälen, sich abblättern, abbröckeln
peep 38
i. piep(s)en; neugierig/verstohlen blicken; **~ at** einen Blick werfen auf; **~ out** hervorgucken
peer 38
i. spähen, gucken
penalize 40
t. mit einer Strafe belegen, bestrafen
pendulate 40
i. pendeln; schwanken
penetrate 40
t., i. durch-, eindringen in
pension 38
t. **~ off s.o.** jdn. pensionieren
pepper 38
t. pfeffern
perceive 40
t., i. wahrnehmen, (be)-merken; verstehen, erkennen, begreifen
perfect 38
t. vervollkommnen
perforate 40
t. durchbohren, -löchern, lochen, perforieren
perform 38
t. verrichten (Arbeit, Dienst etc.), leisten, ausführen; aufführen (Theaterstück etc.)
i. ausführen, leisten; **~ well** eine gute Leistung bringen
perfume 40
t. parfümieren
perish 38
3. Pers. Sg. pres. t. **perishes**
i. umkommen, zugrunde gehen
t. vernichten; **to be perished with** (fast) umkommen vor
permit 42
t., i. erlauben, gestatten
perpetuate 40
t. verewigen
persecute 40
t. verfolgen (politisch)
persevere 40
i. **~ in** beharren auf, festhalten an
persist 38
i. **~ in** aus-, verharren bei, beharren auf; fortdauern, anhalten, fortbestehen
personify 44
t. personifizieren, verkörpern
persuade 40
t. überreden, **~ of** überzeugen von; **to be persuaded that** überzeugt sein, dass
pervade 40
t. durchdringen, -ziehen
pervert 38
t. verdrehen, verkehren, pervertieren
petition 38
i., t. **~ for** bitten/ersuchen um), eine Bittschrift einreichen
petrify 44
t. versteinern; erstarren lassen (vor Schreck etc.)
i. sich versteinern
pick 38
t. (auf)picken, **~ out** auswählen, herauspicken
i. hacken, picken
pickle 40
t. (ein)pökeln
picture 40
t. abbilden, darstellen; **~ to o.s.** sich ein Bild machen von, sich etw. ausmalen
pierce 40
t. durchbohren, -stechen
i. **~ into** (ein)dringen in
pile 40
t. **~ up** (an-, auf)häufen, (auf)stapeln
i. **~ up** sich (an-, auf)häufen, sich stapeln
pilgrimage 40
i. pilgern, wallfahren
pillage 40
t., i. (aus)plündern
pillory 44
t. an den Pranger stellen, anprangern
pilot 38
t. lotsen, steuern
pin 42
t. **~ to** anheften/-stecken an; **~ up** hochstecken
pinch 38
3. Pers. Sg. pres. t. **pinches**
t., i. zwicken, kneifen
pipe 40
t. schleusen; piepsen
i. pfeifen (Wind etc.), piepsen
pity 44
t. bemitleiden, bedauern
place 40
t. setzen, legen, stellen, platzieren
plague 40
t. plagen, quälen
plait 38
t. flechten
plan 42
t. planen, beabsichtigen
plant 38
t. (ein-, an)pflanzen
plash 38
3. Pers. Sg. pres. t. **plashes**
i., t. platschen, plätschern
plaster 38
t. (ver)gipsen
play 38
t. spielen; **~ down** herunterspielen
plead 38
i. plädieren, **~ guilty** sich schuldig bekennen
please 40
i. gefallen, angenehm sein; **as you ~** wie Sie wünschen; **if you ~** wenn es Ihnen recht ist
t. jdm. gefallen/ange-

nehm sein, jdn. erfreuen, **to be pleased to do** sich freuen etw. zu tun

pledge 40
t. verpfänden **~ s.th. to s.o.** jdm. etw. verpfänden; **~ o.s.** geloben, sich verpflichten

plop 42
i. plumpsen
t. plumpsen lassen

plough 38
t. (um)pflügen

pluck 38
t. pflücken (Blumen); zupfen, **~ s.o. by the sleeve** jdn. am Ärmel zupfen

plug 42
t. **~ up** zu-, verstopfen, zustöpseln; plombieren (Zahn); **~ in** einstecken (in eine Steckdose)

plunder 38
t., i. plündern

plunge 40
t., i. (ein-, unter)tauchen

point 38
t. (an-, zu)spitzen; **~ at** zeigen auf; **~ out** hinweisen auf
i. (mit dem Finger) zeigen, deuten; hinweisen

poison 38
t. vergiften

polarize 40
t. polarisieren

polish 38
3. Pers. Sg. pres. t. **polishes**
t. polieren, glätten

politicize 40
i., t. politisieren

pollinate 40
t. bestäuben, befruchten

pollute 40
t. verschmutzen (Umwelt)

ponder 38
i. **~ on/upon/over** nachdenken/-grübeln über
t. überlegen, nachdenken; **~ one's words** seine Worte abwägen

populate 40
t. bevölkern, besiedeln

portion 38
t. aufteilen; **~ out** aus-, verteilen; zuteilen

portrait 38
t. porträtieren

pose 40
t. aufstellen, in Positur setzen
i. sich in Positur setzen, posieren

possess 38
3. Pers. Sg. pres. t. **possesses**
t. besitzen, **~ o.s. of** etw. in Besitz nehmen, sich einer Sache bemächtigen

post 38
t. **~ up** anschlagen, ankleben (Plakate); aufstellen, postieren; zur Post geben

postdate 40
t. vorausdatieren; nachträglich/später datieren

postpone 40
t. verschieben, aufschieben

postulate 40
t. fordern, verlangen; postulieren

pour 38
t. gießen, schütten
i. gießen, schütten, **it is pouring with rain** es gießt
in Strömen 38

powder
t. pulverisieren; **~ one's nose** sich die Nase pudern
i. zu Pulver werden 38

power
t. betreiben, antreiben (mit elektrischer etc. Kraft) 40

practise
t. ausüben
i. praktizieren (als Arzt etc.) 40

praise
t. loben, rühmen, preisen 38

pray
i. **(to)** beten (zu), **~ for** beten/bitten um
t. inständig bitten, anflehen 38

preach
3. Pers. Sg. pres. t. **preaches**
i. predigen, **~ at s.o.** jdm. eine (Moral)Predigt halten
t. etw. predigen; **~ sermon** eine Predigt halten

prearrange 40
t. vorher vereinbaren

precede 40
t., i. voraus-, vorangehen

preclude 40
t. **~ from** ausschließen von; einer Sache vorbeugen/zuvorkommen; **~ s.o. from doing s.th.** jdn. daran hindern zu tun

preconceive 40
t. sich vorher ausdenken

precook 38
t. vorkochen

precool 38
t. vorkühlen

predate 40
t. zurück-, vordatieren

predetermine 40
t. vorherbestimmen, **~ s.o. to s.th.** jdn. für etw. vorbestimmen

predict 38
t. vorher-, voraussagen, prophezeien

predominate 40
i. vorherrschen, überwiegen; **~ over** die Herrschaft haben über

prefabricate 40
t. vorfabrizieren

prefer 42
t. vorziehen, **I prefer wine to beer** ich ziehe Wein dem Bier vor

preheat 38
t. vorwärmen

prejudge 40
t. mit einem Vorurteil erfüllen, **~ s.o. in favour of/against s.th.** jdn. für/gegen etw. einnehmen

prelect 38
i. **~ on/upon** eine Vorlesung/Vorlesungen halten über, **~ to** eine Vorlesung/Vorlesungen halten vor

prepack 38

t. abpacken
prepare 40
t. vorbereiten
prepay 38
t. vorausbezahlen
preponderate 40
i. überwiegen, vorherrschen; **~ over** (zahlenmäßig) übersteigen, überlegen sein
prepossess 38
3. Pers. Sg. pres. t. **prepossesses**
t. **~ s.o. in favour of s.th.** jdn. für etw. einnehmen 40
prescribe
t. **~ s.th. to s.o.** jdm. etw. vorschreiben
i. etw. verschreiben 38
present
t. (dar)bieten, präsentieren, überreichen; **~ s.o. with s.th.** jdn. mit etw. beschenken; **~ s.th. to s.o.** jdm. etw. schenken; **~ o.s.** sich vorstellen 40
preserve
t. **~ from** bewahren/(be)schützen vor 48
preset
ing-Form **presetting**
t. voreinstellen 40
preside
i. den Vorsitz haben/führen, **~ over/at a meeting** eine Versammlung leiten 38
press
3. Pers. Sg. pres. t. **presses**
t. pressen, drücken; **~ the button** auf den Knopf drücken; **~ on s.o.** jdn. (be)drängen; **~ s.o. for s.th.** jdn. dringend um etw. bitten
i. Druck ausüben; drängen, **time presses** die Zeit drängt 40
presume
t. vermuten; voraussetzen; **~ from** schließen aus 40
i. vermuten
presuppose
t. voraussetzen, zur Voraussetzung haben
pretend 38
t. vorgeben, -täuschen, heucheln, **~ to be sick** sich krank stellen
i. sich verstellen, heucheln; **he is only presuming** er tut nur so 44
prettify
t. verschönern, hübsch machen 38
prevail
i. **~ over/against** die Oberhand gewinnen/haben über; **~ (up)on s.o. to do** jdn. dazu bringen, etw. zu tun 38
prevent
t. verhindern, vorbeugen, **~ s.o. from doing s.th.** jdn. daran hindern zu tun, jdn. davon abhalten zu tun 40
price
t. den Preis festsetzen für, Waren auszeichnen; **~ s.th. high/low** einer Sache großen/geringen Wert beimessen 38
prick
t. stechen, piken; **~ one's finger** sich in den Finger stechen; **~ up one's ears** die Ohren spitzen 40
i. stechen (Schmerzen)
prickle 40
i. prickeln, kribbeln
pride
t. **~ o.s. on/upon** stolz sein auf 38
print
t. drucken (lassen) 40
i. drucken, gedruckt werden
privilege
t. privilegieren, bevorrechten 40
prize
t. (auf)stemmen; **~ open** (mit einem Hebel) aufbrechen; **~ up** hochwuchten, -stemmen 40
probe
i., t. sondieren, gründlich untersuchen
proceed 38
i. weitergehen, -fahren; **~ to** sich begeben nach; **~ with/in** fortfahren mit
process 38
3. Pers. Sg. pres. t. **processes**
t. be-, verarbeiten
i. in einer Prozession (mit)gehen 38
proclaim
t. proklamieren, öffentlich verkünd(ig)en, kundgeben; **~ s.o. king** jdn. zum König ausrufen 40
procure
t. sich be-, verschaffen, **~ s.th. for s.o./s.o. s.th.** jdm. für etw. Beweise liefern 40
produce
t. erzeugen, produzieren, herstellen 38
profess
3. Pers. Sg. pres. t. **professes** 42
t. (öffentlich) bekunden
profit
i. **~ by/from** profitieren von 40
t. nützen, nutzen
prognosticate
t. vorher-, voraussagen, prognostizieren 40
programme
t. programmieren (Computer) 38
progress
3. Pers. Sg. pres. t. **progresses**
i. fortschreiten, sich fort-, weiterentwickeln 38
prohibit
t. verbieten, **~ s.o. from doing s.th.** jdm. verbieten etw. zu tun; **~ s.th. being done** verhindern dass etw. geschieht 38
project
t. planen, projektieren; **~ o.s./one's thoughts into** sich versetzen in 40
i. vorspringen, -stehen

proliferate 40
i. wuchern
prolong 38
t. verlängern, prolongieren
promenade 40
i. promenieren, herumspazieren
promise 40
t. versprechen, **~s.o. s.th., ~ s.th. to s.o.** jdm. etw. versprechen; **~ o.s. s.th.** sich etw. versprechen/erhoffen
i. versprechen, **the weather promises fine** das Wetter verspricht gut zu werden
promote 40
t. fördern, unterstützen; jdn. befördern
pronounce 40
t. aussprechen
i. **~ in favour of/against s.th.** sich für/gegen etw. aussprechen
prop 42
t. stützen, **~ up** abstützen
propagate 40
t. propagieren
i. sich fortpflanzen
propel 42
t. antreiben, (vorwärts) treiben
prophesy 44
t. prophezeien, voraussagen
propose 40
t. vorschlagen, **s.th. to s.o.** jdm. etw. vorschlagen
i. beabsichtigen, vorhaben
prorogue 40
t. sich vertagen
proscribe 40
t. ächten; verbannen
prosecute 40
t. verfolgen, durchführen (Plan etc.); gerichtlich verfolgen, belangen
i. gerichtlich vorgehen; als Kläger auftreten
prosper 38
i. gedeihen, florieren, blühen
t. begünstigen, jdm. hold/gewogen/gnädig sein
prostitute 40
t. prostituieren; **~ o.s. sich** prostituieren
protect 38
t. **~ from** beschützen vor, **~ against** beschützen gegen
protest 38
t. protestieren
protocol 42
t., i. protokollieren
protract 38
t. in die Länge ziehen, hinausziehen, verschleppen
prove 40
t. be-, nachweisen; **~ o.s.** sich bewähren
i. sich herausstellen/erweisen (als); **~ true/false** sich als richtig/falsch herausstellen
provide 40
t. versehen, -sorgen, ver-, beschaffen, besorgen
i. Vorsorge/Vorkehrungen treffen, vorsorgen; **~against** sich schützen vor; **~ for** sorgen für
provoke 40
t. provozieren; hervorrufen; **~ s.o. to do s.th.** jdn. dazu bewegen, etw. zu tun
prowl 38
i. umherschleichen
t. durchstreifen
publish 38
3. Pers. Sg. pres. t. **publishes**
t. publizieren, veröffentlichen
puff 38
t. pusten, **~ away** wegpusten, **~ out** auspusten
i. paffen (Zigarre); pusten, schnaufen, keuchen
pull 38
t. ziehen, zerren, **~ o.s. together** sich zs.reißen
i. ziehen, zerren, reißen
pulsate 40
i. pulsieren
pulverize 40
t. pulverisieren, zu Staub zerreiben
i. in Staub zerfallen
pump 38
t. **~ out** auspumpen
i. pumpen (Herz etc.)
punch 38
3. Pers. Sg. pres. t. **punches**
t. ausstanzen
punish 38
3. Pers. Sg. pres. t. **punches**
t. jdn. (be)strafen
pupate 40
i. sich verpuppen
purchase 40
t. kaufen
purge 40
t. **~ of/from** reinigen (von Schuld, Verdacht etc.); klären, läutern (Flüssigkeit)
i. sich läutern
purpose 40
t. vorhaben, beabsichtigen, bezwecken
purr 38
i. schnurren (Katze etc.) surren, summen (Motor etc.)
t. summen
pursue 40
t. verfolgen (Zweck, Ziel, Plan)
push 38
3. Pers. Sg. pres. t. **pushes**
t. stoßen, schieben; **~ s.o. for** jdn. bedrängen; **~ s.th. on s.o.** jdm. etw. aufdrängen; **~ through** durchsetzen, -drücken
i. stoßen, schieben
put 48
ing-Form **putting**
t. setzen, legen, stellen,, **~ aside** beiseite legen; **~ away** weglegen; **~ down** hin-, niederlegen; **~ on** anziehen, aufsetzen

(Kleid, Hut, Brille); **~ up with** sich abfinden mit

putrefy 44
i. (ver)faulen, verwesen
t. verfaulen lassen

puzzle 40
t. verwirren, vor ein Rätsel stellen, **~ out** austüfteln, ausknobeln
i. verwirrt sein

Q

quadruple 40
t. vervierfachen
i. sich vervierfachen

quadruplicate 40
t. vervierfachen

quake 40
i. beben

qualify 44
t. qualifizieren
i. sich qualifizieren/eignen

quarantine 40
t. unter Quarantäne stellen

quarrel 42
i. sich streiten, sich zanken, **~ with** sich streiten mit, **~ about** sich streiten über

quarter 38
t. vierteln; vierteilen; einquartieren (Truppen)

question 38
t. jdn. (aus-, be)fragen; vernehmen, -hören; in Frage stellen

queue 40
i. **~ up** Schlange stehen, sich anstellen

quiet 38
t. beruhigen, besänftigen; zum Schweigen bringen
i. **~ down** ruhig/still werden, sich beruhigen

quintuple 40
t. verfünffachen
i. sich verfünffachen

quit 42
t. verzichten auf, aufgeben, quittieren; **~ doing s.th.** aufhören etw. zu tun
i. aufhören; weggehen

quiver 38
i. **~ with** beben/zittern vor

quote 40
t., i. zitieren, **~ from** zitieren aus

R

race 40
i., t um die Wette laufen/fahren

rack 38
t. recken, strecken; foltern, martern; **~ one's brains** sich den Kopf zermartern

radiate 40
i., t. (aus)strahlen, leuchten

radicalize 40
t. radikalisieren
i. sich radikalisieren

raft 38
t. flößen, mit dem Floß befördern; mit einem Floß befahren

rage 40
i. toben, rasen, wüten

raid 38
t. einen Überfall machen auf; eine Razzia machen

rain 38
i. im. regnen
t. regnen; **it's raining cats and dogs** es gießt in Strömen

raise 40
t. (auf-, empor-, hoch)he ben; erhöhen; auf-, großziehen (Kinder)

rake 40
t. rechen, harken; **~ together** zs.raffen
i. rechen, harken

ram 42
t. (fest-, ein)rammen; **~ s.th. into s.o.** jdm. etw. einbläuen

ramify 44
t., i. sich verzweigen

range 40
t. an-, einordnen, einreihen
i. sich erstrecken; **~ among** rangieren unter

rank 38
t. einreihen, -ordnen, aufstellen, formieren (Truppen)
i. sich einreihen/ordnen; einen Rang/eine Stelle einnehmen, **~ above/ below** rangieren über/ unter, **~ first** an erster Stelle stehen; **~ high** einen hohen Rang einnehmen

ransom 38
t. los-, freikaufen

rap 42
t. pochen, klopfen, **~ s.o.'s fingers** jdm. auf die Finger klopfen
i. klopfen, pochen

rape 40
t. vergewaltigen

rasp 38
t. raspeln, feilen, schaben

rate 40
t. abschätzen, taxieren, bemessen
i. **~ as** gelten als; **~ high/ low** hoch/niedrig im Kurs stehen; **~ above/below** rangieren/stehen über/ unter

ratify 44
t. bestätigen, ratifizieren

ration 38
t. rationieren

rationalize 40
t. rationalisieren

rattle 40
i. rattern, klappern, rasseln, **~ at the door** an der Tür rütteln; **~ off**
losrattern 40

ravage
t. verwüsten, verheeren 38

ray
i. Strahlen aussenden
t. bestrahlen, röntgen; **~ out** ausstrahlen 38

reabsorb
t. resorbieren

reach 38
3. Pers. Sg. pres. t. **reaches**
t. (über)reichen, **~ s.o. s.th.** jdm. etw. reichen; erreichen, eintreffen; **~ home** nach Hause gelangen
i. reichen; **as far as the eye can ~** so weit das Auge reicht
react 38
i. **~ to** reagieren auf
read 48
t. lesen
i. lesen; **~ to s.o.** jdm. vorlesen **the paragraph reads as follows** der Paragraph lautet wie folgt 38
readjust
t. wieder anpassen; nachstellen 42
readmit
t. wieder zulassen 38
reaffirm
t. nochmals versichern/beteuern 38
reafforest
t. wieder aufforsten 40
realize
t. erkennen, erfassen; **he realized that** ihm wurde klar, dass; verwirklichen, realisieren 40
reanimate
t. wieder beleben; neu beleben 38
reappear
i. wieder erscheinen 44
reapply
t. wieder anwenden
i. **~ for s.th.** etw. wiederholt/erneut beantragen; sich erneut bewerben um 38
reappoint
t. wieder ernennen/einsetzen 38
rearm
t. wieder bewaffnen
i. wieder aufrüsten 40
rearrange
t. neu ordnen 38
reason
i. logisch denken; vernünftig urteilen; **~ from** schließen/folgern aus; **he is not to be reasoned with** er lässt nicht mit sich reden
t. **~ out** durchdenken; **~ s.o. into/out of s.th.** jdm. etw. ein-/ausreden 40
reassemble
i. sich wieder versammeln; wieder zs.bauen 40
reassure
t. jdn. beruhigen; etw. nochmals versichern/beteuern; wieder versichern 40
rebaptize
t. wiedertaufen; umtaufen 42
rebel
i. rebellieren **~ against** sich auflehnen gegen 38
rebound
i. zurückprallen, zurückschnellen 48
rebroadcast
t., i. wiederholt übertragen (Radio-, TV-Sendung) 38
rebuff
t. zurück-, abweisen, abblitzen lassen 54
rebuild
t. wieder aufbauen 38
rebuke
t. zurechtweisen, einen scharfen Verweis erteilen 42
rebut
t. widerlegen, entkräften
i. den Gegenbeweis antreten 38
recall
t. zurückrufen, abberufen (Gesandte); sich erinnern an, sich ins Gedächtnis zurückrufen; **~ s.th. to s.o., s.o.'s mind** jdm. etw. ins Gedächtnis zurückrufen 42
recap
t. runderneuern (Autoreifen) 40
recapitulate
i. rekapitulieren, (kurz) zs.fassen
recapture 40
t. etw. wieder in Besitz nehmen, wiedererlangen
recede 40
i. zurückweichen (Angreifer)
receive 40
t. empfangen, erhalten, bekommen
recharge 40
t. wieder (be)laden, nachladen, wieder aufladen
reciprocate 40
t. erwidern, revanchieren, vergelten **how can I reciprocate your favour?** wie kann ich mich für Ihren Gefallen revanchieren?
i. sich erkenntlich zeigen, sich revanchieren
recite 40
t. (auswendig) her-/aufsagen; rezitieren, vortragen
reckon 38
t. (be-, er)rechnen; **~ over** nachrechnen; **~ up** auf-, zs.zählen; **~ as/for** betrachten als; **~ among/with** rechnen/zählen zu/unter
i. zählen, rechnen; **~ with** rechnen mit, abrechnen mit; **he is to be reckoned with** mit ihm muss man rechnen; **~ (up)on** rechnen/zählen auf
reclaim 38
t. zurückfordern, reklamieren
recline 40
i. sich (an-, zurück)lehnen; **~ upon** sich stützen auf
t. (an-, zurück)lehnen 40
recognize
t. (wieder) erkennen 38
recoil
i. **~ from** zurückschrecken vor; zurückstoßen (Gewehr etc.) 38
recollect
t. sich erinnern an, sich ins Gedächtnis zurückrufen;

wieder sammeln; **~ o.s.** sich fassen

recommence 40
t., i. wieder beginnen

recommend 38
t. **~ s.th. to s.o.** jdm. etw. empfehlen

recommit 42
t. (an einen Ausschuss) zurückverweisen; jdn. wieder dem Gericht überantworten, jdn. wieder in eine (Straf-/Heil)Anstalt einweisen

recompense 40
t. **~ for** jdn. belohnen/ entschädigen für; **~ s.th. to s.o.** jdm. etw. vergelten; erstatten, ersetzen, wieder gutmachen

recompose 40
t. wieder zs.setzen

reconcile 40
t. ver-, aussöhnen

reconquer 38
t. wieder-, zurückerobern

reconsider 38
t. von neuem erwägen, nochmals überlegen

reconstitute 40
t. wieder einsetzen

reconstruct 38
t. wieder aufbauen; neu konstruieren

reconvert 38
t. (wieder) umstellen

record 38
t. schriftlich niederlegen, aufzeichnen, -schreiben

recount 38
t. (im Einzelnen) erzählen; aufzählen; nachzählen

recover 38
t. wiedererlangen, wieder finden; zurückgewinnen
i. genesen, wieder gesund werden; **~ from** sich erholen von

recreate 40
t. **~ o.s.** ausspannen, sich erholen; neu/wieder (er)schaffen

recrudesce 40
i. wieder aufbrechen (Wunde); sich wieder verschlimmern (Zustand)

recruit 38
t. rekrutieren; Rekruten einziehen; **to be recruited from** sich rekrutieren aus, sich zs.setzen aus
i. Rekruten anwerben

rectify 44
t. berichtigen. korrigieren, richtigstellen

recur 42
i. wiederkehren, wieder auftreten

recycle 40
t. Abfälle wieder verwerten

redecorate 40
t. neu streichen, neu tapezieren

redeem 38
t. abzahlen, -lösen, tilgen, amortisieren

redeliver 38
t. jdn. wieder befreien; etw. zurückgeben; rückliefern

redeploy 38
t. umgruppieren; verlegen (Truppen)

redevelop 42
t. neu entwickeln; sanieren

redirect 38
t. umadressieren (Brief); umleiten (Verkehr)

rediscount 38
t. rediskontieren

rediscover 38
t. wieder entdecken

redistribute 40
t. neu verteilen; wieder verteilen

redo 36
t. nochmals tun/machen

redouble 40
t. verdoppeln
i. sich verdoppeln

reduplicate 40
t. verdoppeln

redress 38
3. Pers. Sg. pres. t. **redresses**
t. beheben, abhelfen

reduce 40
t. reduzieren, verringern, **~ to** reduzieren auf

redye 40
t. nachfärben; umfärben

re-echo 38
3. Pers. Sg. pres. t. **re-echoes**
i. widerhallen
t. widerhallen lassen

re-edit 38
t. neu herausgeben

re-educate 40
t. umschulen

reel 38
t. **~ up** aufspulen, -rollen, -wickeln, **~ off** abspulen

re-elect 38
t. wieder wählen

re-embark 38
i. sich wieder einschiffen

re-emerge 40
i. wieder auftauchen, wieder auftreten

re-engage 40
t. jdn. wieder an-/einstellen

re-enter 38
t. wieder betreten; wieder eintragen

re-establish 38
3. Pers. Sg. pres. t. **re-establishes**
t. wiederherstellen; wieder einführen

re-export 38
t. wiederausführen

refashion 38
t. umgestalten, -modeln

refer 42
t. **~ to** ver-, hinweisen auf
i. **~ to** ver-, hinweisen, sich beziehen auf, sich wenden an; **referring to my letter** bezugnehmend auf mein Schreiben

refill 38
t. wieder füllen, nach-, auffüllen;
i. sich wieder füllen

reflect 38

t. reflektieren, zurückstrahlen; überlegen
i. **~ (up)on** nachdenken über

reforest 38
t. aufforsten

reform 38
t. umgestalten, reformieren
i. sich neu gestalten, sich reformieren

refrain 38
i. **~ from** Abstand nehmen/absehen von, sich enthalten, **~ from doing s.th.** es unterlassen, etw. zu tun

refresh 38
3. Pers. Sg. pres. t. **refreshes**
t. erfrischen, sein Gedächtnis auffrischen
i. sich erfrischen

refrigerate 40
t. kühlen

refuel 42, 38
t., i. (auf)tanken

refuge 40
i. Schutz suchen

refund 38
t. zurückzahlen, -erstatten

refurbish 38
3. Pers. Sg. pres. t. **refurbishes**
t. aufpolieren

refurnish 38
3. Pers. Sg. pres. t. **refurnishes**
t. wieder/neu möblieren

refuse 40
t. ablehnen, zur.-, abweisen, verweigern
i. sich weigern

refute 40
t. widerlegen

regain 38
t. wiedergewinnen; wiedererlangen (Bewusstsein)

regard 38
t. ansehen, **to be regarded as** gelten als; beachten, berücksichtisichtigen; respektieren, achten

regenerate 40
t., i. sich regenerieren

register 38
t. registrieren (lassen), **~ for school** zur Schule anmelden
i. sich eintragen (lassen), sich einschreiben, sich anmelden

regress 38
3. Pers. Sg. pres. t. **regresses**
i. sich rückwärts bewegen; sich rückläufig entwickeln

regret 42
t. bedauern, bereuen

regrind 102
t. nachschleifen

regroup 38
t. umgruppieren, neu gruppieren

regularize 40
t. regeln

regulate 40
t. regeln, regulieren

rehabilitate 40
t. rehabilitieren, jds. Ruf wiederherstellen

rehearse 40
t. proben (am Theater)
i. einstudieren (Rolle)

reign 38
i. **~ over** herrschen über

reimburse 40
t. entschädigen, zurückzahlen, vergüten, erstatten; **~ o.s.** sich schadlos halten

reimport 38
t. wiedereinführen

rein 38
t. aufzäumen (Pferd); zügeln, im Zaum halten

reinforce 40
t. verstärken

reinstall 38
t. wieder einsetzen

reinstate 40
t. jdn. wieder einsetzen; etw. (wieder) instand setzen

reinsure 40
t. rückversichern; nachversichern

reject 38
t. ablehnen, ab-, zurückweisen, verwerfen; abschlagen (Bitte)

rejoice 40
i. sich freuen, **~ in s.th.** sich einer Sache erfreuen
t. erfreuen; **rejoiced at/by** erfreut über

rejoin 38
t. sich wieder anschließen an, wieder eintreten in (eine Partei)

rejuvenate 40
i. sich verjüngen

rejuvenesce 40
t., i. sich verjüngen

rekindle 40
t. wieder entfachen, wieder entzünden
i. sich wieder entzünden; wieder entbrennen

relapse 40
i. zurückfallen, **~ into** wieder (ver)fallen in; rückfällig werden

relate 40
t. **~ to s.o.** jdm. berichten, erzählen
i. **~ to** sich beziehen auf

relax 38
3. Pers. Sg. pres. t. **relaxes**
t. entspannen
i. sich entspannen; ausspannen, sich erholen

release 40
t. ent-, freilassen (Gefangenen); **~ from** befreien, erlösen von, entbinden, entlasten von

relegate 40
t. relegieren, **~ out of** verbannen aus; **~ to** verweisen an

relieve 40
t. erleichtern; entlasten; **~ s.o. from/of s.th.** jdn. von etw. befreien, jdn. von etw. entbinden

relinquish 38
3. Pers. Sg. pres. t.

relinquishes
t. aufgeben; **~ to** abtreten an
relocate 40
t. umsiedeln, verlegen
i. **~ to** umziehen nach
rely 44
i. **~ (up)on** sich verlassen/vertrauen auf
remain 38
i. bleiben; (übrig) bleiben, **~ to s.o.** jdm. verbleiben, **nothing remains to us but**
to go es bleibt uns nichts anderes übrig, als zu gehen; **that remains to be seen** das bleibt abzuwarten 96
remake
t. wieder/neu machen 38
remark
t. (be)merken, äußern
i. eine Bemerkung machen, sich äußern 44
remarry
i. wieder heiraten 44
remedy
t. abhelfen, beheben 38
remember
t. sich erinnern an, **I remember him well** ich erinnere mich gut an ihn
i. sich erinnern 38
remind
t. **~ s.o. of s.th.** jdn. an etw. erinnern **this reminds**
me of him das erinnert mich an ihn 42
remit
t. vergeben (Sünde); erlassen (Schulden/Strafe) 38
i. remittieren
remount
t. wieder besteigen; wieder aufstellen (Maschine)
i. wieder aufsteigen; wieder aufsitzen 40
remove
t. (weg)nehmen, entfernen; wegräumen 40
remunerate
t. entschädigen, vergüten, ersetzen; belohnen

rename 40
t. umbenennen; neu benennen
rend 54
t. (zer)reißen; **~ from** jdm. entreißen
i. (zer)reißen
render 38
t. **~ back** zur.geben, zur.-erstatten; vergelten
~ good for evil Böses mit Gutem vergelten; **~ s.o. a service** jdm. einen Dienst erweisen
renew 38
t. erneuern, **~ one's efforts**
sich erneut bemühen 40
renounce
t. verzichten auf, etw. aufgeben; entsagen; abschwören
i. Verzicht leisten 40
renovate
t. erneuern; wiederherstellen; renovieren 38
rent
t. vermieten; verpachten; mieten
i. vermietet/verpachtet werden 38
reopen
t. wieder eröffnen
i. sich wieder öffnen 40
reorganize
t. reorganisieren 38
repack
t. umpacken 38
repaint
t. neu anstreichen, übermalen 38
repair
t. reparieren, (wieder) instand setzen 38
repartition
t. (neu) auf-, verteilen 38
repass
3. Pers. Sg. pres. t. **repasses**
i., t. wieder vorbeikommen 38
repay
t. zurückzahlen, (zurück)erstatten; **~ s.th. to s.o.**
jdm. etw. heimzahlen
i. nochmals (be)zahlen
repeat 38
t. wiederholen
i. sich wiederholen
repel 42
t. zur.schlagen, -treiben, abwehren; ab-, zur.weisen
repent 38
i. **~ of** etw. bereuen
replace 40
t. wieder hinstellen/-setzen/
-legen; ersetzen 38
replant
t. umpflanzen; neu pflanzen 38
replenish
3. Pers. Sg. pres. t. **replenishes**
t. (wieder) auffüllen 44
reply
i. antworten, erwidern, **~ to s.th.** auf etw. anworten **to s.o.** jdm. antworten 38
report
t. berichten, **~ s.th. to s.o.** jdm. etw. berichten, jdm. Bericht erstatten; **it is reported that** es heißt, dass
i. (einen) Bericht geben, **~ on/of** berichten über 40
repose
i. ruhen, ausruhen; **~ on** ruhen/beruhen auf 38
t. jdn. ausruhen lassen
reprehend 38
t. tadeln
represent
t. vertreten, **to be represented at** vertreten sein bei; darstellen, abbilden; repräsentieren 38
repress
3. Pers. Sg. pres. t. **represses** 40
t. unterdrücken (Gefühle etc.)
reprieve
t. jds. Urteilsvollstreckung aussetzen, jdm. eine Gnadenfrist gewähren; jdn. begnadigen 38
reprimand
t. jdm. einen Verweis

erteilen, jdn. maßregeln
reprint 38
t. neu drucken, nachdrucken
reproach 38
3. Pers. Sg. pres. t. **reproaches**
t. **~ s.o. with s.th.** jdm. etw. vorwerfen, -halten, **~ for** jdn. tadeln für
reprobate 40
t. missbilligen, verurteilen; verdammen
reprocess 38
3. Pers. Sg. pres. t. **reprocesses**
t. wieder aufbereiten
reproduce 40
t. (wieder) erzeugen; reproduzieren
i. sich fortpflanzen/vermehren
reprove 40
t. tadeln, rügen; etw. missbilligen
republish 38
3. Pers. Sg. pres. t. **republishes**
t. neu veröffentlichen
repulse 40
t. zurückschlagen, -werfen (Feind); abweisen; abschlagen (Bitte)
repurchase 40
t. wieder-, zurückkaufen
repute 40
t. halten für; **to be reputed to be** gelten als, **to be well/ill reputed** in gutem/üblem Ruf stehen
request 38
t. bitten/ersuchen um; **~ s.th. from s.o.** jdn. um etw. ersuchen
require 40
t. erfordern; **if required** falls/wenn nötig, **a task which requires to be done** eine Aufgabe, die noch erledigt werden muss; **~ of s.o. to do s.th.** jdn. auffordern, etw. zu tun, von jdm. verlangen, etw. zu tun
reroute 40
t. umleiten
reschedule 40
t. verlegen, verschieben
rescind 38
t. aufheben, für nichtig erklären; rückgängig machen
rescue 40
t. **~ from** retten aus
research 38
3. Pers. Sg. pres. t. **researches**
i. forschen
t. erforschen
resell 160
t. wieder verkaufen, weiterverkaufen
resemble 40
t. ähnlich sein/sehen, gleichen, ähneln
resent 38
t. übel nehmen, verübeln
reserve 40
t. reservieren (lassen), vorbestellen, -merken ; **~ s.th. to s.o.** jdm. etw. vorbehalten, **~ the right to do/of doing s.th.** sich das Recht vorbehalten, etw. zu tun
reset 48
ing-Form **resetting**
t. neu setzen; nachstellen; rücksetzen (Computer)
resettle 40
t. wd. besiedeln; wd. ansiedeln, umsiedeln
i. sich wd. ansiedeln; sich wd. legen/beruhigen
reshape 40
t. neu formen, umgestalten
reship 42
t. wieder verschiffen; umladen
reshuffle 40
t. neu mischen (Karten); umgruppieren, -bilden
reside 40
i. wohnen, ansässig sein
resign 38
t. aufgeben, verzichten auf; niederlegen (Amt)
i. **~ to** sich ergeben, sich fügen in; **~ from office** von einem Amt zurücktreten
resist 38
t. widerstehen; **I cannot ~ doing it** ich muss es einfach tun; Widerstand leisten, sich widersetzen
i. Widerstand leisten, sich widersetzen
resole 40
t. neu besohlen
resolve 40
t. **~ into** auflösen in; **~ into dust** in Staub verwandeln; **~ to do** beschließen, sich entschließen zu tun
i. sich auflösen; sich entschließen
resorb 38
t. (wieder) aufsaugen, resorbieren
resort 38
i. **~ to** sich begeben nach, seine Zuflucht nehmen in
resound 38
i. widerhallen
t. widerhallen lassen
respect 38
t. achten, respektieren; sich beziehen auf, betreffen
respire 40
i. atmen; aufatmen
t. (ein)atmen
respond 38
i. **~ to** antworten auf, erwidern; reagieren auf
rest 38
i. ruhen, schlafen (Toter); sich aus)ruhen, rasten; **~ (up)on** ruhen auf (Blick etc.), beruhen auf, sich stützen auf; **~ with s.o.** bei jdm. liegen (Entscheidung, Schuld)
t. (aus)ruhen lassen, jdm. Ruhe gönnen
restock 38

t. Lager wieder auffüllen, Ware wieder auf Lager nehmen
i. neuen Vorrat einlagern

restore 40
t. wiederherstellen, restaurieren, instand setzen; **~ s.th. to its place** etw. an seinen Platz zurückstellen; **~ the receiver** den Hörer auflegen/einhängen

restrain 38
t. zurückhalten; **~ s.o. from doing s.th.** jdn. davon abhalten, etw. zu tun

restrict 38
t. einschränken, **~ to** beschränken auf; **to be restricted to doing** sich darauf beschränken müssen, zu tun

restructure 40
t. umstrukturieren

result 38
i. **~ from** sich ergeben/resultieren aus; **~ in** hinauslaufen auf, zur Folge haben

resume 40
t. wieder aufnehmen (Tätigkeit); resümieren, zs.-fassen;
i. seine Tätigkeit wieder aufnehmen

resuscitate 40
t. wieder beleben; wieder erwecken, wieder aufleben lassen
i. das Bewusstsein wiedererlangen; wieder aufleben

retail 38
t. Waren en detail/im Einzelhandel verkaufen
i. im Einzelhandel verkauft werden

retain 38
t. zurück(be)halten, einbehalten; bewahren, beibehalten

retake 118
t. wieder (an-, ein-, zurück)nehmen

retaliate 40
i. Vergeltung üben, **~ upon s.o.** sich an jdm. rächen, **~ on account of s.th.** für etw. Vergeltung üben
t. vergelten, sich rächen für, heimzahlen

retard 38
t. verzögern, -langsamen, aufhalten

retell 160
t. nochmals erzählen, nacherzählen

rethink 106
t. etw. nochmals überdenken

retire 40
i. sich zurückziehen; **~ from business** sich zur Ruhe setzen; **~ into o.s.** sich verschließen; **~ to rest** sich zur Ruhe begeben, schlafen gehen
t. zurückziehen; aus dem Verkehr ziehen; verabschieden, pensionieren

retouch 38
3. Pers. Sg. pres. t. **retouches**
t. retuschieren

retrace 40
t. zurückverfolgen (Stammbaum etc.); **~ to** zurückführen auf

retract 38
t. zurücknehmen, widerrufen (Aussage); zurückziehen (Anklage)
i. sich zurückziehen; widerrufen; **~ from** zurücktreten von (einem Vertrag etc.)

retrain 38
t. umschulen

retreat 38
i. sich zurückziehen; zurücktreten, -weichen

retrieve 40
t. apportieren; sich etw. zurückholen

retrograde 40
i. rückläufig sein, zurückgehen

return 38
i. zurückkehren, -kommen
t. erwidern; zurückgeben, zurückerstatten; zurückschicken, -senden

reunite 40
t. wieder vereinigen
i. sich wieder vereinigen

revaccinate 40
t. wieder impfen, nachimpfen

revalorize 40
t. aufwerten

revaluate 40
t. neu bewerten, aufwerten

reveal 38
t. offenbaren; enthüllen, aufdecken

revenge 40
t. rächen; **~ o.s. for s.th.** sich für etw. rächen

revere 40
t. (ver)ehren

reverse 40
t. umkehren, umdrehen; rückwärts fahren/laufen (lassen)
i. rückwärts fahren

revert 38
i. zurückkehren; **~ to** zurückkommen auf, wieder zurückfallen in
t. (zurück)wenden (Blick)

review 38
t. nachprüfen, überprüfen, inspizieren; zurückblicken

revise 38
t. revidieren; überarbeiten

revitalize 38
t. neu beleben, wieder beleben

revive 38
t. wieder beleben, wieder aufleben lassen; wieder erwecken
i. wieder (zum Leben) erwachen; das Bewusstsein wiedererlangen; wieder aufleben

revoke 40
t. widerrufen, aufheben, rückgängig machen
revolt 38
i. revoltieren, **~ against** sich auflehnen gegen, sich sträuben gegen
t. empören, mit Abscheu erfüllen, abstoßen
revolutionize 40
t. revolutionieren
revolve 40
i. sich drehen, kreisen, rotieren
t. drehen/rotieren lassen
reward 38
t. belohnen; **~ s.o. for s.th.** jdm. etw. vergelten
rewrite 128
t., i. nochmals/neu schreiben; umschreiben
rhyme 40
i. reimen, sich reimen
rid 48
ing-Form **ridding**
t. **~ of** befreien, freimachen von; **get ~ of** loswerden
riddle 40
t. enträtseln; (durch-, aus)sieben; durchlöchern
ride 128
i. reiten
t. reiten; **~ a bicycle** Rad fahren
ridicule 40
t. lächerlich machen
rifle 40
t. (aus)plündern
rift 38
t. spalten (Erdboden, Fels)
rig 42
t. auftakeln (Schiff); **~ out/up** ausrüsten, -statten
rigg 38
t. manipulieren (Wahl etc.)
ring 92
t. beringen; **~ in/round/about** umringen, -kreisen, einkreisen; **~ the bell** läuten, klingeln
i. **~ off** (den Hörer) auflegen
rinse 40
t. **~ out** ab-, ausspülen
riot 38
i. an einem Aufruhr teilnehmen, einen Aufruhr anzetteln; randalieren
rip 42
t. (zer)reißen, auftrennen (Naht); jdn. ausnehmen, neppen
i. reißen, (auf)platzen
ripe 40
i. reifen, reif werden
t. reifen lassen
ripple 40
i. sich kräuseln (Wasser); rieseln, (dahin)plätschern
rise 130
i. sich erheben, aufstehen; aufgehen (Sonne); (an)steigen
t. aufsteigen lassen
risk 38
t. riskieren, wagen
rival 42, 38
t. rivalisieren, wetteifern, konkurrieren
rive 136, 40
2. Stammform **rived**
t. (zer)spalten; zerreißen
i. sich spalten; brechen (Herz)
rivet 38
t. (ver)nieten
roam 38
i. **~ about** (umher)streifen, (umher)wandern
t. durchstreifen
roar 38
i. brüllen; **~ at** jdn. anbrüllen, über etw. schallend lachen; **~ with pain** vor Schmerz brüllen; (g)rollen (Donner)
t. brüllen; **~ out** hinausbrüllen; **~ s.o. down** jdn. niederschreien
roast 38
t., i. braten, rösten; schmoren
rob 42
t. rauben, stehlen; **~ s.o. of s.th.** jdn. einer Sache berauben, jdn. um etw. bringen
robe 40
t. jdn. (feierlich an)-kleiden, jdm. die Robe anlegen
i. die Robe anlegen
rock 38
t. wiegen, schaukeln; **~ s.o. in security** jdn. in Sicherheit wiegen
i. sich schaukeln, sich wiegen
roister 38
i. krakeelen; aufschneiden, prahlen
roll 38
i. rollen; sich wälzen
t. rollen; (herum)wälzen, **~ out** ausrollen
roof 38
t. bedachen; **~in** (ein)decken (Haus); **~ over** überdachen
room 38
i. (AE) **~ with** wohnen bei, **~ together** zs.wohnen
root 38
i. Wurzeln schlagen; **to stand rooted to the ground** wie angewurzelt dastehen; **~ about** herumwühlen
t. tief einpflanzen, einwurzeln lassen; **fear rooted him to the ground** er stand vor Furcht wie angewurzelt da; **~ out** ausreißen, ausrotten
rope 40
t. (mit einem Seil) zs.binden; festbinden; **~ in/off/out** (durch ein Seil) absperren; **~ down** abseilen
rot 42
i. (ver)faulen, (ver)modern, verrotten, verwesen; verwittern
t. faulen lassen
rotate 40
i. rotieren, kreisen
rough 38

t. aufrauen; jdn. miss-
handeln, übel zurichten
i. rau werden
roughen 38
i. rau(er) werden;
t. **~ up** an-, aufrauen, rau
machen
rough-grind 102
t. schroten (Korn)
round 38
t. rund machen, abrun-
den
i. rund werden, sich
runden
rouse 40
t. **~ up** wachrütteln; **~**
o.s. sich aufraffen
i. **~ up** aufwachen; auf-
schrecken
rove 40
i. **~ about** umherstreifen,
umherschweifen, umher-
wandern
t. durchstreifen
row 38
i. rudern
t. etw. rudern
rub 42
t. reiben; **~ one's hands**
sich die Hände reiben
i. reiben
ruin 38
t. ruinieren, zugrunde
richten
rule 40
t. (be)herrschen, **~ over**
herrschen über, regieren;
~ s.th. out etw.
durchstrei-
chen
i. herrschen, regieren 40
rumble
i. poltern; rumpeln, rollen
(Donner), knurren (Magen) 40
ruminate
i. wiederkäuen; grübeln
t. grübeln über 40
rummage
t. durchstöbern, -wühlen,
~ out/up aus-, hervor-
kramen
i. **~ about** (herum)stö-
bern, (herum)wühlen 38
rumour, rumor (AE)
t. (als Gerücht) verbreiten,
it is rumoured that man
sagt, dass, es geht das
Gerücht, dass; **he is**
rumoured to be a
murderer man munkelt,
er sei ein Mörder, es
heißt, er sei ein Mörder
run 82
i. laufen, rennen; **~**
across s.o. jdn. zufällig
treffen; **~ after** hinterher-
laufen; **~ over** überfah-
ren; durchgehen, -lesen;
~ out ausgehen, knapp
werden, **we ran out of**
flour uns ist das Mehl
aus-
gegangen
t. laufen, rennen 38
rush
3. Pers. Sg. pres. t.
rushes
i. rasen, stürmen; **~ at**
s.o. auf jdn. losstürzen
t. antreiben, hetzen; **~**
s.o. to the hospital jdn.
schnell ins Krankenhaus
bringen 38
rust
i. (ver)rosten, einrosten,
rostig werden
t. rostig machen; ein-
rosten lassen 40
rustle
i. rascheln, rauschen
t. rascheln mit

S 40

sabotage
t. sabotieren
i. Sabotage treiben 40
sabre
t. niedersäbeln 38
sack
t. einsacken, in Säcke
abfüllen 40
sacrifice
t., i. opfern 42
sad
t. traurig machen, be-
trüben
i. traurig werden 40
saddle
t. satteln (Pferd)
safe 40
t. sichern, schützen
sag 42
i. sich senken, absacken;
durchhängen
sail 38
i., t. segeln
saint 38
t. heilig sprechen
salt 38
t. salzen
salute 40
t. grüßen, begrüßen;
salutieren
i. grüßen, **~ to** salutieren
vor; Salut schießen
salve 40
i., t. (ein)salben
sanctify 44
t. heiligen; weihen, reini-
gen (von Sünden)
saponify 44
t., i. verseifen
satisfy 44
t. zufrieden stellen, **to be**
satisfied with s.th. mit
etw. zufrieden sein
saturate 40
t. sättigen; durchtränken,
durchsetzen, **to be**
saturated with durch-
drungen sein von
saunter 38
i. schlendern; **~ about**
umherschlendern, umher-
bummeln
save 40
t. retten **~ s.o.'s life** jdm.
das Leben retten **~ from**
s.th. vor etw. retten; **God**
~ the Queen Gott
schütze die Königin;
sparen, **~ money/time**
Geld/Zeit sparen; sichern
(Daten)
i. sparen
saw 178,
t., i. sägen 38
say 72
t. sagen, **he is said to**
be ill man sagt er sei
krank, er soll krank sein;
that is to ~ das heißt

i. sagen, **it is hard to say** es ist schwer zu sagen

scald 38
t. verbrühen; abkochen (Milch)

scale 40
t. **~ off** abschuppen, abschälen; wiegen; erklimmen, -klettern
i. **~ off** sich abschuppen, sich abschälen; klettern, steigen

scalp 38
t. skalpieren

scan 42
t. einscannen
i. skandieren

scar 38
t. eine Narbe hinterlassen
i. **~ over** vernarben

scare 40
t. erschrecken, **to be scared of s.th** sich vor etw. fürchten; **~ away** verscheuchen; **~ up** aufscheuchen

scatter 38
i. **~ about** (aus-, ver)-streuen; verbreiten, verteilen

scent 38
t. wittern, riechen; **~ out** (auf)spüren

schematize 40
t., i. schematisieren

school 38
t. einschulen

scoff 38
i. **~ at** spotten über

scold 38
t. ausschelten

scoop 38
t. **(out)** ausschöpfen

scoot 38
t. rasen, flitzen

scorch 38
3. Pers. Sg. pres. t. **scorches**
t. versengen, -brennen
i. versengt werden; ausdörren

score 40
t. einkerben, **~ out** aus-, durchstreichen; **~ up s.th. against s.o.** jdm. etw. ankreiden
i. erzielen (Punkte, Treffer)

scorn 38
t. verachten, verschmähen

scour 38
t. scheuern, schrubben; durchstöbern, abklappern

scourge 40
t. geißeln, auspeitschen

scout 38
i. auf Erkundung sein, **~ about/around for** sich umsehen nach
t. auskundschaften, erkunden

scramble 40
i. krabbeln, **~ to one's feet** sich aufrappeln
t. **~ up/together** zs.scharren, -raffen

scrap 42
t. verschrotten; ausrangieren

scrape 40
t. kratzen, schaben, **~ off** wegkratzen
i. kratzen, schaben

scratch 38
3. Pers. Sg. pres. t. **scratches**
t. (zer)kratzen
i. kratzen, scharren

scrawl 38
t. kritzeln, hinschmieren
i. kritzeln

scream 38
i. schreien, kreischen
t. **~ out** herausschreien

screech 38
3. Pers. Sg. pres. t. **screeches**
i., t. kreischen

screen 38
t. **~ off** abschirmen

screw 38
t. **(on)** (an)schrauben
i. sich schrauben lassen

scribble 40
t., i. kritzeln

scrimp 38
t. knausern

scroll 38
i. scrollen

scrounge 40
t. klauen, beschaffen
i. schnorren, klauen

scrub 42
t., i. schrubben, scheuern

scrunch 38
3. Pers. Sg. pres. t. **scrunches**
t. zermalmen
i. knirschen

scuffle 40
i. sich balgen

seal 38
t. (be-, ver)siegeln

seam 38
t. säumen

sear 38
t. versengen

search 38
3. Pers. Sg. pres. t. **searches**
t. durchsuchen
i. **~ for** suchen nach, **~ after** streben nach

season 38
t. würzen
i. reifen, ablagern

seat 38
t. jdn. wohin setzen, **~ o.s.** sich setzen, **be seated** sitzen

secede 40
i. **~ from** sich losagen von

seclude 40
t. **~ from** absondern/abschließen von

second 38
t. sekundieren

secrete 40
t. absondern, -scheiden

section 38
t. ab-, unterteilen

secularize 40
t. säkularisieren

secure 40
t. **~ from** schützen vor, **~ s.th. to s.o.** jdm. etw. sichern

seduce 40
t. **~ to** verführen/verleiten zu; **~ s.o. into doing s.th.**

jdn. dazu verführen, etw. zu tun

see 184
t. sehen; **~ page 5** siehe Seite 5
i. sehen; **I ~** ich verstehe!, ach so!; **you ~** wissen Sie, weißt du; **let me ~!** warte mal!; **~ after** sehen nach, sich kümmern um

seed 38
t. entsamen; entkernen
i. Samen tragen

seek 110
t. suchen; aufsuchen; begehren, erstreben
i. **~ for, after** suchen/forschen nach; **~ after** begehren

seem 38
i. scheinen, **it seems possible to me** es scheint mir möglich, **it seems that** es scheint, dass, **it seems as if/though** es scheint als ob

seep 38
i. durchsickern, tropfen, **~ away** versickern

seesaw 38
i. wippen, schaukeln

seethe 40
i. kochen, sieden, brodeln, **he is seething with rage** er kocht vor Wut

segregate 40
t. trennen (nach Rassen etc.), absondern; ausscheiden
i. sich absondern/-spalten

seize 40
t. ergreifen, packen; festnehmen, beschlagnahmen
i. **~ (up)on** ergreifen (Gelegenheit)

select 38
t. auswählen

sell 160
t. verkaufen, -äußern
i. verkaufen; verkauft werden

send 54
t. senden, schicken, **~ away** weg-, fortschicken
i. **~ for** nach jdm. schicken, jdn. kommen lassen, **~ for a doctor** einen Arzt rufen/kommen lassen

sensitize 40
t. sensibilisieren

sensualize 40
t. versinnlichen

sentence 40
t. **~ to** verurteilen zu

separate 40
t. **~ from** trennen von; **~ into** auf-, zerteilen in
i. sich trennen

septuple 40
t. versiebenfachen
i. sich versiebenfachen

sequester 38
t. beschlagnahmen, konfiszieren

serenade 40
i., t. ein Ständchen bringen

sermonize 40
i. predigen
t. jdm. eine (Moral)Predigt halten

serve 40
t. dienen; im Dienst stehen bei; jdm. dienlich sein; **it serves no purpose** es hat keinen Zweck; **dinner is served!** es ist serviert/angerichtet!
i. dienen, Dienst tun; servieren, bedienen; **it serves to +** es dient dazu, u

set
ing-Form **setting** 48
t. setzen, legen, stellen; **~ o.s. to do s.th.** sich daran machen etw. zu tun, **~ apart/aside** beiseite legen
i. untergehen (Sonne etc.)

settle 40
i. sich niederlassen, sich ansiedeln; **~ down** sich an einem Ort niederlassen, sich (häuslich) niederlassen
t. ansiedeln, besiedeln, **~ o.s.** sich niederlassen; **~ o.s. to work** sich an die Arbeit machen

sever 38
t. **~ from** abtrennen von (Arm etc.); durchtrennen; lösen, abbrechen; **~ o.s. from** sich trennen/lösen von
i. (zer)reißen; sich trennen

sew 178
t. nähen

sextuple 40
t., versechsfachen
i. sich versechsfachen

shade 40
t. beschatten, **~ from** abschirmen gegen
i. **~ away** allmählich übergehen in

shadow 38
t. einen Schatten werfen auf; jdn. beschatten

shake 118
i. schwanken; **~ with fear** vor Furcht zittern
t. schütteln, **~ one's head** den Kopf schütteln

shall 9
m.aux. sollen

sham 42
t. vortäuschen, -spiegeln
i. sich (ver)stellen, heucheln

shampoo 38
t. schamponieren

shape 40
t. gestalten, formen, bilden
i. Gestalt/Form annehmen, sich formen; **~ (up) well** sich gut machen, sich gut anlassen

share 40
t. teilen; teilhaben an
i. sich teilen

sharpen 38
t. schärfen
i. scharf/schärfer werden, sich verschärfen

shatter 38
t. zerschmettern, zertrümmern; **I was absolutely shattered** ich war

am Boden zerstört
i. in Stücke brechen, zerspringen

shave 40
t. **~ o.s.** sich rasieren
i. sich rasieren

shear 170, 38
2. Stammform **sheared**
t. scheren; **~ off** abscheren
i. sicheln, mähen

shed 48
ing-Form **shedding**
t. verschütten, vergießen

sheet 38
t. beziehen (Bett)

shelter 38
t. **~ from** (be)schützen, vor; **~ o.s. behind** sich verstecken hinter
i. Schutz suchen, sich unterstellen

shield 38
t. **~ from** (be)schützen vor

shift 38
i. den Platz/die Lage wechseln, sich verlagern

shimmer 38
i. schimmern

shine 88
i. scheinen, leuchten, strahlen, **~ with joy** vor Freude strahlen

ship 42
t. an Bord bringen/nehmen, verladen; verschiffen, versenden
i. sich einschiffen

shit 42
i., t. scheißen

shiver 38
t. zersplittern (Glas etc.)
i. (zer)splittern; **~ with** zittern vor

shock 38
t. erschüttern, schockieren; **shocked ~ at** schockiert über, **I was shocked to hear** ich war entsetzt zu hören

shoot 152
t. schießen, **~ at** schießen auf, **~ down s.o.** jdn. niederschießen

shop 42
i. einkaufen, Einkäufe machen; **to go shopping** einkaufen gehen

shorten 38
t. (ab-, ver)kürzen, kürzer machen
i. kürzer werden

should 9
m.aux. sollte

shove 40
t. schubsen, schieben, stoßen; **~ s.o. around** jdn. herumschubsen
i. schieben, stoßen, drängeln

shovel 42, 38
t. schaufeln

shout 38
i. **~ for** rufen/schreien nach; **~ to s.o.** jdm. zurufen, **~ at s.o.** jdn. anschreien; **~ with pain** vor Schmerz schreien
t. rufen, schreien

show 178
t. **~ s.o. s.th., ~ s.th. to s.o.** jdm. etw. zeigen, vorführen
i. sich zeigen, erscheinen

shower 38
t. überschütten, begießen; **~ gifts upon s.o.** jdn. mit Geschenken überhäufen
i. **~ down** niederprasseln

shred 48
ing-Form **shredding**
t. zerfetzen
i. zerreißen, in Fetzen gehen

shriek 38
i. schrille Schreie ausstoßen, gellen
t. **~ out** gellend schreien

shrill 38
t. kreischend/gellend schreien
i. schrillen

shrink 92
i. sich zs.ziehen, zs.-, einschrumpfen; einlaufen, eingehen (Stoff); **~ from** zurückweichen vor, sich scheuen vor; **~ from doing s.th.** etw. höchst widerwillig tun; **~ back** zurückschrecken, **~ from**
t. ein-, zs.schrumpfen lassen

shrivel 38, 42
t. zs.schrumpeln lassen, runzeln lassen
i. zs.-, einschrumpeln; runz(e)lig werden

shrug 42
t. die Achseln zucken; **~ one's shoulders** mit den Achseln zucken
i. die Achseln zucken

shudder 38
i. **~ at** schaudern bei, **~ at the thought** bei dem Gedanken schaudern, **~ with** schaudern vor

shuffle 40
i. schlurfen; **~ through s.th.** etw. flüchtig erledigen; **~ out of** sich herauswinden aus
t. **~ off** abstreifen, abschütteln

shunt 38
t. rangieren (Bahn), verschieben
i. rangieren

shut 48
ing-Form **shutting**
t. (ver)schließen, zumachen, **~in** einschließen, **~ out** ausschließen, aussperren
i. sich schließen, zugehen; **~ up!** halt die Klappe!

shuttle 40
t. (schnell) hin- und herbewegen
i. sich (schnell) hin- und herbewegen; pendeln

shy 44
i. scheuen (Pferd etc.); **~ at** zurückscheuen, zurückschrecken vor

sick 38
t. **~ on** hetzen auf (Hund),

~ him! fass!

sicken 38
i. erkranken, krank werden; überdrüssig/müde sein, **to be sickened with s.th.** einer Sache überdrüssig sein
t. jdm. Übelkeit verursachen; anekeln, anwidern

sieve 40
t., i. (durch)sieben

sift 38
t. durchsieben
i. durchrieseln

sigh 38
i. seufzen

sign 38
t. unterzeichnen, unterschreiben
i. unterzeichnen, unterschreiben; **~ in** sich eintragen, einstempeln; **~ out** sich austragen, ausstempeln

signal 42, 38
t. Zeichen geben, winken, signalisieren
i. signalisieren

signify 44
t. bedeuten, kundtun, zu verstehen geben
i. wichtig sein; **it does not signify** damit hat es nichts auf sich

silence 40
t. zum Schweigen bringen

silver 38
t. versilbern

simmer 38
i. sieden, wallen, brodeln, **~ with rage** vor Wut kochen; **~ down** sich abregen/beruhigen
t. zum Brodeln/Wallen bringen

simplify 44
t. vereinfachen

simulate 40
t. vortäuschen, heucheln, simulieren

sin 42
i. sündigen, **~ against** sündigen gegen

sing 92
i. singen, **~ to s.o.** jdm. vorsingen
t. singen

singe 40
t., i. versengen

sink 92
i. sinken, untergehen
t. versenken, senken

sip 42
t., i. nippen

sit 70
i. sitzen; sich setzen; **~ down** sich (hin)setzen, **~ down, please** bitte setzen Sie sich, bitte setz dich
t. sich setzen

skate 40
i. Schlittschuh/Rollschuh laufen

sketch 38
3. Pers. Sg. pres. t. **sketches**
t. skizzieren
i. eine Skizze/Skizzen machen

skim 42
t. abschöpfen; **~ the cream off** den Rahm abschöpfen; entrahmen

skin 42
t. ent-, abhäuten
i. **~ over** zuheilen (Wunde)

skip 42
i. hüpfen, hopsen
t. springen über; **~ rope** seilhüpfen

slacken 38
t. lockern, locker machen, lösen
i. sich lockern, schlaff werden; nachlassen

slam 42
t. zuschlagen, zuknallen, **~ the door** die Tur zuknallen
i. **~ to** zuschlagen (Tür)

slander 38
t. verleumden

slap 42
t. einen Klaps geben, **~ s.o.'s face** jdn. ohrfeigen
i. klatschen (Regen etc.)

slaughter 38
t. schlachten; abschlachten, niedermetzeln

slaver 38
i. sabbern; **~ for** lechzen nach

slay 174
t. erschlagen

sledge 40
t. mit einem Schlitten befördern/fahren
i. Schlitten fahren, rodeln

sleep 64
i. schlafen, **~ (up)on/over s.th.** etw. überschlafen
t. schlafen; **go to ~** schlafen gehen

slice 40
t. in Scheiben schneiden, aufschneiden; **~ off** abschneiden
i. Scheiben schneiden

slide 124
i. gleiten; **~ down** hinunterrutschen, -gleiten; **~ from** entgleiten; **~ into** in etw. hineinschlittern
t. gleiten lassen

slim 42
t. schlank(er) machen; **~ ~ down** abspecken
i. schlank(er) werden, eine Schlankheitskur machen

sling 90
t. eine Schlinge legen um

slink 90
i. schleichen, **~ off** wegschleichen, sich fortstehlen

slip 42
i. gleiten, rutschen; **~ away/off** entwischen, sich davonstehlen; **~ in** sich einschleichen (Fehler etc.), hineinschlüpfen
t. gleiten lassen; **~ s.o. s.th.** jdm. etw. zustecken

slit 48
ing-Form **slitting**
t. aufschlitzen
i. schlitzen

slither 38
i. schlittern

slop 42
t. (ver)schütten
i. **~ over** überschwappen; **~ around** herumhängen, -schlurfen
slope 40
i. sich neigen
t. neigen
slow 38
t. **~ down** Geschwindigkeit verlangsamen
i. **~ down** sich verlangsamen, langsamer werden
slumber 38
i. schlummern
t. **~ away** Zeit verschlafen
slurp 38
t., i. schlürfen
smack 38
i. schmatzen
t. etw. schmatzend essen; **~ one's lips** mit den Lippen schmatzen, sich die Lippen lecken
smarten 38
t. **~ up** herausputzen
i. **~ up** sich in Schale werfen
smash 38
t. zertrümmern, zerschmettern; vernichtend schlagen (Gegner, Feind)
i. zersplittern, in Stücke springen
smear 38
t. schmieren, beschmieren, verschmieren
i. schmieren
smell 56
t. riechen
i. riechen**, ~ about/round** herumschnüffeln
smelt 38
t. (ein)schmelzen, verhütten
smile 40
i. lächeln, **~ at s.o.** jdm. zulächeln
smite 128
3. Stammform auch **smote**
t. schlagen, erschlagen; heimsuchen, penigen, **smitten with the plague** von der Pest befallen; **he was smitten with her charms** er war hingerissen von ihrem Charme
smoke 40
i. rauchen
t. rauchen, **~ a cigarette** eine Zigarette rauchen
smooch 38
3. Pers. Sg. pres. t. **smooches**
i. schmusen, knutschen
smooth 38
t. glätten; **~ the way for** den Weg ebnen für; **~ away** ausbügeln
smoulder 38
i. glimmen, schwelen
smudge 40
t. verschmieren, vollklecksen
i. schmieren; schmutzig werden
smuggle 40
t. **(in)** (ein)schmuggeln
i. schmuggeln
snap 42
i. schnappen; **~ at the chance** die Chance beim Schopfe fassen; **~ at s.o.** jdn. anschnauzen
t. schnappen **~ off** wegschnappen
snapshot 42
t. einen Schnappschuss machen, knipsen
snatch 38
3. Pers. Sg. pres. t. **snatches**
t. schnappen, packen
i. **~ at** schnappen nach
sneak 38
i. sich schleichen; **~ about** herumschleichen; **~ out of s.th.** sich aus etw. herauswinden
sneer 38
i. höhnisch grinsen, **~ at** spötteln über
t. etw. höhnend äußern
sneeze 40
i. niesen
snicker 38
i. kichern
sniff 38
i. schniefen; schnüffeln; **~at** die Nase rümpfen über
t. schnuppern an
snip 42
t. schnippeln,; knipsen (Fahrkarte)
snoop 38
i. (AE) **~ around** herumschnüffeln
snore 40
i. schnarchen
snorkel 38, 42
i. schnorcheln
snort 38
i. schnauben
snow 38
i., im. schneien
snuff 38
t. beschnüffeln
i. **~ at** schnüffeln an; schnupfen (Schnupftabak)
snuffle 40
i. schnüffeln, schnuppern; schniefen
snuggle 40
i. sich schmiegen/ kuscheln
t. an sich schmiegen
soak 38
i. sich voll saugen
t. einweichen, durchtränken; **~ in** einsaugen, **~ up** aufsaugen
soap 38
t. **~ down** einseifen
sob 42
i., t. schluchzen
sober 38
t. **~ up** ernüchtern
i. **~ down/up** (wieder) nüchtern werden
socialize 40
t. sozialisieren
soften 38
t. weichmachen; enthärten (Wasser)
i. weich(er) werden, sich erweichen
soil 38
t. schmutzig machen

i. schmutzig werden
sojourn 38
i. sich vorübergehend aufhalten, (ver)weilen
solder 38
t., i. löten
sole 40
t. besohlen
solemnize 40
t. feierlich begehen
solicit 38
t. **~ s.o. for s.th, ~ s.th. of s.o.** jdn. dringend um etw. bitten
i. dringend bitten
solidify 44
t. fest werden lassen, verdichten
i. fest werden, erstarren
solve 40
t. lösen (Problem etc.)
somnambulate 40
i. schlafwandeln
sop 42
t. eintunken
sort 38
t. sortieren; **~ out** aussortieren
sound 38
t. peilen, sondieren; erschallen/ertönen/erklingen lassen
i. sondieren; (er)schallen, ertönen, -klingen
sour 38
i. sauer werden
t. sauer machen, säuern
sow 178, 38
t., i. säen
span 42
t. umspannen; sich erstrecken über, überspannen
spare 40
t. verschonen, **~ o.s.** sich schonen, **can you ~ me a moment?** hast du einen Augenblick Zeit für mich?
i. sparen
sparkle 40
i. funkeln
spatter 38
t. verspritzen, **~ with** bespritzen mit
i. spritzen
spawn 38
i. laichen
t. Laich ablegen
speak 140
i. reden, sprechen, **~ to** sprechen mit/zu, **~ about/of/on** sprechen über, **~up!** sprich lauter!
t. sprechen, sagen
spear 38
t. durchbohren, aufspießen
i. (auf)spießen
specialize 40
i. **~ in** sich spezialisieren auf
t. spezialisieren
specify 44
t. (einzeln) aufführen, spezifizieren
i. genaue Angaben machen
speck 38
t. sprenkeln
speckle 40
t. sprenkeln
speculate 40
i. **~ on/upon/about** Vermutungen anstellen über, spekulieren über
speed 38, 60
t. beschleunigen; jdm. Lebewohl sagen, **God ~ you!** Gott sei mit dir!; **~ up** beschleunigen, vorantreiben
i. dahineilen, rasen; **~ up** die Geschwindigkeit erhöhen
spell 56
t. buchstabieren
i. geschrieben werden, sich schreiben
spend 54
t. verbrauchen, ausgeben **~ money on s.th.** Geld für etw. ausgeben; **~ time on s.th.** Zeit für etw. verwenden; verbringen, **~ one's holiday in** seinen Urlaub verbringen in
i. ausgeben (Geld)
spice 40
t. würzen
spike 40
t. festnageln; aufspießen
spill 56, 38
t. aus-, verschütten; vergießen (Blut)
i. verschüttet werden; **~ over** sich ergießen
spin 84
t. spinnen (Faden); schnell drehen, (herum)wirbeln
i. spinnen; **~ round** sich im Kreis drehen, herumwirbeln
spin-dry 44
t. schleudern (Wäsche)
spit 70
i. spucken; **~ on s.th.** auf etw. spucken; **~ on/at s.o** jdn. anspucken; **~ s.o. in the eye** jdm. ins Gesicht spucken
t. **~ out** ausspucken
splash 38
3. Pers. Sg. pres. t. **splashes**
t. (be)spritzen
i. spritzen; platschen
splint 38
t. schienen
splinter 38
t. zersplittern
i. zersplittern; **~ off** sich absplittern
split 48
ing-Form **splitting**
t. spalten, schlitzen; **~ off** abspalten
i. sich aufspalten; zerspringen, platzen
spoil 52, 38
t. verderben
i. verderben, schlecht werden (Lebensmittel)
sponge 40
t. reinigen (mit einem Schwamm), **~off/away** weg-, abwischen
sponsor 38
t. sponsern

spool 38
t. (auf)spulen
spoon 38
t. **~ up/out** auslöffeln
spoonfeed 60
t. mit dem Löffel füttern; auf-, hochpäppeln, **~ s.th. to s.o.** jdm. etw. vorkauen, jdm. etw. eintrichtern
spot 42
t. beflecken; tüpfeln, sprenkeln
i. einen Fleck/Flecke machen, fleckig werden
spotcheck 38
t. stichprobenweise überprüfen
sprain 38
t. verstauchen
spraye 40
t. (ver)sprühen
spread 48
t. aus-, verbreiten, ausstrecken; spreizen
i. sich aus-/verbreiten sich spreizen
spring 92, 90
i. springen; **~ from** entspringen aus
sprinkle 40
t. (ver-, be)sprengen; **~ with** sprenkeln mit
i. sprenkeln; sprühen
sprint 38
i. sprinten, spurten
sprout 38
i. **~ up** sprießen, keimen
t. treiben, wachsen/keimen lassen
spruce 40
t. **~ up** fein machen, (heraus)putzen; **o.s. ~ up** sich fein machen, sich herausputzen
i. **~ up** sich fein machen, sich in Schale werfen
spur 42
t. die Sporen geben; **~ on** anspornen, -stacheln
spurt 38
i. spurten
spy 44
t. **~ out** ausspionieren, auskundschaften; **~ the land** die Lage peilen
i. spionieren, Spionage treiben; **~ (up)on s.o.** jdm. nachspionieren, jdn. bespitzeln
squabble 40
i. **~ with s.o.** sich mit jdm. kabbeln
squash 38
3. Pers. Sg. pres. t. **squashes**
t. (zu Brei) zerquetschen
i. zerquetscht werden
squat 42
t. hocken, kauern; **~ down** sich hinhocken; sich ducken
squawk 38
i. kreischen (Vögel); zetern
squeak 38
i. quieken, piep(s)en; quietschen (Bremsen etc.)
squeal 38
i. kreischen; quietschen (Bremsen etc.) quieken, piepsen; **~ on s.o.** jdn. verpetzen/verpfeifen
squeeze 40
t. zs.drücken; ausquetschen, jdn. ausnehmen, schröpfen; **~ o.s into** sich hineinzwängen in
i. quetschen, drücken, pressen
squint 38
i. schielen; **~ at** schielen nach
t. die Augen verdrehen/ zs.kneifen
stab 42
t. (nieder)stechen, erstechen, erdolchen; **~ s.o. in the back** jdm. in den Rücken fallen
i. stechen (Schmerz)
stabilize 40
t. stabilisieren
stagger 38
i. schwanken, taumeln, torkeln
t. ins Wanken bringen
stagnate 40
i. stagnieren, stocken
stain 38
t. beschmutzen, beflecken
stake 40
t. **~off/out** abstecken; **~out claims** seine Ansprüche anmelden, anpflocken; pfählen; **~ on** aufs Spiel setzen
stalk 38
i. sich anpirschen; (einher)schreiten, -stolzieren; umgehen (Krankheit, Gespenst etc.)
t. sich heranpirschen an
stammer 38
t. stottern, stammeln
stamp 38
t. stempeln; stampfen, **~ one's foot** mit dem Fuß aufstampfen; **~ down** feststampfen, niedertrampeln
i. (auf)stampfen, trampeln
stanch 38
3. Pers. Sg. pres. t. **stanches**
t. stillen (Blutung)
stand 120
i. stehen; **as matters ~** nach Lage der Dinge; **~ by** zur Seite stehen; **~ up** aufstehen, sich erheben
t. wohin stellen; aushalten, ausstehen, **I cannot ~ him ich** kann ihn nicht ausstehen
standardize 40
t. normen, standardisieren
staple 40
t. (mit Draht) heften; klammern
starch 38
3. Pers. Sg. pres. t. **starches** 40
t. stärken (Wäsche)
stare 40
i. starren, **~ at** anstarren
t. **~ s.o. out/down** jdn.

durch Anstarren aus der Fassung bringen; **~ s.o. in the face** jdm. in die Augen springen

start 38
i. starten, anfangen, beginnen, **~ for** starten nach, aufbrechen nach; **~ on journey** eine Reise antreten
t. starten, in Gang/Bewegung setzen, in Gang bringen

startle 40
t. erschrecken; aufschrecken; überraschen; bestürzen, verblüffen
i. auf-, erschrecken

starve 40
i. **~ to death** verhungern, **I am simply starving** ich komme fast um vor Hunger
t. **~ to death** verhungern lassen, aushungern, hungern lassen

state 40
t. festsetzen, -legen; erklären; darlegen

station 38
t. aufstellen, postieren; stationieren

stay 38
i. bleiben **~ with s.o.** bei jdm. bleiben; **~ away** fernbleiben; **~ behind** zurückbleiben; **~ for dinner** zum Essen bleiben
t. aufhalten, hemmen, **~ from** zurückhalten von

steal 142
t. **~ from s.o.** jdm. stehlen
i. stehlen; **~ away** sich davonstehlen; **~ into** sich einschleichen in, sich stehlen in; **~ over/(up)on** jdn. beschleichen (Gefühl)

steam 38
i. dampfen; **~ over/up** sich beschlagen (Glas)
t. dämpfen, dünsten

steel 38
t. stählen; **~ o.s. against s.th.** sich gegen etw. wappnen

steep 38
t. einweichen

steepen 38
t. steil(er) machen
i. steil(er) werden

steer 38
t. steuern, lenken
i. steuern

stem 42
t. eindämmen (Fluss); stillen (Blutung); Einhalt gebieten, sich entgegenstemmen;
i. **~ from** stammen von; stemmen (Skifahren)

stenograph 38
t. stenografieren

step 42
i. schreiten, treten, **~ aside** zur Seite treten, **~ in** eintreten, **~ in!** herein!, **~ out** heraustreten
t. abschreiten 40

sterilize
t. sterilisieren; keimfrei machen; unfruchtbar machen 40

stethoscope
t. abhorchen 38

stew
t. schmoren, dämpfen
i. schmoren 76

stick
t. (durch)stechen, stecken, **~ together** zs.stecken
i. stecken; (fest)kleben, haften; **~ in the mind** im Gedächtnis haften bleiben; **~ to** bei jdm./einer Sache bleiben, **~ to it** dranbleiben 38

stiff
t. (ver)steifen, steif/starr machen
i. sich versteifen; starr werden 40

stifle
t. jdn. ersticken
i. ersticken 40

stigmatize
t. stigmatisieren; brandmarken

stimulate 40
t. stimulieren, anregen; anspornen; beleben, ankurbeln

sting 90
t. stechen (Insekt etc.); brennen, schmerzen
i. stechen, brennen, schmerzen

stink 90,
i. **~ of** stinken nach 92

stint 38
t. kurz/knapp halten, knausern

stipple 40
t. tüpfeln

stir 42
t. rühren (Tee etc.); **not to ~ a finger** keinen Finger rühren
i. sich rühren; **not to ~ from the spot** sich nicht von der Stelle rühren

stitch 38
3. Pers. Sg. pres. t. **stitches**
t. steppen; (zs.)heften (Buchbinderei)

stock 38
t. ausstatten; **~ up** auf Lager legen
i. **~ up** sich eindecken

stoke 40
t. schüren (Feuer); anheizen (Ofen)
i. schüren, stochern; heizen, feuern 38

stomach
t. verdauen 40

stone
t. mit Steinen bewerfen, **~ to death** steinigen; entkernen, -steinen (Obst) 42

stop
t. aufhören, stoppen, **~ doing s.th.** aufhören etw. zu tun; **~ it!** hör auf (damit)!, **~ a car** ein Auto anhalten
i. anhalten, Halt machen, stehen bleiben, stoppen; aufhören

stopper 38
t. zustöpseln
stopple 40
t. zustöpseln
store 40
t. **~ with** eindecken mit, **~ up** einlagern, speichern
storm 38
i. stürmen, wüten, toben (Wind etc.); wohin stürmen, stürzen
t. (er)stürmen; bestürmen
stow 38
t. (ver)stauen; **~ away** wegräumen
straddle 40
i. spreizen, grätschen
t. spreizen (Beine)
straighten 38
t. gerade machen/biegen, begradigen; **~ o.s. up** sich aufrichten
i. gerade werden; **~ up** (AE) sich aufrichten
strain 38
t. anspannen; zerren (Muskel); verstauchen; strapazieren
i. sich anspannen
strait 38
t. beengen, **in straited circumstances** in beschränkten Verhältnissen
t. in eine Zwangsjacke stecken
strand 38
t. stranden lassen
i. stranden
strangle 40
t. (er)würgen, erdrosseln
i. ersticken
strangulate 40
t. abschnüren, abbinden
strap 42
t. **~ to** festschnallen an
stray 38
i. (umher)streunen (Tier); **~ to s.o.** jdn. zulaufen; **~ from** weglaufen von
stream 38
i. strömen; **~ with** triefen vor
t. aus-, verströmen
strengthen 38
t. (ver)stärken; bestärken
i. stark/stärker werden, sich verstärken
stress 38
3. Pers. Sg. pres. t. **stresses**
t. betonen, hervorheben
stretch 38
3. Pers. Sg. pres. t. **stretches**
t. **(~ out)** (aus)strecken, ausweiten, dehnen
i. sich (aus)strecken, sich dehnen; sich erstrecken
strew 178, 38
t. (aus)streuen; bestreuen
stride 128
i. schreiten
t. entlang-, abschreiten, über-, durchschreiten
strike 78
t. schlagen, einen Schlag versetzen; treffen
i. zuschlagen, -stoßen
string 90
t. (zu-, ver)schnüren, zubinden; aufreihen, aneinander reihen
strip 42
t. abziehen, -schälen; **~ off** ausziehen, abstreifen (Kleid), **~ to the skin** bis auf die Haut ausziehen
i. sich ausziehen, strippen
stripe 40
t. streifen
strive 136
i. sich (be)mühen, bestrebt sein, **~ to do s.th.** sich bemühen etw. zu tun; **~ for** streben nach
stroll 38
i. schlendern, (herum)bummeln, herumziehen
structure 40
t. strukturieren
structurize 40
t. strukturieren
struggle 40
i. **~ against/with** kämpfen gegen/mit, **~ for** kämpfen um
strut 42
i. (einher)stolzieren
t. verstreben, abstützen
stub 42
t. roden (Land)
study 44
t. studieren; untersuchen
i. studieren
stuff 38
t. voll stopfen; **~ o.s. (on)** sich voll stopfen (mit) (Essen)
i. sich (den Magen) voll stopfen
stumble 40
i. stolpern, straucheln **at/over** stolpern über; **~ in(to) s.th.** in eine Sache hineinstolpern/hineinschlittern; **~ (up)on/across** zufällig stoßen auf
stump 38
i. stampfen
stutter 38
i. stottern (Motor)
t. **~ out** (hervor)stottern
style 40
t. gestalten, stylen
stylize 40
t. stilisieren
subdivide 40
t. unterteilen
i. sich unterteilen
subdue 40
t. **~ to s.o./s.th.** jdm./etw. unterwerfen, unterjochen; überwinden, -wältigen, bändigen, zähmen
subjugate 40
t. **~ to s.o./s.th.** jdm./etw. unterjochen, -werfen
sublease 40
t. untervermieten, unterverpachten
sublet 48
ing-Form **subletting**
t. untervermieten
submerge 40
t. ein-, untertauchen; überschwemmen
i. untertauchen; tauchen (U-Boot)

submit 42
t. unterwerfen, -ziehen
i. **~ to** gehorchen, sich fügen in; sich jdm. unterwerfen, sich einer Sache unterziehen

subrogate 40
t. einsetzen **~ for s.o.** an jds. Stelle einsetzen

subscribe 40
t. unterzeichnen, unterschreiben
i. einen Geldbetrag zeichnen; **~ to** abonnieren

subsidize 40
t. subventionieren

substitute 40
t. **~ for** einsetzen für, an die Stelle setzen von, ersetzen durch
i. **~ for** als Ersatz dienen für, vertreten, an die Stelle treten

subsume 40
t. zs.fassen, **~ under** unterordnen unter; einordnen, -reihen unter

subtract 38
t. abziehen, subtrahieren

subvert 38
t. stürzen (Regierung); umstoßen (Gesetz, Verfassung)

succeed 38
i. gelingen, Erfolg haben, **he succeeded in doing s.th.** es gelang ihm, etw. zu tun; **~ to** Nachfolger werden, **~ to the throne** auf den Thron folgen
t. nachfolgen, folgen auf, **~ s.o. in office** jds. Amt übernehmen

succumb 38
i. zs.brechen; erliegen (einer Versuchung, Krankheit, Verletzung); **~ to s.o.** jdm. unterliegen

suck 38
t. saugen; **~ in** einsaugen; **~ one's thumb** (am) Daumen lutschen; säugen, stillen
i. saugen, lutschen

sue 40
t. jdn. (gerichtlich) belangen, **~ for** verklagen auf
i. **~ for** klagen auf, Klage einreichen wegen; **~ to s.o. for s.th.** bei jdm. um etw. nachsuchen

suffer 38
i. leiden, **~ from a disease** an einer Krankheit leiden
t. erleiden, erdulden

suffice 40
i. genügen, (aus)reichen
t. jdm. genügen

suffocate 40
t. ersticken
i. **~ with** ersticken an

sugar 38
t. zuckern, süßen

suggest 38
t. vorschlagen

suit 38
t. **~ to** anpassen an, passen zu, sich eignen für; jdm. stehen, jdn. kleiden
i. passen, angenehm sein

sulk 38
i. schmollen

sum 42
t. **~ up** zs.zählen, (kurz) zs.fassen,
i. **~ up** zs.fassen, resümieren

summarize 40
t., i. (kurz) zs.fassen

summon 38
t. zs.rufen, einberufen; vorladen

sun 42
t. sonnen
i. sich sonnen

supercharge 40
t. überladen

superheat 38
t. überhitzen

superimpose 40
t. darüber legen; **one superimposed on the other** übereinander gelagert; überlagern

superintend 38
t. die (Ober)Aufsicht haben über, beaufsichtigen, überwachen

supersede 40
t. **~ by** ersetzen durch; abschaffen, beseitigen, aufheben; jdn. absetzen, des Amtes entheben; etw. verdrängen

supervise 40
t. beaufsichtigen, überwachen, die Aufsicht haben/führen über

supplement 38
t. ergänzen

supplicate 40
i. **~for** demütig/dringend bitten, flehen um
t. **~ s.o. for s.th.** jdn. um etw. anflehen, demütig bitten

supply 44
t. liefern, beschaffen; beliefern, versorgen

support 38
t. unterstützen, beistehen; aushalten, ertragen, erdulden

suppose 40
t. annehmen, **supposing** angenommen, **he is ill, I ~** er ist vermutlich/wohl krank; **isn't he supposed to be at home?** sollte er eigentlich nicht zu Hause sein?; **he is supposed to do s.th.** man erwartet von ihm, dass er etw. tut; **what is that supposed to be?** was soll das sein?
i. denken, glauben, vermuten

suppress 38
3. Pers. Sg. pres. t. **suppresses**
t. unterdrücken (Gefühl etc.)

suppurate 40
i. eitern

surcharge 40
t. überlasten, überfordern

surf 38

i. surfen;
t. surfen, **~ the Internet** im Internet surfen

surface 40
t. auftauchen lassen (U-Boot)
i. auftauchen (U-Boot); ans Tageslicht kommen

surge 40
i. wogen, (auf)wallen

surmise 40
t. mutmaßen

surmount 38
t. übersteigen

surpass 38
3. Pers. Sg. pres. t. **surpasses**
t. übertreffen; **~ o.s.** sich selbst übertreffen

surprise 40
t. überraschen, **to be surprised at s.th.** über etw. erstaunt sein

surrender 38
t. etw. übergeben, aushändigen **~ s.th. to s.o.** jdm. etw. übergeben
i. sich ergeben **~ to** kapitulieren

surround 38
t. umgeben, -ringen, **surrounded by** umringt/umgeben von

surtax 38
3. Pers. Sg. pres. t. **surtaxes**
t. mit einem Steuerzuschlag belegen

survey 38
t. überblicken; begutachten, inspizieren

survive 40
t. überleben
i. am Leben bleiben, überleben

suspect 38
t. **~ s.o. of murder** jdn. des Mordes verdächtigen, **~ s.o. of having done s.th.** jdn. verdächtigen etw. getan zu haben
i. (einen) Verdacht hegen

suspend 38
t. suspendieren, aussetzen (Verfahren)

sustain 38
t. stützen, tragen, standhalten; erleiden (Schaden, Verlust etc.)

suture 40
t. (zu-, ver)nähen (Wunde)

swallow 38
t. (ver)schlucken
i. schlucken, **~ the wrong way** sich verschlucken

swamp 38
t. überschwemmen; **to be swamped with work** mit Arbeit überhäuft sein

swank 38
i. protzen, angeben

swarm 38
i. schwärmen (Bienen), **~ out** ausschwärmen; **~ with** wimmeln von
t. umschwärmen, ausschwärmen lassen (Bienen)

swash 38
3. Pers. Sg. pres. t. **swashes**
i. schwappen (Wasser)
t. schwappen lassen

sway 40
i. schwanken, sich wiegen; **~ to** sich zuneigen
t. schwenken, schaukeln, wiegen; neigen

swear 170
i. schwören, **~ on the Bible** auf die Bibel schwören; **~ by God** bei Gott schwören; **~ off** abschwören; **~ to s.th.** etw. beschwören; **~ at** fluchen auf
t. schwören, beschwören; **~ s.o. in** jdn. vereidigen, **~ s.o. into an office** jdn. in ein Amt einschwören

sweat 48, 38
i. **~ with** schwitzen vor
t. schwitzen; **~ blood** Blut schwitzen

sweep 64
t. kehren, fegen; **~ away/up** weg-/aufkehren

sweeten 38
t. versüßen
i. süß(er) werden

➤**swell** 158
i. **~ up** anschwellen, dick werden
t. **~ up** anschwellen lassen; **~ with pride** stolzgeschwellt sein

swelter 38
i. verschmachten

swim 80
i., t. schwimmen

swindle 40
i. betrügen, mogeln
t. jdn. beschwindeln, betrügen

swing 90
t. schwingen, (hin und her)schwenken; **~ one's arms** mit den Armen schlenkern; **~ s.th. about** etw. herumschwenken
i. (hin und her)schwingen

swirl 38
i. wirbeln
t. herumwirbeln

switch 38
3. Pers. Sg. pres. t. **switches**
t. **~ on** ein-, anschalten, **~ off** ab-, ausschalten
i. **~ over to** übergehen zu

symbolize 40
t. symbolisieren

synchronize 40
i. zeitlich übereinstimmen, synchron sein
t. synchronisieren

systematize 40
t. systematisieren

T

taboo 38
t. tabuisieren

tack 38
t. **~ to** heften an; **~ together** aneinander heften/fügen

tackle 40
t. anpacken, -gehen, in Angriff nehmen, **~ a problem** ein Problem

anpacken
tag 42
t. etikettieren, auszeichnen, markieren
tailor 38
t. schneidern, zuschneiden
take 118
t. nehmen; **~ me with you** nimm mich mit; **~ a look** einen Blick werfen; **how long does it take?** wie lange dauert es?; **~ it upon o.s. to do s.th.** es auf sich nehmen, etw. zu tun; **~ on** annehmen, übernehmen; **~ over** übernehmen
i. **~ after s.o.** jdm. nachschlagen, ähneln
talk 38
i. reden, sprechen, **~ about/on** sprechen über **~ of** sprechen von; **~ to s.o.** mit jdm. sprechen/reden
t. reden, **~ s.th. over** etw. besprechen/durchsprechen
tan 42
t. gerben
tank 38
t., i. tanken; **~ up** auftanken, voll tanken
tap 42
t. abzapfen, anzapfen (Telefon etc.); **~ the wire(s)** Telefongespräche abhören
tar 42
t. teeren
tare 40
t. tarieren
tariff 38
t. einen Tarif aufstellen für;
Ware mit Zoll belegen 40
taste
t. kosten, probieren (Essen)
i. **~ of** schmecken nach 38
tax
3. Pers. Sg. pres. t.
taxes
t. besteuern, eine Steuer auferlegen; **~ at** schätzen, taxieren auf
teach 114
t. lehren, unterrichten, jdm. etw. beibringen; **~ s.o. to play the piano** jdm. das Klavierspielen beibringen
i. unterrichten, Unterricht geben
tear 170
t. zerreißen; **~ to pieces** in Stücke reißen; **~ open** aufreißen; **~ out** herausreißen; **~ s.th. from s.o.** jdm. etw. entreißen
i. (zer)reißen
tease 40
t. hänseln, aufziehen
teem 38
i. wimmeln, voll sein; **the supermarket was teeming with people** der Supermarkt wimmelte vor Leuten 38
telegraph
t., i. telegrafieren 40
telephone
t. anrufen, telefonieren
i. telefonieren 160
tell
t. **~ s.o. s.th., ~ s.th. to s.o.** jdm. etw. sagen, erzählen
i. berichten, erzählen, **~ of** erzählen von, **~ about** erzählen über 38
tempt
t. in Versuchung führen, verlocken, -leiten, **~ s.o. to do s.th.** jdn. dazu verleiten etw. zu tun 38
tend
i. **~ to(ward)** (hin)streben nach, tendieren zu, **~ to do** dazu neigen zu tun 40
terminate
t. beenden; kündigen (Vertrag)
i. enden 44
terrify
t. erschrecken, jdm. Angst und Schrecken einjagen 40
terrorize
t. terrorisieren
test 38
t. prüfen, untersuchen, testen
testify 44
t. aussagen, bezeugen
i. (als Zeuge) aussagen
thank 38
t. jdm. danken; **~ you** danke
thaw 38
i. (auf)tauen, schmelzen, **it is thawing** es taut; auftauen (Person)
t. schmelzen, auftauen
thicken 38
t. dick(er) machen, verdicken; eindicken
i. dick(er) werden; dick(flüssig) werden
thin 42
t. dünn(er) machen, verdünnen
i. dünn(er) werden
think 106
i. denken **~ of** denken an; **~ about/over** nachdenken über
t. etw. denken; **~ s.th. over** sich etw. überlegen, sich etw. durch den Kopf gehen lassen
thirst 38
i. **~ for/after** dürsten/lechzen nach
thrash 38
3. Pers. Sg. pres. t.
thrashes
t. verdreschen, vermöbeln 38
thread
t. einfädeln 38
threaten
t. **~ with** jdm. drohen mit, jdm. androhen
i. drohen, drohend bevorstehen, Gefahr laufen 38
thresh
3. Pers. Sg. pres. t.
threshes
t., i. dreschen 38
thrill
t. erschauern lassen

touched to tears zu Tränen gerührt sein
i. sich berühren

toughen 38
t. zäh(er) machen
i. zäh(er) werden

tour 38
t. bereisen
i. **~ through** eine Tournee machen durch

tousle 40
t. (zer)zausen, verwuscheln

tow 38
t. abschleppen, **~ away** abschleppen (Auto)

tower 38
i. hochragen, **~ above** überragen, turmhoch überlegen sein

trace 40
t. nachspüren, jds. Spur verfolgen, aufspüren; **~ out** ausfindig machen, herausfinden; **~ back to** etw. zurückverfolgen bis; (auf)zeichnen, skizzieren

track 38
t. nachspüren, verfolgen; aufspüren; **~ down** zur Strecke bringen

trade 40
i. **~ in** Handel treiben mit, handeln mit; **~ with s.o.** mit jdm. Handel treiben

trail 38
t. hinter sich herziehen, -schleppen, -schleifen
i. schleifen (Rock etc.)

train 38
t. trainieren, ausbilden, schulen
i. sich ausbilden; sich schulen/üben; trainieren

tramp 38
i. trampeln; sta(m)pfen; vagabundieren
t. durchwandern; **~ down** niedertrampeln

trample 40
i. **~ (up)on** (herum)-trampeln auf
t. (zer)trampeln; **~ down** niedertrampeln; **~ out** austreten (Feuer etc.)

tranquil(l)ize 40
t. beruhigen
i. sich beruhigen

transact 38
t. abwickeln, abschließen (Geschäft)
i. ver-, unterhandeln

transcend 38
t. überschreiten, -steigen; übertreffen

transfer 42
t. **~ from ... to** hinüberbringen von ... nach; **~ to** übergeben, übertragen auf, transferieren
i. übertreten

transform 38
t. **~ (in)to** umgestalten in, umwandeln in
i. sich verwandeln

transfuse 40
t. umgießen; eine Bluttransfusion machen

transgress 38
3. Pers. Sg. pres. t. **transgresses**
t. überschreiten; übertreten
i. sich vergehen, sündigen

translate 40
t. übersetzen

translocate 40
t. verlagern

transmigrate 40
i. übersiedeln; auswandern

transmit 42
t. **~ to** übersenden, übermitteln an

transmute 40
t. **~ into** umwandeln in

transpire 40
i. transpirieren, schwitzen
t. ausschwitzen

transplant 38
t. umpflanzen, verpflanzen, versetzen; transplantieren
i. sich verpflanzen lassen

transport 38
t. transportieren, befördern

transship 42
t. umladen, -schlagen

trap 42
t. (ein-, ab)fangen, in einer Falle fangen
i. Fallen stellen

travel 42
i. reisen, eine Reise machen
t. bereisen

traverse 40
t. durch-, überqueren

trawl 38
t., i. mit dem Schleppnetz fischen

tread 154
t. beschreiten; **~ down** zertreten, -trampeln
i. **~ on** treten auf

treat 38
t. behandeln, **~ s.o. correctly** jdn. korrekt behandeln
i. **~ of** handeln von

treble 40
t., i. sich verdreifachen

tremble 40
i. zittern, **~ with fear** vor Angst zittern; **~ at the thought** bei dem Gedanken zittern

trench 38
3. Pers. Sg. pres. t. **trenches**
t. mit Gräben durchziehen, durchfurchen
i. (Schützen)Gräben ausheben; sich (ein)-graben (Fluss etc.)

trend 38
i. **~ towards** sich neigen zu, tendieren nach/zu

trespass 38
3. Pers. Sg. pres. t. **trespasses**
i. **~ (up)on** widerrechtlich betreten; **~ against** verstoßen gegen

trickle 40
i. tröpfeln; rieseln; kullern (Tränen)
t. tröpfeln/rieseln lassen

trifle 40
i. **~ with** spielen (mit dem Bleistift etc.); **~ with** sein Spiel treiben/leichtfertig umgehen mit; **he is not to be trifled with** mit ihm ist nicht zu spaßen
t. **~ away** vertrödeln (Zeit), verplempern

trigger 38
t. auslösen

trill 38
t., i. trillern, trällern

trim 42
t. zurechtschneiden, stutzen; **~ up** herausputzen, ausstaffieren

trip 42
i. trippeln
t. **~ up** jdm. ein Bein stellen, jdn. zu Fall bringen

triple 40
t., i. sich verdreifachen

triplicate 40
t. verdreifachen; dreifach ausfertigen

triumph 38
i. triumphieren, frohlocken

troop 38
i. **~ up/together** sich scharen, sich sammeln
t. **~ the colour(s)** die Fahnenparade abhalten

trot 42
i. traben, trotten, im Trab gehen/reiten
t. traben lassen (Pferd), jdn. in Trab setzen

trouble 40
t. beunruhigen, stören, belästigen; jdn. bemühen, **may I ~ you to pass me the salt** darf ich Sie um das Salz bitten; **to be troubled about** sich Sorgen machen wegen, **don't let it ~ you** machen Sie sich deswegen keine Gedanken
i. **~ about** sich beunruhigen über; **don't ~ (yourself)** bemühen Sie sich nicht

truck 38
t. **~ for** (aus-, ver)tauschen gegen, eintauschen für; verschachern
i. Tauschhandel treiben; **~ for** schachern/handeln um

trudge 40
i. stapfen

trump 38
t. übertrumpfen; **~ s.o. with** jdn. übertrumpfen mit
i. Trumpf ausspielen, trumpfen

trust 48
t. jdn. (ver)trauen, sich auf jdn. verlassen; **~ s.o. to do s.th.** jdm. zutrauen, dass er etw. tut; **~ s.o. with s.th., ~ s.th. to s.o.** jdm. etw. anvertrauen
i. **~ in** vertrauen auf

try 44
t. versuchen, probieren, **~ one's best** sein Bestes versuchen **~ one's luck** sein Glück versuchen
i. versuchen

tuck 38
t. **~ in** einnähen, **~ in/up** ein-, umschlagen; **~ up** abnähen, hochstecken; **~ away** wegstecken, verstauen; **~ up in bed** ins Bett stecken; **~up one's legs** die Beine anziehen
i. sich falten; **~ away** sich verstauen lassen; **~ in** beim Essen reinhauen; **~ into** sich etw. schmecken lassen

tumble 40
i. **~ down** um-, hinfallen, hinpurzeln; **~ over** umkippen, sich überschlagen; **~ into s.o.** jdm. in die Arme laufen
t. zu Fall bringen, umstürzen, -werfen

tune 40
t. **~ up to** abstimmen auf, einstellen auf
i. stimmen (Instrument)

tunnel 42
t. untertunneln, einen Tunnel bohren durch
i. einen Tunnel anlegen/treiben

turn 38
t. (um-, herum)drehen; wenden; umkehren; **please ~!** bitte wenden!; **~ off** abdrehen, ausschalten (Licht, Radio etc.), **~ on** einschalten (Licht, Radio etc.),
i. sich drehen, sich herumdrehen; **~ out** sich herausstellen, **he turned out to be a liar** er entpuppte sich als Lügner; **~ round** sich umdrehen, **he turned round and saw me** er drehte sich um und sah mich

twiddle 40
t. (herum)spielen mit; **~ one's thumbs** Däumchen drehen, die Hände in den Schoß legen

twig 42
t.,i. kapieren, spitzkriegen

twine 40
t. zs.drehen, zwirnen, **~ around** schlingen um, umschlingen
i. **~ with** sich verflechten mit

twinge 40
t., i. stechen, zwicken

twinkle 40
i. (auf)blitzen, glitzern, funkeln (Sterne); zwinkern, blinzeln

twirl 38
t. zwirbeln; quirlen
i. sich zwirbeln

twist 38
t. zs.drehen, zwirnen; **~ s.o. round one's (little) finger** jdn. um den (klei-

nen) Finger wickeln; **~ s.o.'s arm** jdm. den Arm verdrehen
i. sich drehen; **~ round** sich umdrehen; sich winden/schlängeln

twitter 38
i. zwitschern, zirpen; (aufgeregt) schnattern
t. etw. zwitschern

type 40
t. abtippen
i. Maschine schreiben, tippen

tyrannize 40
i. tyrannisch sein
t. tyrannisieren

U

unbalance 40
t. aus dem Gleichgewicht bringen

unbend 54
t. gerade biegen, glätten, entspannen
i. sich entspannen, sich lösen

unbind 102
t. losbinden, lösen

unbuckle 40
t. auf-, losschnallen

unburden 38
t. entlasten, von einer Last befreien, erleichtern (Gewissen etc.); **~ o.s. to s.o.** jdm. sein Herz ausschütten

unbury 44
t. ausgraben

unbutton 38
t. aufknöpfen

unchain 38
t. losketten, befreien

uncoil 38
t. abwickeln, -spulen, abrollen
i. sich abwickeln/abspulen/abrollen

uncork 38
t. entkorken

uncover 38
t. aufdecken, freilegen, entblößen
i. den Hut abnehmen

underbid 122
t. unterbieten

undercharge 40
t. zu wenig berechnen

undercut 48
ing-Form **undercutting**
t. unterhöhlen; (im Preis) unterbieten

underdose 40
t. eine zu geringe Dosis geben

underdress 38
3. Pers. Sg. pres. t. **underdresses**
i. sich zu einfach kleiden

underestimate 40
t. unterschätzen

underexpose 40
t. unterbelichten

undergo 186
t. erleben, durchmachen; sich einer Operation unterziehen

underinsure 40
t. unterversichern

underlay 72
t. (dar)unterlegen

underlet 48
ing-Form **underletting**
t. unterverpachten, untervermieten

underlie 176
t. liegen unter; zugrunde liegen; unterliegen, unterworfen sein

underline 40
t. unterstreichen; betonen

undermine 40
t. unterminieren, unterspülen; untergraben

underpay 38
t. unterbezahlen

undersell 160
t. unter Wert verkaufen, verschleudern

understand 120
t. verstehen; begreifen; **what do you ~ by?** was verstehen Sie unter?
i. verstehen; begreifen

understate 40
t. untertreiben; abschwächen, mildern

understeer 38
i. untersteuern (Auto)

undertake 118
t. übernehmen, unterneh men

undervalue 40
t. unterschätzen, unterbewerten

underwrite 128
t. unterschreiben, unterzeichnen

undo 36
t. rückgängig machen, aufheben

undress 38
3. Pers. Sg. pres. t. **undresses**
i. sich entkleiden/ausziehen

unfasten 38
t. losbinden, lösen
i. sich lösen, aufgehen

unfix 38
3. Pers. Sg. pres. t. **unfixes**
t. losmachen, lösen

unfold 38
t. entfalten, ausbreiten
i. sich entfalten/öffnen

ungear 38
t. auskuppeln

ungird 54, 38
t. losgürten

unharness 38
3. Pers. Sg. pres. t. **unharnesses**
t. ausspannen (Pferd)

unhinge 40
t. aus den Angeln heben; aus dem Gleichgewicht bringen

unhitch 38
3. Pers. Sg. pres. t. **unhitches**
t. loshaken, -machen; ausspannen (Pferd)

unhook 38
t. auf-, loshaken
i. sich auf-/loshaken

uniform 38
t. uniformieren

unify 44
t. verein(ig)en

unite 40
t. verbinden, vereinigen
i. sich vereinigen
unlace 40
t. aufschnüren
unlearn 38, 52
t. verlernen
unleash 38
3. Pers. Sg. pres. t. **unleashes**
t. losbinden, entfesseln
unlink 38
t. losketten
unload 38
t. ab-, aus-, entladen, Ladung löschen
i. aus-, abladen; gelöscht/ausgeladen werden
unlock 38
t. aufschließen, öffnen
unloose 40
t. lösen, lockern
unmask 38
t. demaskieren; entlarven
i. sich demaskieren; die Maske fallen lassen
unnerve 40
t. entnerven
unpack 38
t., i. auspacken
unpeople 40
t. entvölkern
unpick 38
t. (auf)trennen (Naht)
unplug 42
t. den Stöpsel/Stecker herausziehen aus
unravel 42
t. auftrennen (Gestricktes); entwirren; enträtseln
i. sich entwirren
unreel 38
i. sich abspulen
unriddle 40
t. enträtseln
unrig 42
t. abtakeln
unroll 38
t. aufrollen, abwickeln
i. sich auf-, abrollen
unroof 38
t. abdecken (Haus)
unsaddle 40
t. absatteln; aus dem Sattel werfen
i. absatteln
unscrew 38
t. ab-, auf-, losschrauben
i. sich heraus-/losdrehen
unseal 38
t. entsiegeln
unseat 38
t. abwerfen (vom Pferd); jdn. absetzen, des Postens entheben
unship 42
t. ausschiffen (Passagiere)
unstitch 38
3. Pers. Sg. pres. t. **unstitches**
t. auftrennen
unthread 38
t. ausfädeln
unthrone 40
t. entthronen
untie 46
t. aufknoten, aufbinden
untwine 40
t. aufdrehen, -flechten; entwirren, lösen
i. sich aufdrehen, aufgehen
untwist 38
t. aufdrehen, -flechten; entwirren, lösen
i. sich aufdrehen, aufgehen
unveil 38
t. entschleiern, enthüllen (Denkmal)
i. sich enthüllen
unwind 102
t. ab-, auf-, loswickeln, abspulen
i. sich ab-/loswickeln
unwrap 42
t. auswickeln, -packen
update 40
t. auf den neuesten Stand bringen
upend 38
t. hochkant stellen, umstülpen
upgrade 40
t. höher einstufen; befördern (im Rang)
uphold 162
t. hochhalten, aufrecht halten
upholster 38
t. (auf-, aus)polstern
upraise 40
t. erheben; **with hands upraised** mit erhobenen Händen
uproot 38
t. entwurzeln
upset 48
ing-Form **upsetting**
t. umwerfen, -kippen; zum Kentern bringen; stürzen (Regierung)
i. umkippen, -stürzen; kentern
upturn 38
t. umdrehen
i. sich nach oben richten/kehren
urbanize 40
t. urbanisieren, verstädtern
urge 40
t. **~ on/forward** antreiben, (vorwärts) treiben; drängen, dringend bitten, **~ s.o. to do s.th.** jdn. drängen etw. zu tun
i. drängen
urinate 40
i. urinieren
use 40
t. gebrauchen, benutzen, an-, verwenden; **~ up** etw. auf-, verbrauchen
used to 9
m.aux.. **~ to do** zu tun pflegen, **he used to say** er pflegte zu sagen
utilize 40
t. (aus)nutzen, verwerten, sich etw. nutzbar/zunutze machen, verwenden
usurp 38
t. an sich reißen, sich widerrechtlich aneignen, mit Beschlag belegen
utter 38
t. äußern, aussprechen, ausstoßen, von sich geben

V

vaccinate 40
t., i. **~ against** impfen gegen

vagabond 38
i. vagabundieren

validate 40
t. für (rechts)gültig erklären

valorize 40
t. valorisieren, aufwerten

value 40
t. den Wert festsetzen, **~ at** taxieren auf

vandalize 40
t. mutwillig zerstören, verwüsten; wie die Wandalen hausen

vanish 38
3. Pers. Sg. pres. t. **vanishes**
i. ver-, ent-, dahinschwin den; **~ into (thin) air** sich in Luft auflösen

vanquish 38
3. Pers. Sg. pres. t. **vanquishes**
t. bezwingen, besiegen, überwältigen
i. siegreich sein, siegen

vaporize 40
t. verdampfen, verdunsten (lassen)
i. verdampfen, verdunsten

vapour 38
i. (ver)dampfen

varnish 38
3. Pers. Sg. pres. t. **varnishes**
t. **~ over** lackieren, firnissen, glasieren

vary 44
t. (ver-, ab)ändern, variieren, abwandeln
i. sich (ver)ändern, variieren, verschieden sein, **~ from** abweichen von

vault 38
t. wölben
i. sich wölben

vaunt 38
t. sich rühmen/brüsten
i. **~ of** sich rühmen, sich brüsten mit

vegetate 40
i. (dahin)vegetieren

veil 38
t. verschleiern, -hüllen
i. sich verschleiern

veneer 38
t. furnieren

ventilate 40
t. be-, ent-, durchlüften

venture 40
t. etw. riskieren, wagen
i. **~ to do** (es) wagen, sich erlauben zu tun; **~ (up)on s.th.** sich an eine Sache wagen

verify 44
t. nachprüfen, nachweisen, verifizieren

veto 38
3. Pers. Sg. pres. t. **vetoes**
t. sein Veto einlegen gegen, Einspruch erheben gegen

vex 38
3. Pers. Sg. pres. t. **vexes**
t. ärgern, belästigen

vibrate 40
i. vibrieren
t. in Schwingungen versetzen, vibrieren

victimize 40
t. jdn. (auf)opfern

vie 46
i. wetteifern; **~ with s.o. for s.th.** mit jdm. um etw. wetteifern

view 38
t. sich ansehen, betrachten, besichtigen

violate 40
t. übertreten (Gesetz), brechen (Versprechen), zuwiderhandeln; vergewaltigen

visit 38
t. besuchen, besichtigen
i. einen Besuch/Besuche machen

visualize 40
t. sich vergegenwärtigen, sich vor Augen führen

vitalize 40
t. beleben, kräftigen

vitrify 44
t. verglasen

volatilize 40
i. sich verflüchtigen, verdunsten, verdampfen

vomit 42
t. (er)brechen
i. sich brechen

vote 40
i. abstimmen, wählen, seine Stimme abgeben
t. abstimmen über, wählen/stimmen für; **~ down** niederstimmen; **~ s.o. out of office** jdn. abwählen; **~ s.th. through** etw. durchbringen

vouch 38
3. Pers. Sg. pres. t. **vouches**
i. **~ for** sich verbürgen für; **~ that** dafür bürgen, dass
t. bezeugen, bestätigen

vow 38
t. geloben; hoch und heilig versprechen

W

waddle 40
i. watscheln

wade 40
i. waten
t. durchwaten

wag 42
i. wackeln; wedeln (Schwanz)
t. wedeln (mit dem Schwanz); **~ one's finger at** jdm. mit dem Finger drohen

wager 38
t. wetten um, setzen auf
i. wetten, eine Wette eingehen

wait 38
i. warten, **~ for** warten auf; **~ for s.o. to come** warten, dass jd. kommt

wake 138

i. **~ up** auf-, erwachen, wach werden; wachen, wach sein/bleiben
t. **~ s.o. up** jdn. (auf)wecken

walk 38
i. (zu Fuß) gehen; spazieren gehen, **~ about/around** umhergehen
t. (zu Fuß) gehen, durchwandern; **~ s.o. about/around** jdn. umherführen

wall 38
t. mit einer Mauer/einem Wall umgeben, **~ in/up** einmauern

wallop 42
t. (ver)prügeln, verdreschen

wallow 38
i. sich wälzen/suhlen; **~ in money** im Geld schwimmen

waltz 38
3. Pers. Sg. pres. t. **waltzes**
t. Walzer tanzen; walzen

wander 38
i. wandern, **~ about** umherwandern, umherziehen; **~ from** abweichen von; **~ from the subject** vom Thema abschweifen

wangle 40
t. deichseln, schaukeln; **~ o.s. s.th.** etw. für sich herausschlagen, **~ s.th. out of s.o.** jdm. etw. abluchsen; **~ s.o. into doing s.th.** jdn. dazu bringen, etw. zu tun
i. mogeln, schieben; **~ out of** sich herauswinden 38

want
t. wünschen; wollen, **I ~ to go** ich möchte gehen, **I ~ you to go** ich möchte, dass du gehst; **you are wanted** du wirst gewünscht, man will dich sprechen; brauchen, nötig haben, **this car wants cleaning** dieses Auto müsste gewaschen werden
i. ermangeln, **he wants for nothing** es fehlt ihm an nichts

warehouse 40
t. auf Lager nehmen, (ein)lagern

warm 38
t. wärmen**, ~ up** aufwärmen, warm machen
i. **~ up** warm werden, sich erwärmen

warn 38
t. **~ of/against** warnen vor; **~ s.o. against doing s.th.** jdn. davor warnen, etw. zu tun

warp 38
t. verziehen, werfen (Holz)
i. sich werfen/verziehen

warrant 38
t. garantieren, gewährleisten; **I can't ~ that** das kann ich nicht garantieren; **warranted for 3 years** drei Jahre Garantie

wash 38
3. Pers. Sg. pres. t. **washes**
t. waschen; **~ (up) dishes** Geschirr abspülen
i. sich waschen

waste 40
t. verschwenden, -geuden
i. verschwendet werden

watch 38
3. Pers. Sg. pres. t. **watches**
i. zusehen, zuschauen; **~ out!** Vorsicht!, pass auf!
t. beobachten; jdm. zuschauen

water 38
t. bewässern, (be)gießen, tränken
i. wässern (Mund), tränen (Augen); **his mouth watered** das Wasser lief ihm im Mund zusammen 40

wave
i. wogen; wehen, flattern, wallen; **~ to s.o.** jdm. (zu)winken; sich wellen (Haar)
t. schwenken, schwingen, **~ one's arms** mit den Armen fuchteln; **~ farewell to s.o** jdm. nachwinken

wax 38
3. Pers. Sg. pres. t. **waxes**
i. wachsen
t. (ein)wachsen, bohnern

weaken 38
t. schwächen, abschwächen, entkräften
i. schwach/schwächer werden, nachlassen

wean 38
t. entwöhnen; **~ away from** jdn. abbringen von, jdm. etw. abgewöhnen

wear 170
t. tragen, anhaben (Kleidungsstück); **~ away/down/off/out** abnutzen, abtragen
i. halten, haltbar sein; **~ well** sehr haltbar sein, sich gut tragen; **~ away/down/off/out** sich abtragen/abnutzen, verschleißen 44

weary
t. ermüden, überdrüssig machen
i. **~ of s.th.** einer Sache überdrüssig/müde werden 38

weather
t. dem Wetter aussetzen, verwittern (lassen)
i. verwittern 144

weave
t. weben 42

wed
t. ehelichen, heiraten; **to be wedded to s.th.** an etw. fest gebunden/gekettet sein, sich einer Sache verschrieben haben
i. sich vermählen 40

wedge

t. verkeilen, festklemmen

weed 38
t. jäten; **~ out** aussondern, -merzen
i. (Unkraut) jäten

weep 64
i. weinen, **~ for joy** vor Freude weinen; **~ at/over** weinen über
t. weinen, beweinen

weigh 38
t. (ab)wiegen; er-, abwägen; **~ one's words** seine Worte abwägen
i. wiegen, schwer sein

weight 38
t. beschweren, belasten

welcome 40
t. willkommen heißen; **you are ~ to do it** es steht Ihnen frei, es zu tun, das können Sie gerne tun

weld 38
t. (ver-, zs.)schweißen
i. sich schweißen lassen

westernize 40
t. verwestlichen

wet 48, 42
t. benetzen, anfeuchten, nass machen

wheedle 40
t. beschwatzen, **~ into doing s.th.** jdn. beschwatzen etw. zu tun; **~ s.th. out of s.o.** jdm. etw. abschwatzen
i. schmeicheln

wheel 38
t. fahren, schieben, rollen
i. sich (im Kreis) drehen

whet 42
t. wetzen, schärfen, schleifen

whimper 38
t., i. wimmern, winseln

whine 40
i. winseln, wimmern
t. etw. weinerlich sagen, winseln

whinny 44
i. wiehern

whip 42
t. peitschen; (aus)peitschen; **~ s.th. into s.o.** jdm. etw. einbläuen, **~ s.th. out of s.o.** jdm. etw. mit Schlägen austreiben
t. **~ in** zs.treiben, zs.-trommeln

whirl 38
i. wirbeln, **~ about/round** herumwirbeln
t. wirbeln, **~ up dust** Staub aufwirbeln

whisper 38
i., t. wispern, flüstern; **~ s.th. to s.o.** jdm. etw. zuflüstern

whistle 40
i., t. pfeifen

whiten 38
i. weiß/blass/bleich werden
t. weiß machen, bleichen

whittle 40
t. (zurecht)schnitzen; **~ away/off** wegschnippeln

whizz 38
3. Pers. Sg. pres. t. **whizzes**
i. zischen, schwirren

widen 38
t., i. breiter machen (werden); sich erweitern

wiggle 40
i. wackeln
t. wackeln mit

will 9
m.aux. werden, wollen

win 86
t. gewinnen; **~ s.th. from/of s.o.** jdm. etw. abgewinnen
i. gewinnen

wince 40
i. zs.zucken

wind 102
t. winden, wickeln; **~ off/on** ab-/aufspulen, -wickeln, hoch-/herunterkurbeln
i. sich winden/schlängeln

wing 38
t. beflügeln

wink 38
i. blinzeln, zwinkern, **~ at** jdm. zublinzeln, ein Auge zudrücken bei
t. mit den Augen blinzeln/zwinkern

winter 38
i., t. überwintern

wipe 40
t. (ab-, trocken)wischen, abreiben
t. ab-, wegwischen, **~ out** auswischen, wegwischen, **~ up** aufwischen

wire 40
t. jdm. telegrafieren
i. telegrafieren

wish 38
3. Pers. Sg. pres. t. **wishes**
t. wünschen; **I ~ you to come** ich möchte, dass du kommst, **~ s.o. farewell** jdm. Auf Wiiedersehen sagen
i. wünschen

witch 38
3. Pers. Sg. pres. t. **witches**
t. be-, verhexen

withdraw 172
t. **~ from** zur.ziehen von; ab-, ein-, entziehen; abheben (Geld)
i. **~ from** sich zur.ziehen von/aus, zur.treten von, austreten (aus)

wither 38
i. **~ up** (ver)welken, verdorren
t. (ver)welken lassen, austrocknen

withhold 162
t. **~ s.o. from** jdn. zurückhalten, jdn. abhalten von; **~ o.s. from s.th.** sich einer Sache enthalten

withstand 120
t. widerstehen; sich widersetzen, standhalten

witness 38
3. Pers. Sg. pres. t. **witnesses**
t. bezeugen
i. zeugen, Zeuge sein,

Zeugnis ablegen, **~ against** aussagen gegen, **~ for** aussagen für; **to s.th** etw. bezeugen
wobble 40
i. wackeln, schwabbeln; schlottern (Knie etc.)
wonder 38
i. **~ at/about** erstaunt sein über; sich fragen, **he wondered whether he should go** er fragte sich, ob er gehen soll
word 38
t. in Worte fassen, **worded as follows ...** ... mit folgendem Wortlaut
work 38
i. arbeiten, **~ at** arbeiten an; klappen, gehen, **it won't ~** es geht nicht
t. bearbeiten
worry 44
t. quälen, plagen
i. sich quälen/plagen, **~ about/over** sich beunruhigen, sich Sorgen machen um/wegen
worsen 38
t. schlechter machen, verschlechtern, -schlimmern
i. sich verschlechtern, sich verschlimmern
worship 42
t. anbeten, huldigen
i. beten, seine Andacht verrichten
would 9
m.aux. wollte, würde
wound 38
t. verwunden, verletzen
wrap 42
t. wickeln, hüllen; **~ up** (ein)wickeln, -packen, **~ in** einhüllen in; **~ o.s. up well** sich warm anziehen
i. sich einhüllen; **~ up well!** zieh dich warm an!
wreath 38
t. **~ round/about** winden/wickeln um; flechten (Kranz etc.); umkränzen, -geben
i. sich winden/wickeln; sich ringeln
wreck 38
t. zertrümmern, -stören, zugrunde richten, zerrütten
i. Schiffbruch erleiden, scheitern; verunglücken, zerstört/vernichtet werden
wrench 38
3. Pers. Sg. pres. t. **wrenches**
t. (mit einem Ruck) reißen, zerren, ziehen, **~ s.th. (away) from s.o.** jdm. etw. entreißen; verrenken, verstauchen; verdrehen, verzerren
wrestle 40
i. ringen, **~ for** ringen um, **~ with** ringen mit
t. ringen/kämpfen mit
wriggle 40
i. sich winden, zappeln, **the fish wriggles on the hook** der Fish zappelt am Haken
t. wackeln
wring 90
t. wringen, **~ out** auswringen
write 128
t. schreiben, **~ down** aufschreiben, niederschreiben

Y

yap 42
i. kläffen
yawn 38
i. gähnen
yearn 38
i. **~ for** sich sehnen nach, Sehnsucht haben nach
yell 38
i. schreien, gellen
t. gellend schreien
yelp 38
i. (auf)jaulen, aufschreien
yield 38
t. abwerfen, einbringen, erbringen, tragen (Zinsen etc.)
i. guten Ertrag geben/liefern, tragen
yodel 42, 38
t., *i.* jodeln
yowl 38
t., *i.* jaulen, heulen

Z

zoom 38
i. zoomen